이미지로 읽는 근대 서울 2

사대문 안 한국인들의 공간과 일제의 침투

일러두기

- 《이미지로 읽는 근대 서울》 시리즈는 동아대학교 역사인문이미지연구소에서 소장하고 있는 사진그림엽서·팸플릿·소책자 등 약 6만여 점의 이미지 자료 중 서울과 관련된 것들을 수집·정리한 것이다.
- 제2권의 제1~6장은 북촌과 청계천·광화문통·태평통·남대문통·동숭동·성곽 일대, 제7장은 왕조의 흔적들이다.
- 각 장과 절에는 주제별 개설 원고를 실었다. 그리고 각각의 사진그림엽서에는 해당 캡션과 세부 설명을 수록하였다.
- 사진그림엽서의 캡션은 원어를 참고하여 오늘날의 시각에서 정리하는 것을 원칙으로 하였다.
- 각 절 내 사진그림엽서의 번호는 사진그림엽서가 담겼던 봉투 제목과 봉투 내의 엽서 제목을 한글 순서로 배열하였다. 봉투가 없는 낱장 사진그림엽서의 경우에는 그다음 순서로 배열하였다.
- 사진그림엽서가 담겼던 봉투 및 사진그림엽서 관련 정보는 도판목록으로 일괄 정리하였다.
- 본문에 수록된 사진그림엽서의 사이즈는 실물 크기이다.

이미지로 읽는 근대 서울 2

사대문 안 한국인들의 공간과 일제의 침투

서울역사편찬원

발간사

서울역사편찬원은 1949년 서울시사편찬위원회로 시작하여 지금까지 서울의 역사와 문화를 연구하였고 각종 편찬사업을 진행하였습니다. 이번에 발간하는 도서는《이미지로 읽는 근대 서울》 시리즈입니다. 본 시리즈는 근대 시기에 제작된 사진그림엽서들 중 서울 관련 자료들을 정리해 해제와 함께 수록하였습니다.

이곳에 실린 이미지 자료들은 당시의 서울 모습과 생활상을 담고 있습니다. 오늘날처럼 손쉽게 사진이나 영상을 찍거나 편집할 수 있는 시대가 아니었기 때문에 사진그림엽서에 담긴 이미지들은 당대의 모습을 알 수 있는 귀중한 자료입니다.

물론 그러한 이미지에는 생산자와 사용자의 시각과 의도가 투영되어 있었습니다. 근대 서구 열강이 아프리카나 아시아 지역을 식민지로 삼으면서 그곳의 풍경과 사람들의 모습을 담을 때에도 그러했습니다. 일제의 침탈이 이뤄지던 시기 조선을 바라본 일본인들의 시각 역시 그러했습니다. 따라서 이 시기 만들어진 이미지 자료들을 온전히 보기 위해서는 그 이면에 내재된 인식과 의도 역시 읽어내야만 합니다.

서울역사편찬원에서는 이러한 역사문제를 인식하여 문헌자료만이 아닌 이미지 자료의 수집과 편찬에도 눈을 돌리게 되었습니다. 동아대학교 역사인문이미지연구소(소장 신동규)는 서울을 비롯한 여러 도시와 지방, 각종 건축물, 문화재, 사람들의 일상과 풍경 등을 자세히 보여주는 사진그림엽서를 비롯해 당시 일본인 관광객들을 위해 제작된 여행 관련 팸플릿과 소책자 등 약 6만여 점의 자료를 소장하고 있습니다. 그리하여 서울역사편찬원은 2019년 10월부터 2020년 10월까지 동아대학교 역사인문이미지연구소와 함께 서울 관련 사진그림엽서에 대한 조사와 정리 작업을 실시하였고, 2020년 10월 두 기관이 업무협약(MOU)를 체결하여 상호 학술연구에 대한 협력 체계를 구축하였습니다. 그 결실로《이미지로 읽는 근대 서울》 시리즈 편찬을 기획하게 되었습니다.

이 책은 단순히 근대 시기 사진그림엽서의 이미지를 소개하는 것에 그치는 것이 아니라, 이미지 속에 내포된 제작자와 사용자들의 생각과 의도를 읽어내는 것을 목적으로 하였습니다. 이번에 발간하는 제2권은 한국인들의 공간이었던 서울이 1910년을 전후하여 변화하는 모습을 담은 사진그림엽서들입니다.

일제의 침략으로 인해 광화문에서 숭례문으로 이어지는 대로에는 조선총독부, 경기도청, 체신국, 경성부청, 부민관, 경성역 등 새로운 건축물이 건립되었습니다. 이와는 반대로 숭례문, 돈의문을 포함한 한양도성이나 성균관, 장충단, 사직단 등 서울의 전통적인 건축물과 조선왕조의 공간은 파괴되거나 본래의 의미를 잃고 공공의 공간으로 변용되었습니다. 서울에 들어선 새로운 건축물과 변용된 전통의 건축물, 공간들은 일제에 의해 서울의 근대화를 보여주는 선전의 수단으로서 다양한 사진그림엽서로 제작·배포되었습니다.

이 책을 통해 시민 여러분들이 사진그림엽서 속에 담긴 당시 일본인들의 시각과 의도를 오늘날의 시각에서 읽어낼 수 있는 계기가 되었으면 합니다. 나아가 수록된 사진그림엽서 이미지와 해제를 통해 오늘날에도 첨예하기 갈리는 한일 사이 역사 인식의 근본 원인을 읽어낼 수 있는 실마리가 되었으면 합니다.

끝으로 본 시리즈 발간을 위해 많은 사진그림엽서와 이미지 자료들을 수집·보관하고 있으면서 상호 협력을 위해 흔쾌히 자료를 제공해 주신 신동규 동아대학교 역사인문이미지연구소 소장님께 깊이 감사드립니다. 본 도서 시리즈를 통해 소장하고 있는 근대 이미지 자료들이 보다 많은 이들에게 알려지고, 그 속에 내포된 의도들을 학술적 연구 성과를 통해 드러낼 수 있는 계기가 되었으면 합니다. 또한 이 책이 나오기까지 수고를 아끼지 않으신 해제 집필자 선생님들과 서울역사편찬원 연구원들 그리고 관계자 여러분의 노고에도 감사드립니다.

2023. 8.

서울역사편찬원장 **이상배**

차 례

발간사	004
도판목록	348
참고문헌	402
집필자 및 감수자 소개	404

01 북촌과 청계천

탑골공원	013	한성은행	060
YMCA	049	조선상업은행	064
보신각	057		

02 광화문통

조선총독부	073	체신국	118
경기도청	114		

03 태평통

경성부청	129	조선일보사	156
부민관	147	조선신문사	159
경성일보사	150		

04 남대문통

숭례문 167
경성역 214
상업회의소 236

05 동숭동

경성제국대학 244
경성의학전문학교 260
경성고등공업학교 265
경성제국대학 부속의원 269

06 성곽일대

한양도성 281
북한산 292
흥인지문 297

07 왕조의 흔적들

성균관 315
장충단 324
사직단 344

01

북촌과 청계천

北村과 淸溪川

Bukchon과 Cheonggyechun

조선시대 한양도성 안 동·서·남·북·중 5부가 있었다. 이 중 북촌지역은 궁궐 및 관청이 밀집된 관청가로 서울의 중심지였다. 북촌과 남촌의 경계가 청계천이었다.

북촌과 청계천 개설

北村과 淸溪川
Bukchon과 Cheonggyechun

조선시대 한양도성 안 동·서·남·북·중 5부가 있었다. 이 중 북촌지역은 궁궐 및 관청이 밀집된 관청가로 서울의 중심지였다. 북촌과 남촌의 경계가 청계천이었다.

1882년 〈조청상민수륙무역장정朝淸商民水陸貿易章程〉으로 한성과 양화진이 청국 상인들에게 개방되자, 열강은 통상조약상의 '최혜국조관最惠國條款'을 근거로 이익 균점均霑을 요구했다. 조선과 청 관계의 특수성을 들어 거부하던 조선 정부는 결국 열강의 압력에 굴복하여 1885년 한성 개잔권開棧權을 모든 조약 상대국에게 허용했다. 이 조치의 혜택은 일본 상인들에게 집중되었다. 그들은 종로를 비롯한 서울 곳곳에 상점을 열고 조선 상인 및 청나라 상인과 경쟁을 벌였다. 상권 다툼은 종종 물리적 폭력으로 이어졌다. 상권 문제로 인한 사고가 빈발하자, 삼국은 서울 내 외국인 거류지를 제한하는 협정을 맺었다. 개천 남쪽의 구리개 주변이 청국인의 거류지로, 그 남쪽에서 남산 기슭에 이르는 진고개 주변이 일본인의 거류지로 지정되었다. 모두 당시 남촌으로 불리던 곳이었다.

일본 상인들은 현재의 충무로 일대를 중심으로 상권을 다졌고, 1894년 청일전쟁 이후에는 청국인들의 거류지까지 장악했다. 1904년 러일전쟁 발발과 동시에 일본군이 한반도 전역을 사실상 점령하자, 서울 거주 일본인은 특권 집단이 되었다. 러일전쟁에서 승리한 이후 남산 기슭에 있던 일본공사관은 한국통감부가 되었으며, 진고개 입구에 있던 일본영사관이 경성 이사청理事廳이 되었다. 은행, 회사 등 근대적 경제 기관들이 통감부와 이사청 주변에 밀집했다. 일본인들이 남촌으로 밀려오자, 남촌에 살았던 조선인들은 개천 이북이나 도성 밖으로 밀려났다. 일본인들은 서울의 지명地名조차 마음대로 바꿨다. 일본인 상권의 중심인 진고개는 혼마치[본정本町]가, 신용산의 일본인 집거지는 모토마치[원정元町]가 되었다. 일본의 한국 강점과 동시에 통감부는 조선총독부로, 이사청은 경성부로 바뀌었다. 일본인들이 붙인 지명도 공식화했다.

서울의 일본인 인구가 급증함으로써 그들의 거류지도 진고개 주변에서 서울 전 지역으로 확장되었다. 일본인들은 일찍부터 일본인 거류지가 형성되었던 개천 이남을 남촌, 이북을 북촌으로 구분해 불렀다. 조선시대 백악 밑을 북촌, 남산 밑을 남촌, 개천 일대를 중촌·웃대·아랫

대로 구분[1]하던 것과는 다른 구분법이었다. 개천은 한국인 동네인 북촌과 일본인 동네인 남촌을 구분하는 경계선이었다. 식민지 체제의 본질이 '이민족 지배 체제'이기 때문에, 경제적·사회문화적 자원은 남촌에 집중되었다. 총독부 권력은 '시구개수사업'이라는 명목으로 남촌의 도로망을 정비했고, 정비된 가로변에 근대적 건물들이 늘어섰다. 반면 북촌의 환경과 경관은 오히려 나빠졌다. 일본인들이 넓은 집터를 차지하는 만큼, 한국인들의 집터는 좁아졌다. 국망國亡으로 인해 벼슬길이 끊긴 양반들은 가산家産을 처분해 망명하거나 연고지로 이주했다. 그들이 팔고 떠난 빈집들은 여러 채의 작은 도시형 한옥들로 분할되었고 일부는 학교 부지로 사용되었다.

북촌과 남촌은 지리적 구분을 넘어 사회적·경제적 구분이기도 했다. 남촌은 부촌富村이고 북촌은 빈촌貧村이었다. 게다가 식민지 상태에서 북촌의 한국인 상인들은 늘 심각한 곤경을 겪어야 했다. 수백 년간 도성 상업을 지배하면서 국역國役을 부담했던 시전市廛들은 영세 소매상으로 전락했으며, 그나마 장기간 영업을 지속하기도 어려웠다. 근대적 건물, 잘 정비된 도로, 양복과 일본식 옷을 잘 차려 입은 사람들, 일본에서 수입된 사치품들이 남촌의 경관을 구성한 반면, 중세적 색채가 짙은 가로 경관, 낡고 더러운 옷을 입은 사람들, 전통 상품들이 거래되는 모습이 북촌의 경관을 구성했다. 친일 모리배들마저 '남촌의 하늘은 밝고 북촌의 하늘은 어둡다.'라는 말을 공공연히 할 정도였다.

식민지 지배권력의 차별적인 도시 행정도 두 공간의 대비를 극단화했다. 청소와 위생 행정은 남촌만을 주대상으로 삼았으며, 북촌은 대체로 방치되었다. 심지어 청계천을 준설하면서 퍼낸 더러운 흙은 굳이 개천 이북에 쌓아 두었다. 남촌은 '밥알이 떨어져도 주워 먹을 수 있을 만

1 이중하, 〈京城 町洞名의 由來及今昔의 比較－서울의 洞里 이름풀이. 洞名 하나에도 史的由來가 있다〉《別乾坤》 4-6, 1929. 10.

큼 깨끗한 동네'로 관리된 반면, 북촌은 '발을 디디기도 어려울 만큼 더러운 동네'가 되었다. 명확히 대비되는 경관은 '민족성 담론'으로 이어졌다. 더럽고 냄새나는 한국인은 야만적이며 후진적인 민족, 깨끗한 일본인은 문명적이며 선진적인 민족이라는 담론이 설득력 있는 것처럼 유포되었다. 식민지 지배권력은 이런 담론 구조를 심리적·문화적 자원으로 삼아 민족 차별 지배를 정당화했다.

일제강점기 서울에서 일본인은 주체였고, 한국인은 타자였다. 그래서 서울 경관을 담은 사진그림엽서들은 주체와 타자의 관계도 명료히 보여준다. 대다수 사진이 남쪽에서 북쪽을 향해 찍은 것들이었다. 조선총독부에 고용된 사진사 또는 민간인 사진사들은 시선의 방향으로 권력 관계를 드러냈다. 그들에게 한국인은 관찰 대상이자 감시 대상이었다. 일본인들의 차별적 시선은 헤아릴 수 없을 정도로 많이 생산, 유포된 사진그림엽서들을 통해 한국인들에게도 내면화했다. 북촌의 경관을 담은 사진그림엽서들은 단순한 우편 도구가 아니었다. 그것은 일본의 식민 통치에 순응하는 한국인을 만들어내기 위한 통치 도구였다.

탑골공원

塔골公園

Tapgol Park

탑골공원은 1897년에 만들어진 서양식 공원이다. 고려시대 이 자리에는 흥복사가 있었으며, 조선시대는 원각사로 개명, 중건한 바 있다. 이후 원각사는 점차 쇠퇴하였고, 이 자리에 탑골공원이 만들어졌다.

탑골공원은 대한민국 서울특별시 종로구 종로2가에 있는 공원이다. 탑이 있는 마을[塔골]이어서 탑골공원이라 불리며, 일설에는 공원 안에 뼈 모양의 탑이 있어 탑골塔骨 공원으로 불린다. 탑골공원은 1919년 3월 1일 일제에 항거하여 민족대표 33인의 이름으로 독립선언서가 낭독된 곳이기도 하다. 탑골공원이라고 부른 것은 최근의 일이고 이전에는 탑이 있는 공원이라고 해서 영어식 발음으로 파고다공원이라고 했다. 공원 안에 있는 원각사지 10층 석탑은 현존하는 대한민국 국보지정 석탑 가운데 가장 후대에 속하는 것이며, 모두 대리석으로 만들어졌다. 또한 수법이 세련되고 화려해서 조선시대 석탑 중 가장 우수한 작품으로 손꼽힌다.

원래 이곳은 고려시대 흥복사興福寺라는 사찰이 있었던 곳으로, 1464년(세조 10) 불교에 대한 신앙심이 깊었던 세조가 원각사圓覺寺로 개명하고 중건하였다. 인근 가옥 200여 호를 철거하여 3년 후에 완공된 이 사찰의 규모는 굉장한 것이었고 도성 안 제일의 대가람이었다. 그러나 세조의 숭불정책은 성종 때 들어와서 철저한 억불정책으로 바뀌었고, 그것은 연산군 대에 들어가서는 더욱 강화되어 1504년(연산군 10)에 원각사를 철거하자는 논의까지 있었지만 당장 철거하지 않았다. 그 대신 기생과 악사를 관리하는 장악원掌樂院을 이 자리에 옮겨 전국에서 뽑아 올린 기생 1,200여 명과 악사 1,000명, 감독 40명이 기거하는 연산군의 기생방이 되었으며, 그 이름도 연방원聯芳院으로 바뀌었다. 연산군이 실각한 뒤 이 건물은 잠시 한성부 청사의 일부로 사용되기도 했다. 그러나 1514년(중종 9) 호조에서 원각사의 재목을 헐어 여러 공용건물의 영선에 쓸 것을 계청하자 왕이 이를 허락한 뒤 얼마 안 가서 이 사찰 건물은 그 자취를 감추어 버렸고, 비석과 10층 석탑만 남았다.

이후 1897년(고종 34) 고종의 명을 받은 영국인 브라운이 서양식 공원으로 조성하였다. 브라운은 1893년(고종 30) 조선에 입국하여 총세무사, 탁지부 고문으로 일하면서 조선 정부의 재정과 관련한 일에 적잖은 영향을 끼쳤다. 그러다가 폐허로 변한 원각사지를 공원으로 바꾸자고 건의하여 허락을 받았다. 이는 김홍집 내각 때부터 서울의 환경을 개선하려는 노력이 있었고, 고종이 아관파천을 한 뒤에 경운궁 중심의 도시 정비를 바랐기 때문이다. 아울러 서울 민중들이 가장 모이기 쉬운 곳으로서 주변에 시전이 있었다는 점도 공원 개설에 큰 역할을 하였다.

1967년에는 상가 건물인 파고다 아케이드를 공원 둘레에 짓는 것을 포함하는 현대화 계획이 발표되어, 같은 해 12월 완료되었다. 1983년 7월 파고다 아케이드의 철거 이후, 그해 말까지 재정비사업이 진행되었다. 1991년 10월 25일 사적으로 지정되었고, 1992년 5월 28일 탑골공원으로 이름이 바뀌었다.

또한 공원 내에는 원각사지 십층석탑(국보), 대원각사비(보물), 독립운동 봉화에 불을 당겼던 탑골공원 팔각정(서울 시도유형문화재) 등이 문화재로 지정되어 있고, 3·1운동 기념탑, 3·1운동 벽화, 의암 손병희 선생 동상, 한용운 선생 기념비 등이 있다. 이번에 수록된 탑골공원의 사진그림엽서는 모두 45장이다.

그림 1 고탑은 빛난다

아래 여백에 "옛날 가토 기요마사[加藤清正, 1562~1611]가 내지로 옮기려 했던 유명한 석탑으로 주위 한 면 한 면에 불상을 조각하여 미술적인 가치가 넘치는 뛰어난 작품이다. 경성·파고다공원, 한수석 10층탑"이라는 설명이 있다.

가토 기요마사는 일본의 장수로 임진왜란 당시 조선에서 호랑이를 잡아 도요토미 히데요시[豊臣秀吉, 1537~1598]에게 바친 것으로 잘 알려져 있다. 내지(內地)란 일본을 의미하며, 한수석(寒水石)이란 일본에서는 백색 대리석을 말한다. 사진그림엽서 중앙에 탑, 좌측은 수목, 우측은 음악당이며, '경성관광기념'이라는 보라색 스탬프가 압인되어 있다.

그림 2 경성 파고다공원 한수석 불탑

〈그림 39〉와 동일한 흑백 사진그림엽서로, 석탑의 왼쪽 아래에 한복을 입은 어린이 2명이 이쪽을 바라보고 있다.

그림 3 경성 파고다공원(한수석 불탑)

〈그림 5〉, 〈그림 13〉, 〈그림 33〉, 〈그림 34〉, 〈그림 35〉와 동일한 흑백 사진그림엽서이다. 탑 주변에는 한복을 입은 노인들이 모여있는데, 아마도 장기나 바둑을 두는 것을 구경하는 모습으로 보인다. 오른쪽에 있는 것은 육각정이다(현재는 팔각정).

그림 4 경성명소 파고다공원 납석탑

〈그림 22〉와 동일한 흑백 사진그림엽서로 석탑 앞에 아동들이 모여 이곳을 바라보고 있다. 한복을 입은 아동과 교복을 입은 아동들이 섞여 있고, 자전거를 탄 아동의 모습도 보인다. 〈그림 22〉는 〈그림 4〉와 동일본인데 보라색 스탬프가 압인되어 있다. 스탬프에는 "경성 조선 관광 기념 5.9.18"이라고 적혀있다. 숫자 '5'는 쇼와 5년이므로 1930년 9월 18일이 된다.

그림 5 **경성 파고다공원(한수석 불탑)**

그림 6 **파고다공원 육각당에서 음악당을 바라보다**

〈그림 9〉, 〈그림 24〉, 〈그림 25〉, 〈그림 26〉과 동일한 흑백 사진그림엽서이다. 오른쪽 육각정에는 갓을 쓰고 한복을 입은 노인이 담배를 들고 있고, 가운데는 드러누운 사람과 이를 내려다보는 사람의 모습이 보인다. 왼쪽에는 아동이 이를 지켜보고 있다. 10층 석탑의 오른쪽에 있는 것이 음악당인데, 현존하지 않는다.

그림 7 **파고다공원의 한수석 10층 탑 / 사직단공원**

탑골공원의 10층 석탑과 사직단공원의 모습을 함께 담은 흑백 사진그림엽서이다. 석탑의 사진은 〈그림 16〉과 같은 것으로 보이며, 원 안에 있는 사진이 사직단공원이다. 사직단은 태조 이성계가 한양으로 천도한 후 궁궐과 종묘를 지을 때 조영하여 1395년(태조 4)에 완공한 제단인데, 일제가 1922년 이곳을 공원으로 조성하여 개방하면서 성역의 분위기가 훼손되었다. 원 안의 사직단공원을 보면 아동들이 놀고 있다.

그림 8 **경성 파고다공원 음악당과 불탑**

석탑과 육각정을 담은 흑백 흑백 사진그림엽서이다. 육각정 안에는 제법 많은 사람이 모여 휴식을 취하고 있다. 경성을 'Keijo'가 아니라 'SEOUL'로 표기하고 있다.

그림 9 파고다공원 육각당에서 음악당을 바라보다

그림 10 경성 파고다공원 한수석 불탑

〈그림 12〉, 〈그림 30〉, 〈그림 32〉, 〈그림 40〉, 〈그림 41〉, 〈그림 42〉와 동일한 사진그림엽서로, 10층 석탑을 세로로 찍었다. 한복을 입은 어른 2명이 서 있고, 두 아동이 벤치에 앉아 이쪽을 보고 있다. 경성을 'Keijo'가 아니라 'SEOUL'로 표기하고 있다.

그림 11 파고다공원 한수석 불탑

〈그림 27〉과 동일한 컬러 사진그림엽서로, 왼쪽부터 10층 석탑, 음악당, 육각정의 모습을 담고 있다. 오른쪽 육각정에는 어른들이 놀이하는 모습과 주변에 서서 이를 구경하는 어른, 그리고 어린아이를 등에 업고 있는 여성의 모습이 인상적이다. 공원 주변에 일본 가옥으로 보이는 목조건물이 늘어서 있다. 사진그림엽서에 영어로 'Pagoda'를 'Bakoda'로 표기하고 있다.

오늘날 〈그림 11〉과 같은 구도에서 바라본 파고다공원

현재 원각사지 10층 석탑은 보수공사가 진행중이다.

그림 12 경성 파고다공원 한수석 불탑

그림 13 경성 파고다공원(한수석 불탑)

그림 14 고탑은 말한다

좌측 상단의 여백에 다음과 같은 감상적인 글이 적혀 있다. "나는 여기에 있고 싶다. / 옮겨지고 싶지 않다. / 그 옛날 저 깊은 안개는 뜨거운 나의 눈물이었다. / 기요마사도 끝내 나의 눈물에는 당해낼 수 없었다. / 세상이 어떻게 변하더라도 나는 이대로 이 고도(古都)에 남아 그리운 꿈을 보고 싶은 것이다. / ■■경성■■." 이 내용은 기요마사가 이 탑을 일본으로 옮겨가려 했다는 전승에서 유래한 것으로 보인다. 10층 석탑을 근거리에서 찍은 사진인데, 멀리 희미하게 북악산이 보이고, 그 아래에 조선총독부 첨탑이 희미하게 보이는 것은 눈여겨 볼만하다.

그림 15 경성·파고다공원

〈그림 29〉와 동일한 컬러 사진그림엽서로 가마를 들고 가는 그림과 그 아래에 파고다공원의 모습을 담고 있는데, 그림 위에 적힌 글의 내용은 다음과 같다. "발걸음 조용하게 가마를 타고 가는 맑은 날 / 깃발은 팔랑팔랑 가는 길은 밝다. / 가마 위의 황금 새는 날개를 펼쳐 세상을 구가한다."

그림 16　파고다공원·한수석 10층 탑

〈그림 17〉, 〈그림 28〉과 동일한 흑백 사진그림엽서로, 왼쪽 벤치에는 갓을 쓴 사람이 앉아 있다. 〈그림 18〉, 〈그림 19〉, 〈그림 20〉은 사진이 동일하지만, 제목이 '파고다 공원의 한수석 10층 탑'이라고 하여 약간 다르다.

그림 17　파고다공원·한수석 10층 탑

그림 18　파고다공원의 한수석 10층 탑

그림 19　파고다공원의 한수석 10층 탑

그림 20 파고다공원의 한수석 10층 탑

그림 21 파고다공원 안에 있는 유명한 한수석 불탑

석탑을 세로로 찍은 흑백 사진그림엽서로 양복을 입고 중절모를 쓴 남자가 석탑 옆으로 지나가고 있다.

그림 22 파고다공원 납석탑

그림 23 파고다공원 납석탑

10층 석탑과 육각정을 담은 흑백 사진그림엽서로 제목 아래 "옛날 대원각사 터에 있다. 이 13층의 석탑은 모두 대리석으로 만들었다. 그 탑신에는 빈틈없이 불상 인물 조수초화(鳥獸草花)를 새겨 조각 기술의 우아함은 관상(觀賞)할만한 가치가 있다."는 설명이 있다. 여기서는 10층 석탑을 '13층 석탑'으로 설명하고 있다. 3명이 10층 석탑을 올려다보고 있으며 팔각정에는 양복 입은 사람들의 모습이 많은 것으로 보아 적어도 1920년대 이후의 것으로 보인다.

그림 24 파고다공원 육각당에서 음악당을 바라보다

그림 25　파고다공원 육각당에서 음악당을 바라보다

그림 26　파고다공원 육각당에서 음악당을 바라보다

그림 27 파고다공원 한수석 불탑

그림 28 파고다공원·한수석 10층 탑

그림 29 경성·파고다공원

그림 30 경성 파고다공원 한수석 불탑

그림 31 경성 파고다공원 한수석 불탑

10층 석탑과 육각정을 담은 흑백 사진그림엽서이다. 육각정에는 대부분 한복을 입은 사람들이 모여 휴식을 취하고 있고, 오른쪽에는 한복을 입고 갓을 쓴 사람이 이쪽을 바라보고 있다.

그림 32 경성 파고다공원 한수석 불탑

그림 33 **경성 파고다공원(한수석 불탑)**

그림 34 **경성 파고다공원(한수석 불탑)**

그림 35 경성 파고다공원(한수석 불탑)

그림 36 경성 파고다공원 육각당

육각정 주변에 남녀노소의 많은 사람이 모여 휴식을 취하고 있는 모습을 담은 사진그림엽서인데 대부분 한복을 입고 있다.

그림 37　경성 파고다공원 한수석의 불탑

〈그림 38〉과 동일한 흑백 사진그림엽서로 한복을 입은 사람이 석탑을 올려 보고 있다.

그림 38 경성 파고다공원 한수석의 불탑

그림 39　경성 파고다공원 한수석 불탑

그림 40 경성 파고다공원 한수석 불탑

하단 'Rark'의 'R'은 'P'의 오자로 보인다. 다른 사진그림엽서의 파고다공원 영어표기와는 달리 'Mon'이라는 단어가 보이는데, 그 의미는 알 수 없다.

그림 41　경성 파고다공원 한수석 불탑

다른 사진그림엽서의 파고다공원 영어표기와는 달리 'Mon'이라는 단어가 보이는데, 그 의미는 알 수 없다.

그림 42 경성 파고다공원 한수석 불탑

다른 사진그림엽서의 파고다공원 영어표기와는 달리 'Mon'이라는 단어가 보이는데, 그 의미는 알 수 없다.

그림 43 경성 파고다공원 한수석 불탑

석탑 주변에 많은 사람이 모여있는 흑백 사진그림엽서이다. 오른쪽에는 교복을 입은 생도들의 모습도 보인다.

그림 44 향기로운 대기

오른쪽 여백에 "쾌청한 하늘, 은은하게 코를 스치는 대기(大氣)의 향기. 파고다공원에 평화의 색채가 가득하다.(경성명소·파고다공원)"라는 설명이 있다. 석탑과 음악당, 육각정을 담은 사진의 중간에 유모차와 어린아이를 등에 업은 아동 그리고 계단에서 놀고 있는 아동들의 모습이 인상적이다. 공원 주변에는 일본 가옥의 모습도 보인다.

그림 45 유객 번화한 파고다공원

육각정의 모습을 중앙에 담은 흑백 사진그림엽서로 육각정에는 아동들이 삼삼오오 놀고 있으며 멀리 석탑이 보인다.

YMCA

基督教靑年會
Young men's Christian Association

한국의 YMCA는 1899년 일어난 창립 운동을 계기로 창설되었으며, 1904년 서울 종로2가 9번지에 1,000여 평의 회관을 건립하였다. 1920년대 여러 지방에 YMCA 지부가 창립되었으나, 1930년대에 이르러 서울 YMCA를 제외한 모든 YMCA 지부가 폐쇄되었다. 광복 이후 6·25전쟁으로 인해 종로의 서울 YMCA회관이 전소되었으며, 지금의 건물은 1960년 착공하여 1967년 완공된 것이다.

YMCA는 1844년 6월 6일 영국 런던에서 조지 윌리엄스G. Williams와 그의 동료 12명이 창립한 젊은이들의 기독교 모임YMCA: Young men's Christian Association에서 비롯되었다. 이 모임의 특징은 교회, 교파를 초월하여 모든 기독교 교회를 통일하고자 하는 에큐메니컬ecumenical 정신이 강력하게 존재했다는 점이다. 당시 모임에 참가했던 12명이 각각 감리교, 독립교, 장로교, 성공회의 멤버 3명씩이었다는 것이 이러한 특징을 잘 말해준다. 이들은 1851년 5월 1일 영국 런던에서 개최된 세계박람회에서 자신들을 소개하는 35만 2,000부의 전단을 박람회에 참석한 세계 각국인에게 돌렸다. 이후 런던, 파리, 제네바 등의 도시를 중심으로 확장, 전파된 YMCA는 출범 11년 만인 1855년 8월 20일부터 4일간 세계 38개의 YMCA가 참석한 가운데 세계 YMCA를 개최하였다.

한국 YMCA는 1899년 독립협회 해산 이후 독립협회에 참가했던 청년 기독교인 150여 명을 중심으로 YMCA 창립 운동이 일어나 서울에 YMCA 간사를 보내 달라고 요청하는 서한을 세계 YMCA 연맹에 보낸 것으로 비롯된다. 한국의 요청을 받은 세계 YMCA 연맹에서는 북미 YMCA 위원회에 요청하여 질레트P. Gillet를 간사로 선정하여 파견했다. 1901년 서울에 도착한 질레트는 준비작업을 거쳐 기독교 청년 사업을 바탕으로 YMCA 활동을 할 수 있는 건물을 마련하기 위해 정식으로 청년회를 창설하고, 청년회 사업을 추진하기 위한 기금 확보를 위해 이사회의 구성이 필요하다고 보았다. 이후 1903년 10월 28일 수요일 저녁 8시 한국, 미국, 영국, 캐나다, 일본 등 5개국의 28명이 정회원이 참석한 가운데 황성기독교청년회의 창립총회를 개최하게 된다. 이것이 현재 서울 YMCA의 전신이다. 이날 총회에서 회장으로 게일J.S. Gale이, 총무로는 질레트가 선출되었다. 그러나 질레트 한 사람만으로는 간사진이 부족하여 한국의 지도자 김정식과 김규식도 간사로 가담하고 6개월 후에는 이상재, 남궁억, 윤치호 등이 합류하게 된다.

이후 1904년 서울 종로2가 9번지에 1,000여 평의 회관을 건립하여 활동 공간으로 삼고,

1905년에는 윤치호가 부회장으로 선임되어 청년회를 이끌면서 본격적인 청년회 활동을 전개하게 된다. 이때 독립협회 관계로 투옥되었던 이상재를 비롯한 일군의 개화파들이 석방되면서 YMCA에 적극적으로 가담하게 되는데, 이들은 독립협회 운동에서 실패했던 구국 독립운동을 YMCA 운동을 통해서 전개하고자 했다. 따라서 초창기 한국의 YMCA는 독립협회의 후신이라고 해도 과언이 아니었다. 게다가 1907년 6월에 발생한 헤이그특사 사건의 주동 인물 또한 YMCA의 간부들이었다. 한국 YMCA의 항일운동은 1907년경부터 한말 매국 단체인 일진회와 대결하면서 본격화되었고, 일제의 한국 침략이 노골화되었던 1910년에 이르러서는 그 활동이 더욱 맹렬해졌다.

그러나 한국병합 후 일제의 무단통치기에는 민족운동가들의 활동이 근본적으로 봉쇄되고 억압되었다. 특히 일제는 안창호를 중심으로 한 신민회를 없애기 위해 '105인 사건'을 조작하였는데, 이 사건은 신민회의 중심을 이루었던 YMCA 세력을 뿌리 뽑기 위한 것이기도 했다. 결국, 일제는 YMCA의 독립성을 빼앗고 1913년 일본 YMCA 하에 한국 YMCA를 예속시키게 되지만, 1919년 2·8 독립선언은 도쿄 YMCA의 핵심 멤버에 의해 주도되었고, 3·1운동에서는 민족대표 33인 가운데 9명이 YMCA 출신이었다.

3·1운동 이후 일제가 문화통치를 표방하면서 집회, 언론, 출판의 자유가 보장되면서 YMCA도 지방으로 확산하기 시작하여 1919년부터 1925년 사이에 지방에 많은 YMCA가 창립되었다. 평양에서 조만식을 중심으로 YMCA가 조직되었던 것도 이때였다. 조만식은 물산장려운동, 금주·금연운동 등을 활발히 전개했다. 이처럼 한국 YMCA는 지방조직을 확대하면서 문화운동과 농촌운동에서 많은 업적을 이루게 된다.

이와 동시에 한국 YMCA는 1913년 일제에 의해 강제로 박탈당했던 자주성을 1922년 되찾아 세계기독교청년회 연맹에 직접 가입하게 되면서 국제적인 관계 속에서 반봉건 문화운동을 지속하게 된다. 그러나 일제의 대륙침략이 본격화되는 1930년대에 들어서면 일제는 전시체제를 강화하기 위해 한글사용 금지, 창씨개명, 신사참배 등을 중심으로 하는 민족말살정책을 시행하고 한국의 언론·집회 및 단체 활동을 조직적으로 탄압하기 시작했으며 한국 YMCA도 예외가 아니었다. 이로 인하여 한국 YMCA가 적극적으로 주도하던 농촌운동이 좌절되었으며 '조선기독교연합회'를 조직하여 한국교회의 자주성을 박탈한 일제는 마침내 한국 YMCA를 다시 일본기독교청년회 동맹에 강제로 가맹시키게 된다. 이때부터 서울 YMCA는 '일본YMCA(경성) 종로지회'로 격하되어 형식적으로만 존속하게 되었고 그 밖에 전국의 모든 YMCA는 완전히 폐쇄되고 말았다. 광복 후 6·25전쟁으로 불탄 YMCA회관은 지하 1층, 지상 7층 규모로 재건되어 현재까지도 그 자리를 지키며 종로의 상징적인 건물로 남아있다. 이번에 수록된 YMCA의 사진그림엽서는 모두 10장이다.

그림 1 Y.M.C.A. / 프랑스교회당

〈그림 2〉, 〈그림 3〉, 〈그림 4〉, 〈그림 6〉, 〈그림 7〉, 〈그림 8〉, 〈그림 9〉와 동일한 사진그림엽서로 왼쪽이 종로 2가에 있는 3층짜리 붉은 벽돌 건물의 YMCA이고 오른쪽 원 안이 프랑스교회당이다. 프랑스교회당은 지금의 명동성당이다. YMCA 앞으로는 한복을 입은 행인들이 왕래하고 있으며 오른쪽 끝에는 전차가 정차해 있고 흰색 제복을 입은 차장이 앞을 내다보고 있다. 중앙에 있는 전봇대 뒤쪽이 YMCA로 들어가는 출입구이다. 건물 1층에는 상가가 들어서 있는데, 간판을 보면 맨 왼쪽에 '중앙이발관'이 있고 그 앞에 인력거가 세워져 있다. 다음 오른쪽의 간판을 보면 '태창양복점'이라고 적혀 있다. 그 오른쪽에는 유일하게 한글로 '세창양화점'이라고 적힌 양화점 간판이 보인다. '세창양화점' 간판은 좌에서 우측 쓰기이고 나머지 한자 간판은 우에서 좌측 쓰기이다. YMCA 사진 위에 적힌 시의 내용은 다음과 같다. "비야 비야 오지 말고 그쳐다오 / 우리 누나 시집 간다 / 시집 가는 가마에 비가 젖으면 / 우리 누나 어여쁜 옷이 얼룩진다" 프랑스 교회당 아래 적힌 내용은 다음과 같다. "산속 절에서 독경하는 소리 그치니 / 고향 저 멀리 우리의 외로움도 그치는구나!"

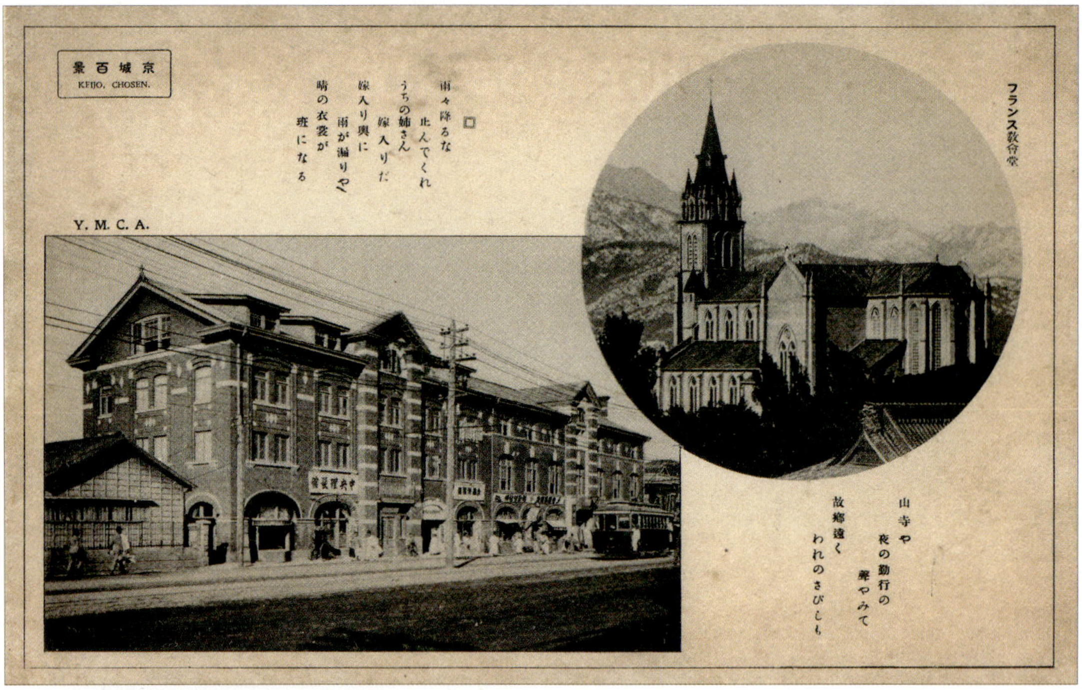

그림 2 Y.M.C.A. / 프랑스교회당

그림 3 Y.M.C.A. / 프랑스교회당

그림 4 Y.M.C.A. / 프랑스교회당

그림 5 Y.M.C.A. / 프랑스교회당 / 일본적십자사 조선본부

위 왼쪽부터 시계방향으로 YMCA, 프랑스교회당, 일본적십자사 조선본부의 사진이 실려 있다. 일본적십자사는 원래 대한적십자사였다. 대한제국은 1903년 적십자조약에 가입하고 1905년 고종 황제의 칙령으로 〈대한적십자사규칙〉을 반포하여 정식으로 출범했다. 그러나 1909년 일제는 대한적십자사를 폐지하고 일본적십자사 조선본부로 격하시켰다. 위치는 서울시 중구 소파로에 있었다. 다른 사진그림엽서처럼 조선을 'CHOSEN'이 아니라 'KOREA'로 표기했으며 일본어 제목과 영어 표현이 다르다.

그림 6 Y.M.C.A. / 프랑스교회당

그림 7 Y.M.C.A. / 프랑스교회당

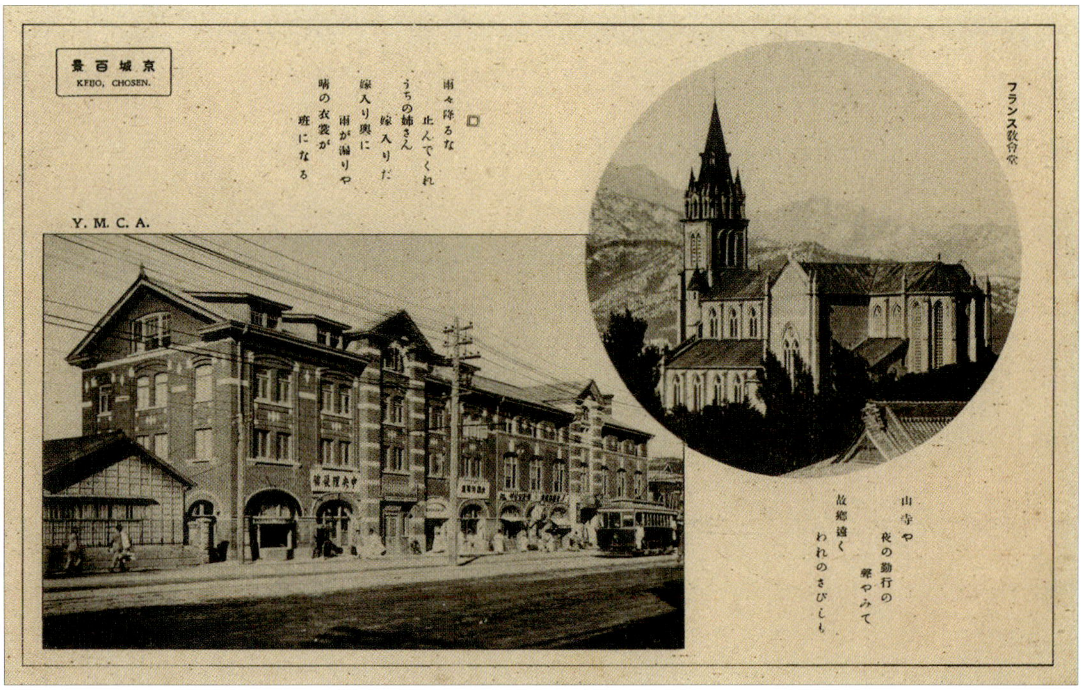

그림 8 Y.M.C.A. / 프랑스교회당

그림 9 Y.M.C.A. / 프랑스교회당

그림 10 경성 종로통(왼쪽은 미국 청년회관)

YMCA와 종로통의 변화한 모습을 담은 흑백 사진그림엽서이다. 종로통 거리에는 대부분 한복을 입은 사람들이 왕래하고 있다. 이동 수단도 지게, 이륜 자전거, 삼륜 자전거, 수레 등으로 다양하다. 제복을 입은 경찰, 양복을 입은 사람, 교복을 입은 학생의 모습도 보인다. 오른쪽(사진 제목에는 왼쪽으로 잘못 기재되어 있다) YMCA 건물에는 상가가 즐비하게 들어서 있는데, 오른쪽 끝부터 간판을 보면 '구미식양복점', '세창양화점', '유한양행소매부', '대창양복점', 그다음 상가는 상호가 전봇대에 가려져 보이지 않지만 '서점'이라는 글이 보인다. '세창양화점'은 〈그림 1〉에서는 한글 간판이었지만 한자 간판으로 바뀐 것으로 보아 사진 촬영의 시기에 차이가 있다는 것을 알 수 있다.

오늘날 〈그림 10〉과 같은 구도에서 촬영한 YMCA회관

현재의 건물은 1967년에 완공되었다.

보신각
普信閣
Bosingak

보신각은 1396년 청운교 서쪽 종루에 설치한 것이 시초였다. 이후 몇 차례 이전 및 확대가 이루어졌다가 1592년 임진왜란 당시 파괴되었다. 1619년 종각을 다시 지었으며, 1895년 고종이 직접 쓴 보신각 편액이 걸리면서 보신각 종이라 불리게 되었다. 보신각은 광복 이후 6·25전쟁으로 파괴되었으나 1953년 다시 중건하였으며, 편액은 이승만 대통령이 다시 썼다.

보신각普信閣은 서울특별시 종로구 관철동 종로 네거리에 있는 콘크리트 건축의 2층 누각으로 종이 달린 누각이라고 해서 흔히 종각鐘閣이라고 부르기도 한다. 보신각의 역사를 보면 1396년(태조 5)에 경기도 광주에서 만든 종을 청운교 서쪽 종루에 설치한 것이 시초였다. 이후 1413년(태종 13)에 2층 종루를 새로 짓고 위치를 통운교(현재 종로 네거리) 쪽으로 옮겼다. 그리고 1440년(세종 22)에 기존의 종루를 헐고 동서 5칸 남북 4칸의 2층으로 고쳐 지었고, 1458년(세조 4)에 새로 대종大鐘을 만들어서 설치했으나, 1592년(선조 25) 임진왜란으로 왜군들이 한양을 점령하는 동안 종루는 소실되고 대종도 파괴되었다.

그 후 1619년(광해군 11)에 종각을 다시 짓고 종을 새로 걸었는데 이때 세운 종각은 임진왜란 전의 2층 종루가 아니고 1층 종각이었으며 여기에 건 종은 명례동(지금의 명동 인근) 고개에 있었던 것을 옮겨왔다고 한다. 원래 이 종은 원각사圓覺寺에 있던 종으로 세조 때 주조한 것인데, 1536년(중종 31)에 숭례문 안으로 옮겨 놓았다가 1597년(선조 30) 명례동 고개로 옮겼던 것을 광해군 때 종각을 복구하면서 이전한 것이다. 그 후 조선 후기까지 4차례나 화재와 중건이 있다가 1895년(고종 32)에 종각에 '보신각'이란 편액이 걸린 이후 종도 보신각 종이라 부르게 되었다. 보신각의 편액은 '보신각'이라는 이름을 명명한 고종이 직접 썼다.

일제강점기 보신각 앞의 네거리는 사대문 안에서 가장 번화했던 곳이었다. 일제강점기에 보신각을 촬영한 사진을 보면 정면 3칸, 측면 2칸의 평면에 팔작지붕을 한 모습인데, 이 보신각 건물은 6·25전쟁으로 파괴되었다. 휴전 후인 1953년 12월 12일 그 위치에서 20m 뒤로 물러난 곳에 중건했으며, 편액의 글씨는 이승만 대통령이 직접 썼다.

1971년 서울 지하철 1호선 공사 과정에서 세종 때 지은 옛 종루의 초석이 발굴되었는데, 정면 5칸 측면 4칸 2층 누각으로 파악되었다. 발견된 주춧돌은 서울역사박물관의 앞뜰로 옮겨졌다. 이를 토대로 1979년 재건할 때 외견상으로는 한옥처럼 보이는 철근 콘크리트 구조의 2층 종루로 복원했다. 보신각은 서울 지하철 1호선 종각역과 매우 가까운데, 1974년 서울 지하철 1호선을 최초로 개통할 당시 종로1가 사거리에 만들어진 종각역의 명칭도 이 누각에서 따왔다. 보신각은 매년 12월 31일에 열리는 '제야의 종소리'의 서울 지역 타종 행사로도 잘 알려진 곳이다.

보신각에서 매년 양력 1월 1일 자정을 기해서 종을 33번 치는 '제야의 종' 타종 행사는 대한민국의 가장 대표적인 새해맞이 행사이다. 매년 제야의 종 타종 행사가 열릴 때마다 수많은 시민이 보신각 앞에 운집하는 것으로도 유명하다. 제야의 종 타종 행사에서는 정례적으로 서울특별시장, 서울특별시의회 의장, 서울특별시교육감, 서울특별시 지방경찰청장, 종로구청장이 참석하며 서울특별시 홈페이지 등을 통해 추천받은 다양한 분야를 대표하는 시민 대표 11명이 참여한다.

보신각의 타종은 12월 31일 밤 이외에도 8월 15일 광복절, 3월 1일 삼일절 등 국경일 정오에 기념 타종 행사를 하고 있으며, 2013년 2월 25일 자정에는 박근혜 대통령의 취임을 기념하는 타종 행사가 열린 바 있다. 2009년 한 해 동안은 서울특별시청의 주관으로 매일 정오에 시민 타종 체험 행사를 진행했다. 2020년 12월 31일에 예정되어 있던 보신각 제야의 종 타종 행사는 코로나19의 여파로 인하여 1953년 중건 이후 처음으로 취소되었으며, 사전에 녹화된 영상을 송출하는 별도의 온라인 행사에 온라인 영상 플랫폼 혹은 VR로 대체되었다. 이번에 수록된 보신각의 사진그림엽서는 1장이다.

그림 1 경성 종로가 보신각(대관의 가마)

종로 사거리에 1층 누각으로 세워진 보신각의 사진그림엽서이다. 바로 앞 우측에는 조선의 지게꾼이 있고 좌측으로는 전봇대가 보인다. 도로에는 가마를 들고 가는 모습을 컬러로 합성했다.

한성은행
漢城銀行
The Hanseong Bank

한성은행은 1897년 설립된 최초의 민족계 은행이다. 1906년 주식회사 한성은행이 되었고, 같은 해 10월 수원지점 개설 이후 평양·대전·개성·부산 등 국내뿐만 아니라 도쿄·오사카에도 지점을 설립했다. 이후 일본의 금융공황과 민족계 은행통합정책 등 일련의 사건을 거치며 흡수·합병을 통해 조흥은행이 되었다. 광복 이후 충북은행·강원은행·옛 신한은행 등과 통합하여 주식회사 신한은행으로 재출범하였다.

한성은행은 1897년 2월 김종한金宗漢 등의 거물급 재계인사들이 자본금 20만 원으로 설립한 최초의 민족계 근대은행으로 2006년 신한은행과 합병한 조흥은행의 전신이다. 한성은행은 당초 민간인에 대한 환전 및 금융업무를 주요 목표로 영업을 시작하였으나, 뜻대로 되지 않아 개점 휴업상태에 이르게 되었다. 이에 영업 목표를 황실 및 정부 재산의 관리와 금융으로 전환하고, 1903년 2월 '합자회사 공립 한성은행'으로 개편하였다. 은행장에는 황실 측근인 이재완李載完, 부은행장에 김종한, 실무책임자인 우총무右總務에는 한상룡韓相龍이 취임했다.

그 후 한상룡의 주도로 은행 실무의 근대적인 개혁을 단행했지만 1905년 금융공황으로 큰 타격을 받게 되자, 같은 해 9월 자본금 15만 원의 '주식회사 공립 한성은행'으로 변경한 다음, 일본 다이이치은행[第一銀行]의 융자를 받아 위기를 극복했다. 이때 발행 주식 3,000주 중에서 다이이치은행이 800주를 인수함으로써, 운영자금은 거의 전적으로 다이이치은행에 의존하게 되었다. 그 후 저리자금으로 융자받아 고리로 대출함으로써 크게 이익을 얻었다. 이를 계기로 일제의 자본과 경영인들이 참여하게 되는 결과를 낳았지만, 순조로운 발전을 거듭했다.

이후 1906년 3월 〈은행조례〉에 따라 주식회사 한성은행이 되었으며, 같은 해 10월 수원지점이 개설되었다. 1907년에는 자본금이 30만 원으로 증가했으며, 1908년 2월 동막東幕출장소를 개설했다. 1910년 국권 상실과 동시에 한상룡이 전무이사로 취임했으며, 1911년 1월 친일파의 은사공채恩賜公債를 인수하여 자본금이 300만 원으로 증자되었다. 이후 전국 각지에 1911년 평양지점, 1912년 대전지점, 1915년 개성지점, 1917년 남대문지점, 1918년 부산지점·동경지점, 1919년 동대문지점·평양 대화정大和町출장소·서대문출장소 등이 개설되었다. 또한, 1918년에는 도쿄에 법인기업 가운데 한국 최초로 해외지점을 두었고, 1922년에는 오사카에도 지점을 설치했다.

한편 1919년 3·1운동 이후 한성은행은 한국인들의 맹렬한 배척과 비난의 대상이 되었다. 당시 은행장은 이완용李完用의 형인 이윤용李允用이었으며, 전무는 이완용의 조카인 한상룡이었을 뿐만 아니라, 은행의 대주주들이 거의 친일파였기 때문이었다. 더구나 1923년 9월 1일 도쿄 요코하마 인근을 강타한 관동대지진으로 도쿄지점이 큰 타격을 입자 한성은행의 영업이 악화하기 시작하여 1925년 말부터 조선총독부의 주도로 한성은행 정리가 시작되었다. 그러나 1927년 일본에서 발생한 금융공황으로 일본계 은행이 대다수 도산하면서 정리가 더욱 어려워지자 총독부가 직접 정리에 착수했다. 그 과정에서 1928년 3월에는 발행 주식 6만 주 중에서 2만 8,000주를 조선식산은행이 인수하여 최대 주주가 되면서 형식적으로라도 한국인이 경영하던 은행이 일본 특수은행의 지배하에 놓이게 되었다. 이후 일제의 민족계 은행통합정책에 의해, 1941년 경상합동은행慶尙合同銀行을 흡수·합병하였고, 1943년에는 동일은행東一銀行과 합병하여 조흥은행으로 새롭게 발족했다.

이로써 한국에는 조흥은행과 조선상업은행 2개의 일반은행만 남게 되었다. 조선총독부는 일반은행의 통폐합과 더불어 일반은행 지점의 강제 교환과 재배치도 추진하였다. 이에 따라 광복 당시 조선상업은행과 조흥은행의 지점은 지역적으로 상당한 편차를 보였다. 조선상업은행 지점은 북한 전역과 남한의 경남지역에 편재하였고, 조흥은행 지점은 남한 전역에 편중되어 있었기 때문에 광복 직후 남북이 분단되면서 조흥은행의 업세가 조선상업은행을 압도할 수 있었다. 조흥은행은 1999년 4월 충북은행과 강원은행을 합병하였으며, 2006년 4월 1일 옛 신한은행과 통합하여 (주)신한은행으로 다시 출범하였다. 한성은행의 위치는 서울 중구 삼각동에 있었으며, 현재 신한은행 광교영업부로 이용되고 있다. 이번에 수록된 한성은행의 사진그림엽서는 모두 3장이다.

그림 1 한성은행

〈그림 2〉와 동일한 사진그림엽서로, 하단 여백에 "경성 남대문통에 있다. 조선인이 경영하는 은행 가운데 가장 큰 것이다."라는 설명이 있다. 남대문로에서 촬영한 시선이다. 붉은 벽돌의 2층 건물로 당시 유행하던 중앙에는 돔이 있는 스타일이다. 바로 옆에는 조선 가옥의 상점, 인도에는 가로수와 인력거가 있다. 도로에는 노면전차가 다니며 수레와 자전거도 같이 통행하고 있다. 우측 끝부분에는 '식도원(食道園) 식당 입구'라는 세로 간판이 보인다. 입구에는 인력거가 3대 세워져 있다. 경성에는 1909년에 문을 연 최초의 전문 음식점 명월관(明月館)과 태화관이 있었다. 독립운동가들이 독립선언서를 낭독했던 인사동 태화관의 영업이 정지되자 남대문통 1정목(남대문로 1가)에 식도원으로 1922년 다시 개원했다. 현재 신한은행 광교빌딩 위치에 있다. 그 옆의 세로 간판에는 상회 이름이 한자와 영어로 병기되어 있다.

오늘날 〈그림 1〉과 같은 구도에서 바라본 한성은행

한성은행은 1943년 조흥은행으로 재출범하였으나, 1963년 기존 본점 건물이 화재로 소실되어 1966년 새 건물을 신축했다.

그림 2 한성은행

그림 3 한성은행

〈그림 1〉과 흑백, 구도, 제목, 모두 동일하지만, 세부적으로 보면 도로에 다니는 수레와 사람들, 인도에서 오가는 사람들 모습이 다르다. 하단 여백에도 "경성 남대문통에 있다. 자본금 600만 원, 조선인이 경영하는 은행 가운데 가장 큰 것이다."라고 하여 설명이 다르다.

조선상업은행

朝鮮商業銀行

The Joseon Comercial Bank

조선상업은행의 전신인 대한천일은행은 민족계 은행으로 황실, 고위층이 이용하는 특수은행이면서 국채보상운동을 벌이는 등의 활동을 하였다. 그러나 한일병합 이후 조선총독부에 의해 조선상업은행으로 개편되었으며, 지방의 여러 민족계 은행을 흡수·통합하면서 민족계 은행의 약화정책에도 일조했다. 광복 후 1950년에 한국상업은행으로 개칭하였으며, 한빛은행을 거쳐 지금의 우리은행이 되었다.

조선상업은행은 대한천일은행을 전신으로 하고 있다. 대한천일은행은 1899년(광무 3) 1월에 탁지부대신과 군부대신을 역임한 심상훈, 농상공부대신 민병석 등의 고위 관료들과 김두승, 김기영, 정영두 등의 실업가들이 발기인으로 참가하여 설립한 은행으로 "조선 사람 이외에는 대한천일은행의 주식을 사고 팔 수 없다."라는 것을 정관에 명시한 민족계 은행이었다.

설립 당시 고종은 3만원 가량의 황실 자금을 출연했다고 하는데, 현재 화폐가치로 환산하면 30억 원 정도 되는 액수였다. '대한'은 대한제국에서 이름을 따온 것이고 '천일天一'은 "하늘 아래 첫째가는 은행"이라는 뜻이다. 초기에는 정부에서 국고금을 대여받아 쓰고 초대 은행장은 민병석이었지만, 1901년 영친왕을 은행장으로 추대하면서 황실과 고위층이 이용하는 특수은행의 성격이 강했다.

이후 대한천일은행은 1905년(광무 9) 경제계의 불황과 약소한 자본 등을 비롯한 경영상의 실패로 1906년 6월부터 약 1년간 휴업하였다. 1906년 6월 경영 정상화를 위해 자본금을 15만원으로 증자하고 경영진의 쇄신을 위해 은행 경영을 실업인들에게 맡기면서 일반은행으로서의 면모를 갖추게 되었다. 일제의 금융 침탈에 맞서 1907년 국채보상운동을 벌이는 등 민족자본을 지키기 위해 노력하기도 했다.

그러나 국권을 침탈당한 직후 조선총독부는 민족계 은행의 약화와 말살을 도모하는 동시에 민족계 은행에 대한 일본인 자본의 침투·지배를 강화하기 위해 일본의 식민지가 된 한국 내에서 '대한'이라는 용어는 사용할 수 없다는 강력한 정책적 의도를 반영하여 대한천일은행을 조선상업은행으로 개편하였다. 이후 조선상업은행을 모체로 하여 민족계 은행 세력의 약화와 일본인 세력의 지배라는 기본정책이 장시일에 걸쳐 꾸준히 추진되었다.

이러한 큰 계획의 실천을 위해 최초로 감행한 조처는 한말의 황실 은행으로 인정된 대한천일은행에 대한 황실의 채권·채무를 정산하게 하여 황실 세력을 제거하는 것이었다. 이로써 황실 세력이 제거되고 나자, 곧바로 민간이 주도하는 조선상업은행이 출범하였다. 이후 본격적으로 민족은행에 대한 일본인 세력의 침투, 지배력 강화정책이 추진되었다. 구체적인 방법으로서, 먼저 한국 내의 각 지역에 산재하고 있던 일본인이 설립한 군소은행을 흡수·합병하게 하여 조선상업은행에 대한 일본인의 자본·세력의 침투·강화를 도모했다. 예를 들면 1920년대에 금융공황과 부실 경영으로 도산 지경에 이른 일본인 경영의 군소은행인 원산상업은행·조선실업은행·대동은행 등이 1923년에서 1925년에 걸쳐 조선상업은행에 흡수·합병되었다. 이로써 이들 은행의 경영주와 주주들은 은행 도산을 구제받고도 조선상업은행의 주주가 되었다. 이와 같은 방법으로 일본인 자본과 세력 침투가 강화되자 1922년 7월에는 일본인의 경영 참여를 허용했다. 이때 비로소 전무이사역에 일본인이 기용되어 은행이 일본인의 책임하에 운영되기 시작했다.

한편 민족계 은행 세력의 약화정책도 조선상업은행이 민족계 지방은행을 흡수·통합하는 방법으로 목적을 성취할 수 있었다. 그때까지도 건실하게 운영되고 있던 삼남은행三南銀行이 1932년 1월에, 북선상업은행北鮮商業銀行이 1933년 5월에, 경일은행의 전신인 대구상공은행大邱商工銀行이 1941년 9월에 각각 흡수·통합되었다. 조선상업은행의 자본 구성을 보면, 1917년에 자본금 57만 5,000원이던 것이 군소은행의 흡수와 통합 과정을 거치면서 은행의 자본금이 가산되고 자체의 증자도 단행해 1929년 6월에는 공칭자본금 892만 5,000원, 불입자본금 447만 5,000원으로 증액되었다. 조선상업은행은 1945년 광복 후에도 계속 '조선'이라는 말을 사용하다가 1950년 '조선'이라는 말을 빼고 은행명을 조선상업은행에서 한국상업은행으로 변경하였다. 이후 1999년 한일은행과 합병하여 한빛은행으로 통합되었고, 다시 2002년에 이르러 지금의 우리은행으로 변경되었다. 이번에 수록된 조선상업은행의 사진그림엽서는 1장이다.

그림 1　경성 남대문통 1정목

이 사진그림엽서는 2색 인쇄를 한 '조선명소 시리즈'이다. 경성의 금융가인 남대문 1정목(현재 을지로입구역)에서 광교 사거리(광통교)를 건너 종각역 쪽으로 촬영했다. 중앙의 도로를 중심으로 인도와 도로가 구분되어 있으며, 우측은 근대식 2층 조적조(組積造) 건물, 좌측은 가로수가 우거져있다.

우측 첫 번째 건물이 조선상업은행(=대한천일은행=광통관(廣通館))이며 현재 우리은행 종로금융센터로 사용하고 있다. 근대 건축물 중 본래의 기능을 유지하고 있다. 당시 대한천일은행이 광통관으로 불린 이유는 근처에 광통교가 있었기 때문이다. 다음 건물은 네오 고딕식(후면 첨탑과 전면 흰색)이 대동생명보험빌딩이며, 그다음 돔이 있는 건물이 한성은행이다. 가장 멀리 있는 건물은 동일은행이다. 우측 인도에도 가로수와 전봇대가 열 지어 있으며 여기에 자전거를 기대 놓았다. 도로에는 노면전차 2개가 오가고 있으며 수레를 끌고 가는 사람도 보인다. 은행 입구 앞에는 양장을 입은 여성 두 명이 지나가고 있다.

오늘날 〈그림 1〉과 같은 구도로 바라본 조선상업은행(현 광통관)

02

광화문통

光化門通

Gwanghwamuntong

광화문통은 조선시대부터 경복궁 전로前路, 육조거리 등으로 불렸던 관청가였다. 한일병합 이후에도 경기도청, 경찰관 강습소, 순사교습소, 체신국 등 식민권력의 여러 관청이 설치되었다. 조선총독부가 1914년 부제府制를 실시하면서 경성부의 행정 구역 명칭을 새로 정하면서 일본식 명칭인 광화문통으로 명명되었다. 1915년 '시정 5주년 기념 조선물산공진회' 이후 1926년 조선총독부가 완공되면서 중심 가로로서의 상징성을 공고히 하였다.

광화문통 개설

光化門通
Gwanghwamuntong

광화문통은 조선시대부터 경복궁 전로前路, 육조거리 등으로 불렸던 관청가였다. 한일병합 이후에도 경기도청, 경찰관 강습소, 순사교습소, 체신국 등 식민권력의 여러 관청이 설치되었다. 조선총독부가 1914년 부제府制를 실시하면서 경성부의 행정 구역 명칭을 새로 정하면서 일본식 명칭인 광화문통으로 명명되었다. 1915년 '시정 5주년 기념 조선물산 공진회' 이후 1926년 조선총독부가 완공되면서 중심 가로로서의 상징성을 공고히 하였다.

조선왕조 개창 직후의 도성 조영 당시, 법궁法宮인 경복궁의 입지와 형태는 하늘[天]-군주-신민臣民으로 하강하는 아시아적-유교적 통치이념을 즉물적으로 표현했다. 경복궁의 정문인 광화문에서 남쪽으로 향해 뻗은 넓은 길은 그 자체로 유교 국가 조선의 주권을 상징했다. 길의 방향은 왕권의 소재를, 너비는 왕권의 크기를, 길이는 왕권이 미치는 범위를 표상했다. 경복궁의 정문에 광화문光化門이라는 이름을 붙인 것도, 군주의 위상과 역할을 표현하기 위해서였다. 즉위 이후 태조 이성계의 이름은 단旦으로 개명하였다. 임금은 하늘의 태양을 대신해 세상의 어두움을 소멸시키고 밝음으로 채우는 존재여야 한다고 보았기 때문이다. 아침 해가 하는 일이 세상을 빛으로 물들이는 일, 즉 광화光化이다. 따라서 하늘-백악-광화문의 단차가 확연히 드러나는 경복궁 앞길은 군주의 위상과 광화의 의미를 상징하는 길, 즉 조선왕조의 국가 상징가로였다.

경복궁이 하늘의 위임을 받은 왕권을 상징한다는 생각은 조선 사람들에게 보편적이었다. 고종은 대한제국을 선포한 이후 경운궁을 법궁으로 삼고 그곳을 대한제국의 정치 이념인 동도서기東道西器, 구본신참舊本新參을 표상하는 장소로 삼았지만, 경복궁을 방치하지도 않았다. 경복궁은 여전히 보통 사람의 접근이 제한된 금역禁域으로 관리되었으며, 특별히 왕의 허가를 얻은 외국인들에게만 제한적으로 공개되었다. 대한제국 시대에도 경복궁은 여전히 황궁 중 하나였으며, 황실은 을사늑약 이후 재정난으로 허덕이던 1906년에도 경복궁을 보수하여 황궁의 체모를 지키려고 했다.

1907년 〈정미7조약〉으로 한국의 내정을 장악한 일본은, 곧바로 경복궁의 권위를 훼손하는 작업에 착수했다. 고종을 강제로 양위시킨 지 3달 뒤인 1907년 10월에는 광화문 밖 근위대 건물을 철거했고, 이듬해 3월에는 경복궁을 아무나 입장료만 내면 들어가 구경할 수 있는 관광지로 만들었다. 1910년 3월에는 소네 아라스케[曾禰荒助] 통감의 아들에게 건춘문 안 땅 수천 평을 임대하기까지 했다. 다시 5월에는 궁궐 내 전각 4,000천 여 칸間을 경매에 붙였는데, 일본인

80여 명이 응찰하여 그중 10여 명이 낙찰 받았다. 이에 대해 미국 샌프란시스코에서 발행되던 《신한민보》는 '대궐이 쑥밭 된다.'라며 한탄했다.

공원이자 관광지가 된 경복궁은 1915년 '시정 5주년 기념 조선물산공진회'를 앞두고 또 한 차례 격변을 겪었다. 총독부는 경복궁 12만 7,000여 평 가운데 7만 2,800평을 부지로 선정하고 그 안에 가건물과 영구건물들을 건립했다. 1915년 9월 11일, 경복궁 안에서 공진회가 시작되어 10월 30일까지 계속되었다. 이 기간 중 전국에서 100만 명에 달하는 인파가 서울에 와서 공진회를 관람했다. 당시의 교통과 숙박 사정을 감안하면, 서울이 수용할 수 있는 한도를 훨씬 초과한 셈이다. 공진회장에 입장하기 위해 광화문 앞에 몰려든 인파 역시 역대 최다였다. 경복궁 앞길에 사람들이 발 디딜 틈 없이 들어찬 것은 이때가 처음이었다.

공진회가 끝나자마자 총독부는 경복궁 자리에 총독부 신청사를 건립하기 시작했다. 일본 제국주의자들은 1906년 남산 기슭에 통감부 청사를 지었다가 한국을 강점한 이후 총독부 청사로 이용했다. 멀리서 창덕궁과 마주하여 서울 전역을 내려다보는 자리는 자체로 일본의 위세를 상징했다. 그러나 이는 동시에 '일본인만을 위한 통치'라는 총독 통치의 본질을 여실히 드러내는 상징물이기도 했다. 일본인뿐 아니라 한국인까지 아우르는 총독부라는 이미지를 만들기에 가장 적합한 곳은 경복궁 앞뿐이었다. 자연 경관과 조선왕조 개창 이래의 역사가 경복궁 앞길의 위상을 뒷받침했기 때문이다.

조선총독부는 1914년 부제府制를 실시하면서 경성부 행정 구역 명칭을 새로 정했다. 서울에 거주하는 일본인들이 제멋대로 불러 오던 지명을 공식화하는 한편, 한국인들이 오랫동안 불러왔던 지명들은 의도적으로 변경했다. 조선시대부터 대한제국 시대까지 '경복궁 전로前路'라고 불리던 대로에는 광화문통光化門通이라는 일본식 이름이 새로 붙었다. 경복궁 대신 광화문을 쓴 것도, 궁宮 자를 쓰지 않으려는 의도에 따른 것으로 보인다. 조선총독부는 1926년 신청사를 지으면서 광화문을 경복궁 동북쪽의 건춘문 위쪽으로 옮겼으나, 광화문통이라는 행정 구역 명칭은 바꾸지 않았다.

광화문이 보이지 않는 광화문통은 그 자체로 '역사가 지워진 조선'을 표상하는 구실을 했다. 백악 밑에 우뚝 솟은 광화문에 익숙했던 사람들은 광화문 자리를 총독부 신청사가 대신한 것에서 통치의 주체가 바뀌었다는 사실을 직관적으로 인식했을 것이다. 광화문과 경복궁이 사람들의 시야에서 사라진 뒤에도, 광화문통은 여전히 통치의 중심이었다. 의정부 터에 경기도청이 건립된 것을 비롯하여, 경찰관 강습소, 순사교습소, 조선총독부 체신국 등이 조선·대한제국의 옛 관아 자리에 들어섰다. 일제강점기 일본인들이 발행하던 잡지에는 「광화문통光化門通」이라는 꼭지가 있었는데, 이는 곧 '관청가 소식'을 의미했다. 광화문이라는 이름과 조선총독부 청사라는 실체는 '국가 중심 가로'라는 이 길의 상징성을 유지시켰다.

조선총독부는 1914년 조선 내 주요 도시 간 거리 측정의 기준점인 '원표元標'를 설치했는데, 서울의 기준점은 광화문통의 남단인 황토현 광장(현재 이순신 장군 동상 앞)이었다. 당시 경성이 전국의 중심이었기 때문에, 지리적으로도 광화문통은 '조선의 중심'이었던 셈이다. 일제강점기 이 중심 가로의 이미지는 조선 전체의 이미지이기도 했다. 조선적인 것과 일본적인 것, 중세적인 것과 근대적인 것이 공존했으나 '권위적'이라는 점에서는 일관성이 유지되었다.

광화문통은 식민통치의 권위와 문명성을 표상하는 모습으로 사진그림엽서들에 담겼다. 대다수 전각이 헐린 채 초라하게 남은 경복궁이 멸망한 왕조를 표상한 반면, 그 앞을 당당하게 가로막고 선 총독부 신청사는 일본 제국주의의 지배를 표상했다. 한 장의 사진그림엽서에 함께 담긴 이 양자는 각각 후진과 선진, 야만과 문명, 중세와 근대를 연상시키는 오브제로 기능했다.

조선총독부

朝鮮總督府廳舍

Japanese General Government Building of Jeseon

조선총독부는 1910년 한일병합 이래 일제의 한국 통치를 상징하였다. 본래 남산 왜성대의 통감부 청사를 조선총독부 청사로 사용하였으나, 사무공간의 부족으로 인해 새로운 청사 건립이 계획되었다. 최종적으로 경복궁 전면의 부지가 결정되어 1926년에 완공되었는데, 당시 최대 규모의 근대건축물이었다. 광복 이후 중앙청, 대한민국 정부 청사, 국회의사당, 국립중앙박물관 등으로 활용되다가 1996년 철거되었다.

1906년 2월 1일에 통감부 및 각 이사청의 개청식이 열렸다. 처음에는 광화문 육조거리에 있던 대한제국의 외부外部 청사를 통감부 청사로 사용하다가 1907년 2월 28일에 남산 왜성대(현재 서울시 중구 예장동 8번지 일대)에 르네상스 양식의 2층 목조 건물로 통감부 청사를 건립하였다.

1910년 8월 29일에 한일병합조약이 체결되고 조선총독부가 설치되자 일본은 왜성대 통감부 청사를 조선총독부 청사로 사용하였다. 1910년에 사무 공간의 부족으로 증축 공사가 이루어져 '一'자형의 건물이 '口'자형으로 변형되었지만 사무 공간의 부족 현상은 해결되지 못하였다. 1911년에도 기존 건물과는 별도로 다시 증축 공사가 진행되었으나 공간의 부족은 해결되지 못하였고, 결국 1926년에 경복궁 흥례문 구역을 철거한 터에 신청사 건립이 이루어졌다.

원래 총독부 신청사 부지로서 지금의 서울시청 자리도 후보지로 꼽혔으나 최종적으로는 경복궁으로 결정되었다. 이는 조선왕조의 상징이자 나라의 최고권위를 형성하는 왕궁 자리에 제국 일본의 지배를 총괄하는 총독부 청사를 세움으로써 식민 지배의 정당성을 내세울 뿐만 아니라 한국인의 민족적 자존심을 철저히 짓밟아 망국의 아픔을 내재화하는 심리적 압박 효과도 노린 것으로 볼 수밖에 없다.

광화문에 대한 설명에서 언급한 일본 민예운동가 야나기 요시무네[柳宗悅]가 광화문 철거를 반대하며 주장한 언론기고문에서도 알 수 있듯이, 조선의 왕궁을 헐어 총독부 청사를 짓는 것은 조선이 일본을 식민지배하여 일본 천황이 거주하는 황거를 허물고 '일본총독부'를 건설하는 것과 같은 폭거였다.

1916년 6월 25일 공사의 안전과 건물의 번영을 기원하는 제사 의식인 지진제地鎮祭를 신도神道 방식으로 근정문 앞뜰에서 거행하고 같은 해 7월 10일에 착공하였다. 1920년 7월 10일에는 정초식을 거행하여 제5대 조선 총독 사이토 마코토의 휘호가 새겨진 정초석을 설치하였다. 1926년 1월 4일에 건물을 완공하여 시용의례를 한 뒤 같은 해 10월 1일 시정기념일에 맞추어 건물의 완공을 축하하는 의식인 낙성식을 가졌다.

총독부 건물 외벽에 사용된 화강암은 지금의 동대문구 창신동 일대에서 채취한 것으로 노면전차를 이용하여 광화문 앞까지 운반되었다고 한다. 이 화강암은 경성부청, 서울역사 등에도 사용되었다고 한다.

총독부 청사의 신축 공사는 처음에는 5개년 계획과 300만 엔의 예산으로 시작하였지만, 완공까지 10년이 걸렸고, 675만 1,982엔의 예산이 소요되었다.

총독부 신청사는 당시 일본의 본토와 식민지에서 가장 큰 건축물이었으며 동양 최대의 근대식 건축물이었다. 건물 안쪽에 뜰을 배치한 '日'자형 평면에 지층과 지상 4층을 올린 총 건평 9,600여 평의 건물이었다. 철근 콘크리트 구조에 벽돌로 기둥 사이의 벽을 채우고 외부를 화강석으로 마감한 위에 돔 모양의 중앙탑옥을 얹었다. 르네상스 양식에 바로크 양식을 절충한 네오 르네상스 양식으로 식민지 지배기구로서의 권위를 강조하였다.

총독부 청사의 준공과 함께 광화문은 경복궁의 동쪽 건춘문의 북쪽, 현 국립민속박물관 정문 자리로 이전되었고 청사 앞에는 광장이 조성되었다. 청사의 건축에는 조선에서 산출된 목재와 화강석·대리석·석회를 주재료로 사용하였고, 공예품·조각 등의 장식재는 해외에서까지 수입해서 시공하였으며, 아홉 대의 엘리베이터가 설치되었다.

청사 중앙 홀의 남북 벽면에는 일본인 서양화가 와다 산조[和田三造]가 조선의 금강산 선녀 전설과 일본의 '하고로모[羽衣]' 전설을 모티브로 하여 제작한 벽화가 설치되었다. 벽화는 두 전설의 친연성을 강조하여 당시 조선총독부의 통치 이념인 내선일체를 상징하였다. 이 벽화는 1995년 총독부 청사의 해체 당시에 분리되어 국립중앙박물관의 수장고에 보관 중이다.

1945년 제2차 세계대전에서 일본 제국이 패망하자 조선총독부 청사와 관사는 미군정청에 인계되었다. 1948년에 대한민국 정부가 수립되자 대한민국 정부가 청사와 관사를 인계받아 대통령 관저, 정부 청사, 박물관 등으로 활용하였다. 1950년 6·25전쟁을 거치면서 청사와 관사의 일부가 파괴되었고, 1995년 김영삼 정부 때 일제강점기의 잔재 청산을 이유로 그때까지 현존하던 청사와 관사를 철거하였다. 이번에 수록된 조선총독부청사의 사진그림엽서는 모두 72장이다.

그림 1　조선총독부 신청사

〈그림 2〉, 〈그림 38〉과 동일한 컬러 사진그림엽서이다. 공사 중임을 알려주는 철제 구조물이 서 있는 것으로 보아 완공 직전의 모습으로 보인다.

그림 2　조선총독부 신청사

그림 3　조선총독부

〈그림 6〉, 〈그림 7〉, 〈그림 47〉, 〈그림 48〉, 〈그림 49〉, 〈그림 50〉, 〈그림 51〉과 동일한 흑백 사진그림엽서로 완공 전의 모습으로 보인다. 아직 마무리 공사가 덜 된 듯 바닥에 깔린 자갈들 위로 바퀴자국이 선명하게 보인다. 정원 뒤쪽으로 검은색 승용차와 자전거들이 보인다.

오늘날 〈그림 3〉과 같은 구도에서 촬영한 구 조선총독부 터

현재 구 조선총독부 청사 자리에 다시 세워진 흥례문은 2001년 10월 26일에 완공되었다.

그림 4 조선총독부

'(경성명소)조선총독부'라는 제목과 영문으로 'The Government General of Chosen, Keijo'라 인쇄된 흑백 사진그림엽서이다. 완공 전후의 사진으로 보이는데 멀리 건물 앞에는 인력거 두 대와 인력거를 끄는 인부가 앉아 휴식을 취하는 모습이 보인다.

그림 5 조선총독부

'(경성명소)조선총독부'라는 제목과 영문으로 'The Chosen government, Keijo'라 인쇄된 흑백 사진그림엽서이다. 위의 〈그림 3〉 사진그림엽서의 반대편에서 찍은 사진으로 보이는데 완공 직전의 모습인 것 같다.

그림 6 조선총독부

그림 7 조선총독부

그림 8　조선총독부 홀의 일부

아래에 '조선총독부'라는 제목과 '조선 경성'이라 인쇄된 흑백 사진그림엽서이다. 완공 직전의 총독부 건물과 왼쪽에 비스듬히 '총독부 홀의 일부'라는 제목의 사진을 덧붙여 놓았다. 총독부 정문을 들어서면 화강암으로 꾸며진 커다란 홀이 웅장하게 자리 잡고 있는데 사진의 윗부분 반원 형태의 공간에 벽화 세 점이 그려져 있다. 이 벽화는 '와다 산조[和田三造]'라는 당시 유명한 일본의 서양화가가 문하생 수십 명을 지휘하여 5년에 걸쳐 제작하였다고 한다. '선녀와 나무꾼'설화를 모티브로 그려진 대벽화이다.

그림 9　광화문대로에서 총독부를 바라봄

〈그림 31〉과 동일하며 '(조선박람회)광화문대로에서 총독부를 바라봄'이라는 제목의 흑백 사진그림엽서이다. 지금의 광화문 네거리에서 총독부 건물을 바라보고 찍은 사진이다. 정면에 서 있는 양쪽 선전탑에는 '조선박람회'라 새겨져 있고 전철이 보이며 교통정리하고 있는 경찰도 보인다. 오른쪽 위에는 '조선박람회 기념 경성'이라는 기념 스탬프가 찍혀 있다. 1929년 9월 12일부터 10월 31일에 걸쳐 개최된 조선박람회는 시정 20주년 기념행사로 사이토 마코토[齋藤實]총독 때 경복궁에서 개최되었다. 당시 관람객은 개인 약 70만 명, 단체 약 40만 명, 무료 초대객 약 22만 명, 어린이 약 12만 명, 군인 약 5,000명 등 총계 140여만 명이 관람하였다고 한다. 입장료는 어른 30전, 어린이 15전, 군인 20전이었다.

그림 10 태평통 / 총독부 첨탑 / 총독관저 / 관저 정문

'경성백경'이라는 제목의 흑백 사진그림엽서로 4단에 걸쳐 사진이 배치되어 있다. 제일 위에는 '태평통'이라는 제목에 지금의 광화문 사거리에서 광화문을 향해 찍은 사진이다. 광화문 뒤로는 총독부 건물이 서 있는데 광화문을 이전하기 전이다. "휴식을 위해 찾은 연못 언저리에 그림자도 없고 하얀빛 물 위에 반짝인다."라는 뜻의 짧은 시가 적혀 있다. 두 번째는 '총독부 첨탑'이라는 제목에 "정원에 꽃을 심어 꽃잎이 담장 위까지 번성하고 오늘은 오늘대로 길 가는 사람은 꽃에 애달아 나날이 살아간다."는 뜻의 짧은 시가 적혀 있다. 세 번째는 '총독관저'라는 제목에 "나를 감싸는 나뭇잎의 흔들림, 푸릇하고 비원 아침의 조용한 마음일까"라는 뜻의 짧은 시가 적혀 있다. 사진의 총독관저는 통감부 시기인 1908년에 러일전쟁 이후 남은 군비를 사용하여 건축한 것으로 알려져 있다. 1908년에 착공하여 이듬해 완공하였다. 1939년 경복궁 북쪽(현 청와대 근처)으로 새로운 총독관저로 옮기기 전까지 사용되었다. 현재 용산 미군기지 안에 관저가 있었다. 마지막 단에는 '관저 정문'이라는 제목으로 관저 정면 사진과 함께 의미가 불분명한 짧은 시가 적혀 있다.

그림 11 **조선총독부**

〈그림 3〉, 〈그림 6〉, 〈그림 7〉과 동일한 흑백 사진그림엽서로 제목은 '조선총독부'이다.

그림 12 **장대한 조선총독부 신청사**

〈그림 13〉과 동일한 흑백 사진그림엽서로 '(경성·경복궁) 장대한 조선총독부신청사'라는 제목과 영문으로 'NEW BUILDING OF CHOSEN GOVERNMENT OFFICE, KEIHUKU-KYU, KEIJO'라 인쇄되어 있다. 준공 직전 모습으로 보인다.

그림 13 장대한 조선총독부 신청사

그림 14 향기롭게 만개한 벚꽃

〈그림 71〉, 〈그림 72〉,와 동일한 흑백 사진그림엽서로 서십자각 쪽에서 찍은 '(경성·경복궁)향기롭게 만개한 벚꽃'이라는 제목과 영문으로 'CHERRY-FLOWERS IN FULL BLOOM, KEIHUKU-KYU, KEIJO'라 인쇄되어 있다.

그림 15 창경원 / 총독부 / 경회루

가운데의 총독부 건물 전경과 오른쪽에 창경원, 왼쪽에 경회루 사진을 비스듬히 장식하고 붉은색 단풍 모양으로 디자인된 사진그림엽서이다. 왼쪽 아래에는 '5.10.12. 사단대항 연습기념'이라는 스탬프가 찍혀 있고 '1전 5리' 우표가 붙어 있다.

그림 16 조선총독부의 위용

'(경성명소) 조선총독부의 위용'이라는 제목과 영문으로 'THE CHOSEN GOVERNMENT OFFICE'라 인쇄된 흑백 사진그림엽서로 준공 직전의 모습으로 보인다.

그림 17　경성·조선총독부

'경성·조선총독부'라는 제목의 사진그림엽서로 위에는 총독부 건물 사진이 디자인되어 있고 아래에는 히로이 코운[廣井高雲]이라는 일본 화가의 낙인이 찍혀 있다. 그의 '가요의 조선[歌謠の朝鮮]' 사진그림엽서 가운데 하나로 보이는데 머리에 무언가를 이고 가는 두 아낙네가 지하대장군과 지하여장군 앞을 걸어가는 모습이 그려져 있다. 그리고 "풀의 싹이 트고 쾌청한 하늘이 있네. 살랑바람이 살짝 와서 치마를 나부끼는 즐거움"이라는 뜻의 가사가 인쇄되어 있다.

그림 18 경성·조선총독부

〈그림 13〉과 동일한 사진을 배치하고 아래에 '전선(全鮮)을 지배하여'라는 문구와 영문 필기체로 'Chosen Government General Office, Keijo'라 인쇄되어 있다. 왼쪽에는 '경성·조선총독부'라는 제목에 '당당하게 광채를 뿜어내는 백악의 대 전당, 공비 634만 원, 준공까지 10년을 요한 대건축물이다.'라는 설명이 붙어 있다. 왼쪽 위에 'KEIJO 경성관광기념'이라는 스탬프가 찍혀 있다.

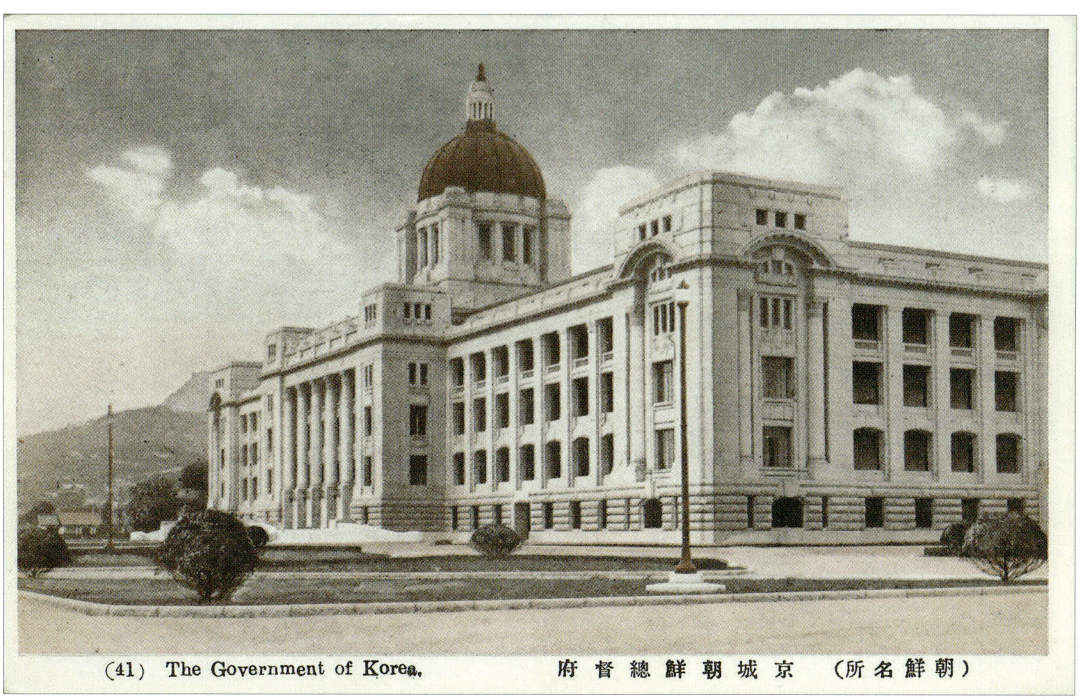

그림 19 경성 조선총독부

〈그림 23〉, 〈그림 24〉, 〈그림 28〉과 동일한 컬러 사진그림엽서로 '(조선명소)경성 조선총독부'라는 제목에 영문으로 '(41)The Government of Korea'라 인쇄되어 있다. 첨탑과 일부를 채색하였다.

그림 20　경성시가 전경의 일부

〈그림 21〉과 동일한 컬러 사진그림엽서이다. '(조선명소) 경성시가 전경의 일부(산록의 흰색 양관은 총독부 신청사)'라는 제목에 영문으로 'Panorama of the City Keijo' '(복제불허) (경38)'이라 인쇄되어 있다. 멀리 인왕산 자락 밑의 총독부 건물과 당시의 광화문통 일대와 종로, 경성부청, 지금의 한국은행 일대의 전경이 찍혀 있어 당시 서울의 중심권역을 살펴볼 수 있는 사진으로 주요 건물들을 채색한 사진그림엽서이다.

그림 21　경성시가 전경의 일부

그림 22 **경성 조선총독부**

〈그림 26〉, 〈그림 27〉과 동일한 컬러 사진그림엽서이다. '(조선명소)경성 조선총독부'라는 제목에 영문으로 '(경34)The Government of Korea' (복제불허)라 인쇄되어 있으며 총독부 신청사 완공 직전의 사진으로 보인다.

그림 23 **경성 조선총독부**

그림 24 **경성 조선총독부**

그림 25 **경성 조선총독부**

〈그림 29〉와 동일한 흑백 사진그림엽서이다. '(조선명소) 경성 조선총독부'라는 제목에 영문으로 'GOVERNMENT HOUSE OF CHOSEN, KEIJO'라 되어 있다. 총독부 청사 완공 직전의 모습으로 보인다.

그림 26 경성 조선총독부

그림 27 경성 조선총독부

그림 28 경성 조선총독부

그림 29 경성 조선총독부

그림 30 경성 조선총독부

그림 31 광화문대로에서 총독부를 바라봄

그림 32 당당하게

'당당하게'라는 제목에 "약 10년의 세월과 수백만 원의 비용 등을 투입하여 건설된 르네상스식 철근콘크리트, 화강석으로 장식된 조선총독부의 당당한 위용[반도의 수부(首府)=대경성]"이라는 설명이 곁들여 있는 총독부의 흑백 사진그림엽서이다. 자세히 보면 정문입구에는 여러 대의 자동차와 인력거가 줄지어 서 있다. 영문필기체로 'Keijyo, the capital of Korea, is the center of commerce and education at Korea'라고 인쇄되어 있다.

그림 33 대지를 밟다

완공 직전의 총독부건물 전경 사진을 비스듬히 디자인하고 왼쪽에는 '대지를 밟다.'라는 제목에 "대지를 밟고 견고하게 서서 중책을 담당하는 좌우의 어깨, / 불어라 바람아, / 추어라 바람아, / 일장기가 휘날린다(경성명소·조선총독부)"라는 설명이 곁들여져 있다.

그림 34 반도행정의 중추 경성 조선총독부의 위용

'(조선대관) 반도행정의 중추 경성 조선총독부의 위용'이라는 제목과 영문으로 'CHOSEN GOVERMENT OFFICE IN KEIJO, CHOSEN'라고 인쇄된 흑백 사진그림엽서이다. 조선총독부를 우측에서 흑백으로 촬영한 것이다.

그림 35 웅장함이 나부끼는 총독부

반원형의 디자인 안에 총독부 전경을 배치하고 오른쪽 위에는 "웅장함이 나부끼는 총독부. 조선 반도를 통치하고, 일장기를 영구히 빛내는 총독부. 그 르네상스식 건축이 장대하다. 바람은 잔잔하게 옥상에서 춤추고, 엄숙한 거체를 둘러싼다."라는 설명이 곁들여져 있다.

그림 36 장대한 조선총독부 신청사

〈그림 37〉, 〈그림 38〉과 동일한 흑백 사진그림엽서이다. '(경성·경복궁) 장대한 조선총독부 신청사'라는 제목에 영문으로 'NEW BUILDING OF CHOSEN GOVERNMENT OFFICE, KEIFUKU-KYU, KEIJO'라고 인쇄되어 있다.

그림 37 장대한 조선총독부 신청사

그림 38 장대한 조선총독부 신청사

그림 39 장대한 조선총독부 신청사

'(경성) 장대한 조선총독부 신축청사'라는 제목에 영문으로 'THE SPLENDID NEW BUILDING OF CHOSEN GOVERNMENT OFFICE'라고 인쇄된 흑백 사진그림엽서로 완공 직전의 공사 중인 모습을 알 수 있는 사진이다. 앞쪽 목책 뒤로 각종 공사 도구가 정리되지 않은 채 흩어져 있고 인력거 한 대가 눈에 띈다.

그림 40 경성·조선총독부 신청사

'전선(全鮮)을 지배하여'라는 문구와 영문필기체로 'Chosen Government General Office, Keijo'라 인쇄되어 있다. 아래에는 '경성·조선총독부'라는 제목에 '당당하게 광채를 뿜어내 서 있는 총독부의 대 위용, 장엄하고 화려한 백악의 대전당 강력한 조선의 중진'이라는 설명이 붙어 있다. 오른쪽 위에 'KEIJO 경성관광기념'이라는 붉은색 스탬프가 찍혀 있다.

그림 41 조선총독부

〈그림 44〉와 동일한 흑백 사진그림엽서이다. '조선총독부'라는 제목 아래 "수도 경성의 도심에 직면한 백악전의 위관, 1916년 기공하여 1926년에 준공하였다. 총경비 675만여 원을 소비, 양식은 부흥식으로 5층, 처마 높이 64척, 건평 2,134평, 방 수 257개, 승강기 8개. 대리석으로 덮은 큰 거실은 벽화가 아름답고 장엄하기 그지없다(사진은 청사의 정면)."라는 설명이 곁들여져 있다. '부흥식'이란 르네상스식을 의미한다.

그림 42　조선총독부

총독부 신청사를 오른쪽에서 찍은 흑백 사진그림엽서로 총독부 건물 앞에 화강암으로 석축된 유구(遺構)는 광화문 해체 후 정비된 것으로 보이나 자세히는 알 수 없다.

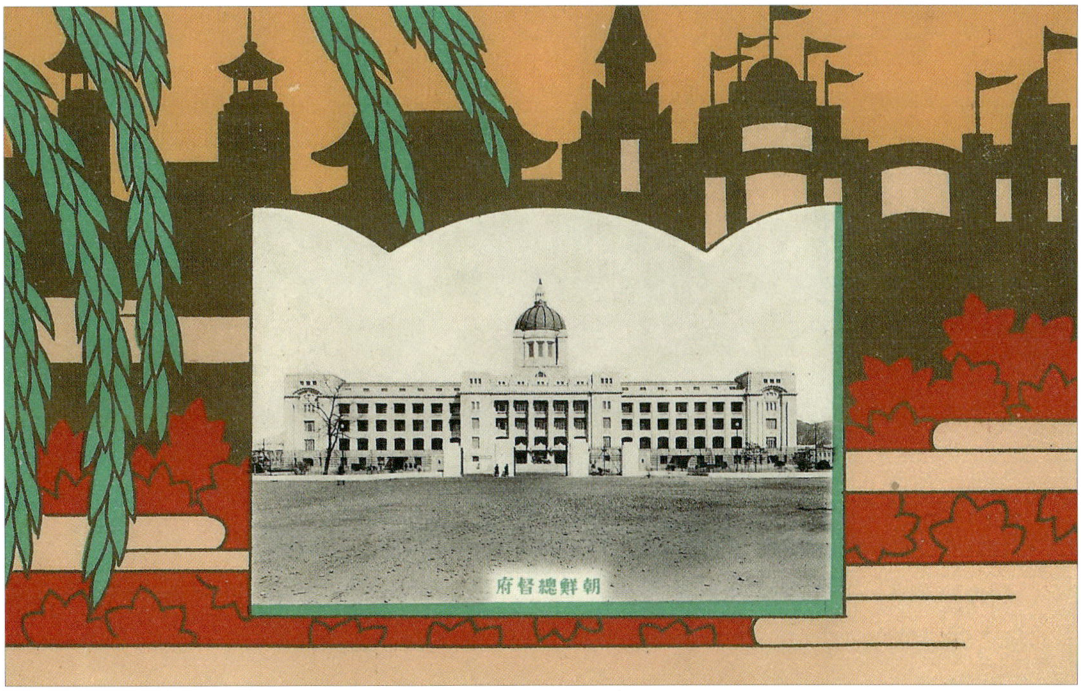

그림 43　조선총독부

'조선총독부'라는 제목의 컬러판 사진그림엽서이다. 조선총독부 주최로 1929년 9월 12일부터 10월 31일까지 경복궁에서 개최된 조선박람회를 기념하여 조선박람회사무국이 발행한 5매 세트 사진그림엽서 중 하나로, 조선박람회장을 이미지화한 그림을 바탕으로 조선총독부의 전경 사진을 인쇄한 사진그림엽서이다.

그림 44　조선총독부

그림 45　경성 조선총독부

이 사진그림엽서에는 2장의 사진이 인쇄되어 있는데 상단의 사진은 경성 조선총독부의 전경이고 하단의 사진은 농기구를 등에 짊어진 소와 목줄을 쥐고 있는 한복을 입은 중년남성의 모습이다. 그리고 이들 두 사진을 배경으로 조선 민요가 인쇄되어 있다. '경성·조선총독부' '농부'라는 제목에 "조선 민요 아침이 밝아. / 눈물 번지는. 눈의 아픔. / 고삐를 손에. 내뱉는 숨이 흐려지면. / 소의 걸음도. 가라앉아 무겁다. / 두 번 다시 당길 일 없는. 이 끈 하나. / 어차피 돌아가는 길은. 어두운 밤길."이라는 내용이 인쇄되어 있다.

그림 46 조선총독부

'(조선명소) 조선총독부 (경기도21)'이라는 제목에 영문으로 'THE GOVERNMENT OF KOREA'라 인쇄된 흑백 사진그림엽서이다.

그림 47 조선총독부

그림 48 조선총독부

그림 49 조선총독부

그림 50 조선총독부

그림 51 조선총독부

그림 52　조선총독부

〈그림 53〉과 동일한 흑백 사진그림엽서이다. '(조선 명소) 조선총독부'라는 제목에 영문으로 'THE GOVERNMENT OF KOREA'라 인쇄되어 있다. 건물 정면의 왼쪽에서 찍은 광경이다.

그림 53　조선총독부

그림 54　**조선총독부**

'(경성 명소) 조선총독부'라는 제목에 영문으로 'The Government General of Chosen, Keijo'라 인쇄된 컬러 사진그림엽서로 "전 조선을 통치하는 최고관청으로 총공비 630여만 원을 투입하여 1925년 12월(8년 6개월의 세월을 들여) 준공한 부흥식 5층 건물, 동양 제1의 대건축물이라 하며 각 층의 총건평 실로 9,600여 평, 중앙의 탑 높이는 180척이나 된다."는 설명문이 곁들여져 있다.

그림 55　**조선총독부**

제목 등이 인쇄되어 있지 않은 총독부 전경을 찍은 흑백 사진그림엽서이다.

그림 56　조선총독부의 위용

〈그림 57〉과 동일한 흑백 사진그림엽서이다. '(경성) 조선총독부의 위용'이라는 제목에 영문으로 'CHOSEN GOVERNMENT-GENERAL, KEIJO'라 인쇄되어 있다. 앞쪽에는 자재를 옮기기 위한 것으로 보이는 레일이 남아 있는 등 마무리 공사 중인 것으로 보이는 총독부 전경이다.

그림 57　조선총독부의 위용

그림 58 조선총독부 신청사

그림 59 조선총독부 신청사 / 경성시가

조선총독부가 시정 15주년을 기념하여 1925년 10월 1일에 발행하고 철판인쇄주식회사가 제작한 3매 세트 기념엽서 중 한 장이다. 오른쪽 위에 조선총독 사이토 마코토[齋藤實]와 그 왼쪽에 1924년 7월에 새로 부임한 정무총감 시모오카 츄지[下岡忠治]의 사진을 인쇄하여 새로운 관리를 홍보하고 있다. 그리고 사진그림엽서의 왼쪽 위에 1925년 12월에 준공된 '조선총독부의 신청사' 사진을 오른쪽 아래에는 '경성시가'라는 제목으로 서울역 앞의 근대 도시의 전경을 인쇄하여 일본 지배의 성과를 선전하고 있다. 왼쪽 아래에는 '조선총독부 시정15주년 기념 1925년 10월 1일 경성'이라는 스탬프가 찍혀 있고 '대일본제국우편 2전'짜리 우표가 붙어 있다.

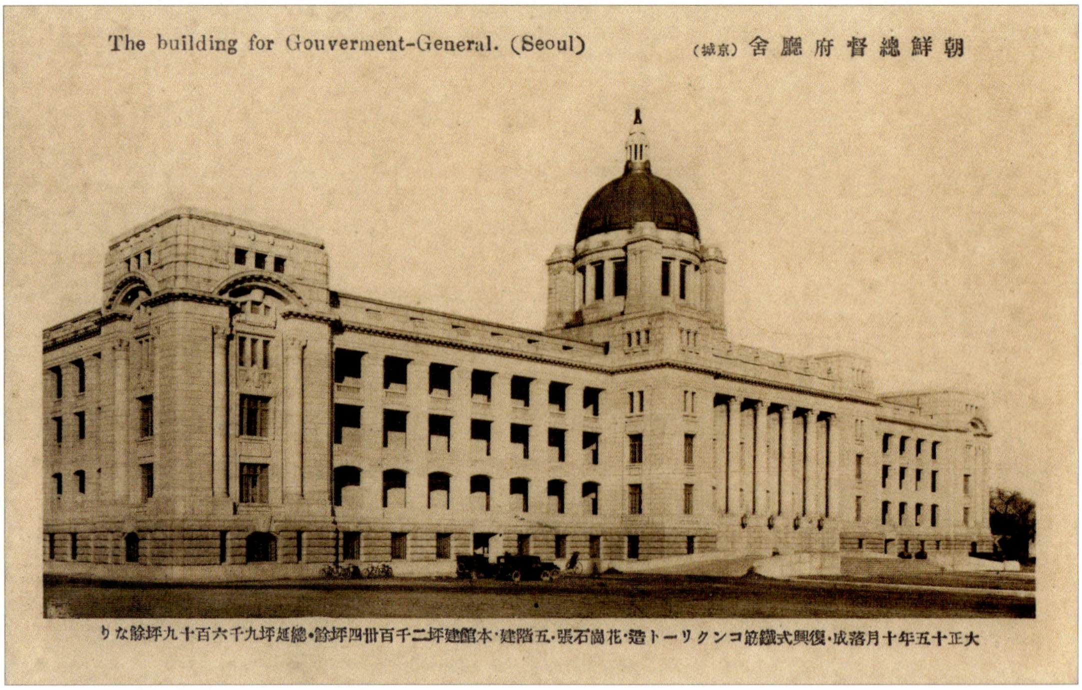

그림 60 조선총독부 청사

〈그림 65〉, 〈그림 66〉과 동일한 흑백 사진그림엽서이다. '(경성)조선총독부청사'라는 제목에 영문으로 'The building for Gouverment-General.(Seoul)'라 인쇄되어 있다. 영문의 'Gouverment'는 'Government의 오자로 보인다. 하단에는 "1926년 10월 낙성·부흥식 철근콘크리트조·화강석장·5층·본관 건평 2,124평 여·총 연평 9,619평 여나 된다."라는 설명문이 인쇄되어 있다.

그림 61 조선총독부 청사 입구 홀

'조선총독부 청사, 입구 홀'이라는 제목의 흑백 사진그림엽서로 조선총독부 건물 내부 입구의 넓은 홀 부분. 바닥 장식이 특히 인상적이다.

그림 62 조선총독부 청사 정면 전경

'조선총독부 청사, 정면 전경'이라는 제목의 흑백 사진그림엽서로 마무리 공사 중의 건물 전경이다.

그림 63 조선총독부 청사 회의실

'조선총독부 청사 회의실'이라는 제목의 흑백 사진그림엽서이다. 아치 형태의 높은 천장과 융단을 깐 바닥이 인상적인 총독부 회의실이다.

그림 64 조선총독부 청사

〈그림 67〉, 〈그림 68〉, 〈그림 69〉와 동일한 흑백 사진그림엽서이다. 완공 직전의 사진으로 보인다.

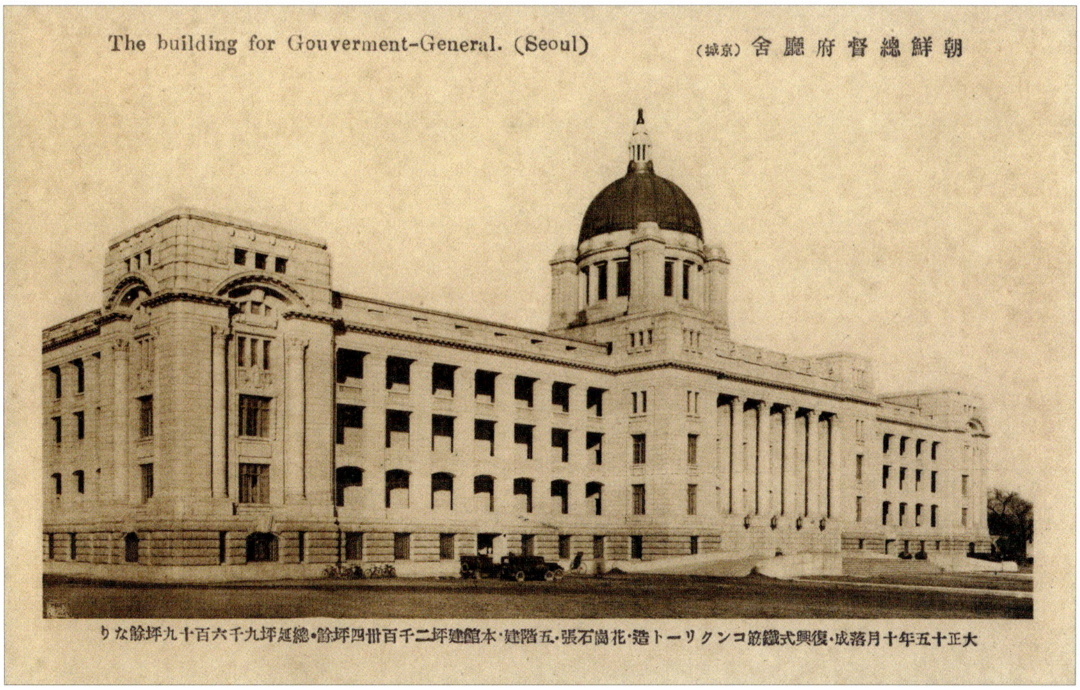

그림 65 조선총독부 청사

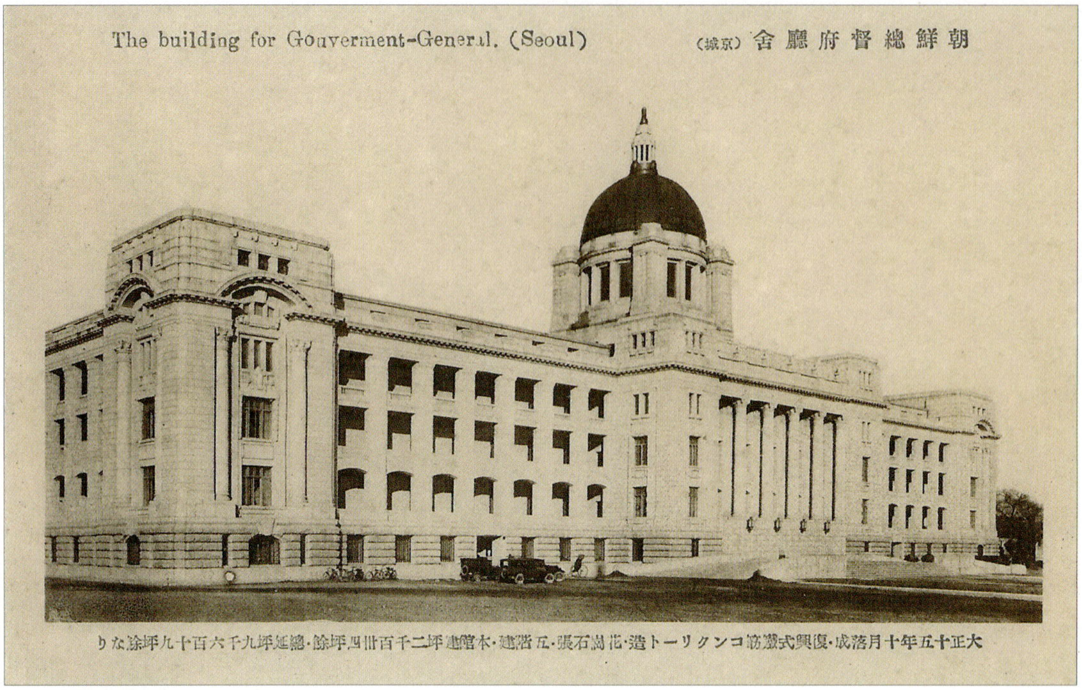

그림 66 조선총독부 청사

그림 67 조선총독부 청사

그림 68 조선총독부 청사

그림 69 조선총독부 청사

그림 70 총독부

'전 조선을 통치'라는 제목에 돌담을 디자인한 테두리를 둘러 총독부 사진을 배치하였다. 왼쪽 아래에는 '『조선·경성』 총독부' 라는 제목과 "전 조선 통괄의 중부(中府) 과연 훌륭하다. 르네상스식 5층 구조, 화강암과 긴 철근을 혼합한 석조 건물, 준공까지 10여 년이 걸렸고 공사비는 634만 원이었다."라는 설명이 곁들여져 있다.

그림 71 향기롭게 만개한 벚꽃

그림 72 **향기롭게 만개한 벚꽃**

경기도청

京畿道廳

GyeongGi-Do Provincial Government

경기도청의 자리는 원래 조선시대 최고 의사결정기구였던 의정부가 있었으나, 1894년 갑오개혁의 결과로 의정부가 경복궁 내로 이전하였다. 그리고 이 자리에는 대한제국 내부청사가 새로 준공되었으나, 한일병합 이후부터 일제강점기 내내 경기도청으로 이용되었다. 광복 이후에는 미군정에서 사용하였으며, 6·25전쟁으로 상당 부분이 훼손되었다. 휴전 이후 경기도청은 1967년 이전하였고, 이후 이 건물은 건설부 청사, 내무부 치안국, 경찰국 별관 등으로 사용되었다가 1996년 철거되었다.

조선총독부는 1910년 10월 지방행정조직을 도/부, 군/면 체제로 개편하고 13도 12부 317군 4,356면을 설정하였다. 전국의 각 도청은 대개 조선시대 관찰부 건물을 사용하였으나 1920, 30년대 도청소재지 이전과 더불어 청사를 신축하였다. 경기도의 경우도 수원의 관찰부 건물을 사용하였으나 1910년 12월 30일 육조거리(지금의 세종로)에 있던 대한제국 내부청사로 옮기게 되었다.

이 내무부 청사는 1909년 6월 광화문 동남쪽의 옛 의정부 터에 착공되었고, 1910년 8월에 준공되었는데, 공사 기간 중에 일제에 병합되면서 완공 후에는 바로 경기도청으로 활용되었다. 건물은 건축면적 약 236평의 2층 벽돌식 건물로 세워졌다.

이 자리는 원래 조선시대 최고 의사결정기구였던 의정부가 있던 곳이다. 1894년 갑오개혁으로 의정부가 경복궁 내로 이전하게 되었고 일제강점기에 경기도청으로 이용되었다. 일제강점기 동안 경기도청으로 사용되던 건물은 광복 이후 미군정이 사용하였다. 하지만 6·25전쟁으로 도청은 수원으로 임시 이전했고, 그 사이 서울이 황폐화되어 도청 건물이 반쯤 무너지기도 했다.

1953년 휴전 뒤 복귀하긴 했으나, 서울에 경기도청이 시내 한복판에 있어 문제가 되었다. 따라서 1946년 서울이 경기도에서 분리된 이래 도청 복원 논의가 이미 진행되어 1953년 4월 15일 인천에서 먼저 '경기도청 유치위원회'가 발족되고 1주일 뒤 수원에서도 '경기도청 수원 존치위원회'가 구성되었다. 즉, 조선시대 경기감영이 수원에 있었고 6·25전쟁으로 임시도청이 수원에 있었기 때문에 '존치'위원회라 이름 지었다. 수원도청 이전과 관련하여 많은 논의가 있었으나, 결국 1963년 법률 제1538호에 따라 수원으로 신청사 부지가 결정되어 이듬해부터 공사에 들어가 1967년부터 완공 후 서울시대를 마감했다.

당시 경기도청을 경기도 제1의 도시인 인천이 아니라 수원으로 옮겼고, 도청 출장소(현 경기도청 북부청사)마저 인천이 아닌 의정부에 설치되어, 인천시에서는 도청을 유치하지 못한 것에 대한 불만이 생겼다. 더구나 인천에서 수원에 있는 도청을 왕래하려면 서울을 경유하거나 시간이 많이 걸리는 수인선을 이용해야하므로 매우 불편했고, 수인로 개통은 도청 이전 10년 후(1977년)의 일이었다. 이러한 배경이 작용하여 인천이 직할시로 승격한 요인 중 하나가 되었다고 한다.

이후에는 건설부 청사, 내무부 치안국, 서울특별시 경찰국 별관 등으로 사용되었고, 1996년에 철거되었다. 건물이 철거되면서 1998년부터 '광화문 시민열린마당'과 주차장 및 광장 등으로 이용되고 있는데, 옛 경기도청 건물이 철거된 이후 그 자리에 공원을 조성하기로 결정하였고, 설계 현상공모에서도 '육조거리의 역사성 회복'이라는 취지의 안이 당선작으로 뽑혔다.

공원화 사업은 1998년 2월에 착공하여 동년 하반기에 완료되었고, 공원은 서울시민의 날을 맞이한 1998년 10월 28일에 개장하였다. 광장 안에 의정부 터 표지를 만들고 육조마당을 조성하였다.

2016년부터 현재까지 과거 의정부가 있던 터를 발굴 조사하고 있다. 이 공원에는 경기도청 시절부터 측백나무가 심어져 있었는데, 2018년 봄에 경기도 수원시로 옮겨져 가식재되었고 광교의 경기도청 신청사가 완공되면 그에 맞추어 식재될 계획이다. 이번에 수록된 경기도청의 사진그림엽서는 모두 2장이다.

그림 1　경성부청 / 경기도청 / 체신국 보험과 / 체신국

'조선 경성'이라는 제목에 영문으로 'PROFIL OF KOREA'라 인쇄된 흑백 사진그림엽서로 시계방향으로 '경성부청', '경기도청', '체신국 보험과', '체신국' 순으로 사진을 배치하였다.

그림 2 경기도청

'(조선풍경)경기도청'이라는 제목에 영문으로 'KEIKIDO GAVERMENT, SEOUL'이라 인쇄된 흑백 사진그림엽서이다. 사진은 경기도청의 전경으로 입구에 일장기가 게양되어 있는데 이는 사진그림엽서 상단에 수기로 써 놓은 '하정(賀正) 원단(元旦)'으로 보아 새해 첫날을 기념하기 위한 것으로 보인다. 붉은 벽돌 사이에 흰 벽돌을 끼워 넣은 건축양식은 근세건축물에서 많이 보이는 당시의 영국식 건축양식이다. 추켜세운 말을 탄 정복 차림의 남성은 사진 촬영을 위한 퍼포먼스로 보인다. 그리고 왼편에 보이는 해태상은 광화문 앞에 있던 해태상을 옮겨놓은 것이다.

오늘날 〈그림 2〉와 같은 구도에서 바라본 구 경기도청 터

이 장소에는 경기도청 이전에 의정부가 있었다. 2016년부터 2019년까지 발굴조사가 진행되었고, 2020년 사적으로 지정되었다.

체신국

遞信局

Postal bureau

체신국은 통감부 통신관리국에서 시작되었다. 1910년 한일병합 이래 조선총독부 통신국이 설치되었으며, 통신국은 1912년 체신국으로 개칭되었다. 체신국은 광화문통 관청가의 한 축을 담당하였다.

이곳은 옛 국세청 별관 부지로 원래 고종의 후궁이자 영친왕英親王의 생모인 순헌황귀비純獻皇貴妃의 사당[德安宮]으로 사용되다 1937년 일제가 조선총독부 체신국 청사를 건립하면서 덕수궁, 성공회성당과 서울광장을 연결하는 경관축이 막히게 됐다.

1905년 12월 21일에 〈통감부 통신 관서 관제〉(칙령 제268호)가 공포되어 통감부에 통신관리국이 설치되었다. 그러나 1910년 10월 1일에 한일 병합 조약이 체결되고 조선총독부가 설치되면서 통신국이 설치되었으나 1912년 4월 1일에 〈조선총독부 체신 관서 관제〉(칙령 제30호) 시행에 따라 통신국은 체신국으로 개칭되었다. 조선에서의 우편, 우편환, 우체국 저금, 간이 보험, 선원 보험, 전신, 전화, 항로 표지, 선원 양성, 수력 발전, 항공에 관한 사무를 관리하였으며 항로, 선박, 선원, 전기 사업, 가스 사업의 감독을 관장하였다.

1943년 12월 1일에 조선총독부의 관제 기구 개정에 따라 총무, 통신, 저금 보험의 3과로 재편하고 보험 계약, 보험 지불, 보험 징수의 3과의 업무는 신설되는 보험관리소에 이관되었다.

광복 후, 1949년 지방체신국이 체신청으로 개편되면서 서울·부산·대전·광주 체신청이 신설되었고, 1968년 서울체신청에서 중부체신청을 분리신설하고, 1970년 대구체신청을, 1971년 전주체신청을 신설하였으며, 1972년 중부체신청을 수원체신청, 원주체신청으로 분리개편하면서 기존의 체신청을 포함하여 8개 체신청의 형태를 띠게 되었다.

1979년 대전, 광주, 수원, 대구, 전주, 원주 체신청을 도道 명칭으로 변경하였고, 1981년에 경기체신청을 폐지하고, 1990년에 제주우체국을 제주체신청으로 개편하였다. 2010년 경기·인천을 관할하는 경기체신청이 서울체신청에서 분리되어 9개 지방우정청으로 개편되었다.

2011년 〈지식경제부와 그 소속기관 직제 시행규칙 개정령〉에 따라 체신청의 명칭이 지방우정청으로 변경되었다. 2017년 정부조직법의 개정으로 개편된 과학기술정보통신부 우정사업본부장의 소속으로 9개의 지방우정청이 유지되고 있는데, 서울특별시가 서울지방우정청에,

인천광역시·경기도가 경인지방우정청에, 부산광역시·울산광역시·경상남도가 부산지방우정청에, 대전광역시·충청북도·충청남도가 충청지방우정청에, 광주광역시·전라남도가 전남지방우정청에, 대구광역시·경상북도가 경북지방우정청에, 전라북도가 전북지방우정청에, 강원도가 강원지방우정청에, 제주도가 제주지방우정청에 속해 있다. 이번에 수록된 체신국의 사진그림엽서는 모두 5장이다.

그림 1 경성부청 / 경기도청 / 체신국 보험과 / 체신국

'조선 경성'이라는 제목에 영문으로 'PROFIL OF KOREA'라고 인쇄된 흑백 사진그림엽서로 시계방향으로 '경성부청', '경기도청', '체신국 보험과', '체신국' 순으로 사진을 배치하였다.

그림 2 조선총독부 체신국

〈그림 4〉, 〈그림 5〉와 동일한 흑백 사진그림엽서이다. '(경성)조선총독부 체신국'이라는 제목에 영문으로 'THE COMMUNICATIONS BUREAN OF CHOSEN GOVERNMENT'라고 인쇄된 것이다.

오늘날 〈그림 2〉와 같은 구도에서 찍은 구 체신국 터

체신국의 권역은 현 세종문화회관 건물의 일부로 확인된다. 당시 체신국과 별도로 부민관 옆에는 체신국 사업회관이 있었는데, 2015년 철거된 이후 현재는 서울 도시건축전시관과 서울마루를 조성하였다.

그림 3 경성부청 / 총독부 철도국 / 철도학교 / 총독부 체신국

'경성백경'엽서의 하나로 위에서부터 '경성부청'과 '총독부 철도국', '철도학교', '총독부 체신국'의 사진을 배치하였다. 조선총독부 철도국은 용산역 바로 앞에 자리하였는데, 대한제국기 경부선, 경인선, 경의선 등 철도 부설권을 장악한 일본은 1906년 경인철도합자회사, 경부철도주식회사, 삼마철도, 경의철도 등 4개 철도회사를 국영화 후 통합해 한국통감부 산하에 철도관리국을 두었다. 1909년 12월 일본 철도원으로 조직이 이관됐다가 1910년 8월 한일병합 후 통감부가 조선총독부로 개편되면서 이관되어 '철도국'이 되었다. 철도학교는 철도운영인력 충원을 위해 제물포(인천)에 철도관리양성소를 개설하고, 운수과(運輸科)와 기차과(汽車科) 등 2개과에 일본인 및 한국인 각각 학생 40명씩을 모집하여 전문 인력 양성을 시작한 것이 오늘날 한국철도대학의 전신이다. 이후 러일전쟁 후 임시군용철도감부관리양성소로 운영되다가 1906년 통감부 철도관리국소속으로 이관, 1907년 11월 용산으로 이전하여 전신과를 추가하고, 1910년 11월 '조선총독부철도종사원교습소'로 명칭을 변경하여 업무, 운수, 전신 등 3개과를 설치, 1905년 최초 개설부터 1910년까지 446명의 졸업생을 배출하였다. 1917년 7월 31일 조선철도 경영권을 위탁받은 남만주철도주식회사는 1919년 3월 경성철도학교로 조선총독부 인가를 받아 다음 해 학교와 강당, 기숙사, 도장, 병기고 등을 신축하였다.

그림 4 조선총독부 체신국

그림 5 조선총독부 체신국

03

태평통

太平通

Taepyoungtong

태평통은 1914년 부제府制 실시 후 명명된 일본식 명칭이다. 조선시대 서소문 안쪽에 있었던 중국 사신의 숙소 태평관에서 기원한 지명으로 보인다. 태평통은 대한문 앞길이었다. 조선총독부는 1919년 고종의 서거 이후 덕수궁을 공원화하는 한편, 철도호텔, 경성일보사, 매일신보사, 경성부청 등을 차례로 건립하였다.

태평통 개설

太平通
Taepyoungtong

태평통은 1914년 부제府制 실시 후 명명된 일본식 명칭이다. 조선시대 서소문 안쪽에 있었던 중국 사신의 숙소 태평관에서 기원한 지명으로 보인다. 태평통은 대한문 앞길이었다. 조선총독부는 1919년 고종의 서거 이후 덕수궁을 공원화하는 한편, 철도호텔, 경성일보사, 매일신보사, 경성부청 등을 차례로 건립하였다.

조선시대 경복궁 앞에서 남쪽으로 뻗은 대로는 황토현黃土峴이라는 이름의 작은 고개 앞에서 끝났다. 그 지점에서 시작해 보신각 앞을 지나 흥인지문까지 길게 뻗은 길이 종로鐘路였다. 조선시대 서울에는 두 개의 도로가 서로 교차함으로써 형성되는 사거리가 거의 없었다. 길에는 끝이 있었고, 길 끝에서는 바람의 기세도 약해졌다. 황토현을 허물어 길을 이으면 경복궁과 숭례문을 바로 연결할 수 있었음에도 그렇게 하지 않은 것은, 바람이 직선으로 통하지 않도록 하기 위해서였다. 물론 도성 안으로 들어온 외적外敵의 진로를 방해하기 위한 군사적 고려도 작용했을 것이다.

1898년 여름, 먼저 경복궁 앞길과 경운궁을 잇는 전선 가설 공사가 시작되었고 이어 도로 개착 공사도 진행되었다. 그 무렵은 '고종 황제 어극御極 40년 망육순望六旬 칭경稱慶 기념 예식'을 앞두고 서울 공간을 대대적으로 개조하는 작업이 진행되던 때였다. 이에 앞선 1897년, 고종은 영국 빅토리아 여왕 즉위 60주년 기념식에 민영환을 특사로 파견했다. 고종은 즉위 기념식을 참관하고 귀국한 민영환을 통해 이런 행사가 외국과 친교를 다지고 신민臣民의 충군애국忠君愛國하는 마음을 고취하는 계기가 될 수 있다는 사실을 알았다. 그해 10월 대한제국을 선포한 고종은 이어 자신의 즉위 40주년 기념식을 국제 행사로 치르기 위한 준비 작업에 착수했다. 외국 특사들에게 대한제국이 문명국의 일원임을 보여주기 위해서는 먼저 수도 공간에 문명의 표지들을 만들 필요가 있었다.

새 정궁正宮이 된 경운궁에는 수옥헌漱玉軒, 정관헌靜觀軒, 중명전重明殿 등의 양식洋式 건물을 지었다. 수도의 중심 대로인 종로와 남대문로 좌우의 가가假家들은 철거하고 도로변 건물의 초가지붕은 모두 기와지붕으로 바꾸게 했다. 종로에는 전차 궤도를 부설했으며, 옛 원각사 터에 들어찬 민가들을 철거하고 그 자리에 공원을 조성했다. 숭례문 안 옛 선혜청 창고 자리에는 중앙시장을 만들었으며, 야주개 봉상사奉常司 자리에는 서양식 원형 극장을 새로 지었다. 경운궁에서 종로와 새문안길로 이어지는 도로들도 새로 건설했으며, 경운궁과 경희궁을 잇는 홍교虹橋도 만들었다. 황토현을 절개하여 도로를 내는 공사도 '황도皇都 건설 사업'의 일환이었다.

황토현 남쪽에는 옥인동천이 개천으로 합류하는 물길이 있었는데, 이 물길 위에 돌다리를 놓는 공사는 1901년 초에 완성되었다. 이 다리에는 '새 다리'라는 뜻의 '신교新橋'라는 이름이 붙었다. 신교가 완공된 후 고종은 직접 이곳을 찾아 태조의 영정을 개성 목청전穆淸殿으로 옮겨 봉안하는 행사를 주관했다. 경복궁과 경운궁 사이가 연결됨으로써, 오늘날 세종대로의 원형이 탄생했다. 하지만 당시에는 신교에서 숭례문까지 이어지는 도로에 따로 이름을 붙이지는 않았다.

신교의 동편, 종로가 시작되는 길 북쪽에는 '황제어극 40년 망육순 칭경기념비전'이 건립되었고, 그 건너편의 길 남쪽에는 1903년에 요릿집 명월루明月樓가 들어섰다. 본래 우포청이 있던 자리에 요릿집을 만든 것은, 이곳을 '군민동락君民同樂'하는 장소로 삼으려는 의도에 따른 것이었다. 명월루는 1907년 명월관으로 개칭되었다가 1919년 소실되었으며, 1926년 그 자리에 동아일보 사옥이 건립되었다. 후일 동아일보사 관계자들은 경복궁 앞에 들어설 총독부를 감시하기 위해 일부러 그 자리로 정했다고 회고했다.

신교에서 숭례문으로 이어지는 길에 태평통太平通이라는 이름이 붙은 것은 1914년의 일이었다. 조선시대 서소문 안쪽, 현재의 호암아트홀 동편에는 중국 사신의 숙소였던 태평관太平館이 있었고, 그 때문에 그 주변 일대는 태평동이라고 불렸다. 태평관은 임진왜란 중 소실되었고 지명만 남았다. 신교에서 숭례문으로 이어지는 길은 태평동에서도 상당히 떨어져 있었으나, 조선총독부는 그 길에 굳이 태평통이라는 이름을 붙였다. 조선이 중국에 사대事大했던 역사를 길 이름으로 새겨두려는 의도에서였을 것이다.

태평통은 덕수궁德壽宮 대한문 앞을 지나는 길이었다. 덕수궁이란 본래 퇴위한 왕의 거처를 뜻하는 일반명사였다. 조선 태조도 정종에게 양위한 뒤 개경의 덕수궁으로 이어했다. 일본 군국주의자들에 의해 제위帝位에서 쫓겨난 고종은 경운궁을 새 황제에게 물려주고 경희궁을 덕수궁으로 삼으려 했으나, 일본 군국주의자들은 순종을 창덕궁으로 옮기고 경운궁을 덕수궁으로 만들었다. 그들은 덕수궁 맞은편에 있던 제국의 성소聖所인 환구단圜丘壇을 헐고 그 자리에 철도호텔을 지었으며, 원수부, 군기시軍器寺 등 경운궁 주변의 관청과 군영 땅을 몰수했다. 1919년 고종이 서거한 뒤에는 덕수궁을 공원으로 만들어 일반에 개방했다.

일본이 한국을 강점한 후 군기시 자리에는 경성일보와 매일신보 사옥이 들어섰다. 덕수궁을 내려다보는 모습으로 서 있던 이 건물은 1925년 헐렸고 대신 진고개 입구, 현재의 신세계 백화점 자리에 있던 경성부청을 옮기기 위한 신청사 건축이 시작되었다. 이듬해 경성부 신청사가 완공됨으로써 광화문통은 총독부가, 태평통은 경성부가 각각 대표하는 상징적 경관이 만들어졌다. 1935년 현재 서울시의회로 사용 중인 경성부민관이 신축됨으로써 가로변의 공적 이미지는 한층 강해졌다. 또 총독부－경성부－숭례문으로 이어지는 도로는 숭례문을 지나 경성역 앞을 거쳐 용산으로 이어지는 도로와 연결됨으로써 장대한 직선 경관축을 구성했다. 이 직선 도로는 용산에 주둔한 일본군이 유사시 신속하게 도성을 장악할 수 있도록 하는 진입로이기도 했다.

일제강점기 태평통의 이미지를 지배한 경관 요소는 경성부청사와 덕수궁이었다. 경성부청사와 덕수궁, 철도호텔이 하나의 광장을 에워싸는 공간 구조가 만들어졌기 때문에, 서로 시각적 비교 대상이 될 수밖에 없었다. 이 장소에서도 역시 덕수궁은 조선적인 것, 경성부 청사는 일본적인 것을 표상했다.

경성부청

京城府廳

Administration Office Building of Kyeong seong bu

경성부청은 1910년 경성부의 경기도 편입 이후 경성이사청 건물에 설치되었다. 그러나 직원의 증가와 사무공간의 부족으로 인해 새로운 청사를 계획하게 되었다. 최종적으로 태평통의 경성일보 자리에 청사 신축이 결정되었으며, 경성일보는 지금의 프레스센터 자리로 이전하였다. 경성부청사는 1926년에 완공되었다. 광복 이후에는 서울시청으로 사용되었으며, 2012년 서울시청 신청사 완공 이후에는 서울도서관으로 이용되고 있다.

1910년 한일병합에 따라 대한제국이 멸망하고 일제강점기가 시작되면서 대한제국의 수도였던 한성부는 수도의 지위를 상실하였다. 10월 1일부로 조선총독부 지방관 관제가 발표됨에 따라 한성부는 경성부로 개칭되어 경기도로 편입되었으며, 경기도청 직할 구역이 되었다. 경기도 관할지역으로 격하되기는 하였지만, 식민지 조선의 중심지 역할을 수행했다. 그리고 1926년 10월 경성에 두 개의 중요 건축물이 들어섰는데, 조선총독부 신청사가 10월 1일 낙성식을 가진 데 이어 경성부청사가 10월 30일 완공 기념식을 열었다.

애초 경성부는 현재의 신세계백화점 본점 터에 있었던 일본영사관 건물을 1906년부터는 '이사청'건물로 사용하다가 1910년부터는 경성부청으로 사용하였다. 그러나 늘어나는 직제와 직원의 증원으로 사무공간은 부족하게 되었고 신청사 계획을 1916년에 마련하였으나 재원부족 등을 이유로 무산되었다. 결국 논란 끝에 지금의 대한문 맞은편 남쪽 태평통 1정목 54번지 자리로 입지가 선정되었다. 하지만 이 자리에는 이미 당시 총독부의 언론지인 경성일보가 자리 잡고 있었다.

이후 경성일보는 경성부청사에 자리를 내주고 뒤편 현재의 프레스센터 자리로 옮겼다. 경성부청사 앞에는 이미 경운궁 동쪽 담을 헐어 만든 광장이 넓게 조성돼 있었다. 지하 1층, 지상 4층의 건물이지만 중앙에 2개 층 이상의 옥탑을 두었다.

중앙 옥탑을 중심으로 건물은 좌우대칭을 이루도록 하였다. 건립 당시 실내에 수도 소화전을 배치하고 증기식 중앙난방시설과 자동 전화 교환대 등을 설치하는 등 최고의 시설물을 갖추었다. 건물의 주요 부분은 건립 당시의 모습이 잘 남아 있어 당시의 건축 기술을 엿볼 수 있다.

광복 후 서울시청으로 사용되었는데 1962년과 1972년에 확장공사를 하였음에도 인구증가와 늘어나는 직제로 인해 청사 신축 논의가 1980년대부터 논의되었는데, 2007년에 주차장으로 쓰이던 신청사 예정 부지에 지상 19층 높이의 새 청사가 착공될 예정이었으나, 기존 청사를 해체한다는 점에 대해 문화재청과 여론의 반대로 무산되었다.

2008년에 신청사 설계안이 공모를 거쳐 확정되었으나 덕수궁과 관련한 고도 제한으로 기존의 22층 건물에서 13층으로 대폭 조정된 후 공사가 시작되었다. 신청사는 당초 2011년 2월에 완공될 예정이었으나 2011년 3월, 2012년 1월, 2012년 5월 등으로 완공 시기가 계속 늦춰지다가 결국 2012년 8월 29일에 완공되어 2012년 9월 1일에 시 직원들이 입주했다.

한편 구청사의 일부 중, 1962년 증축된 북관과 1986년 증축된 신관은 새로운 청사廳舍를 짓기 위해 2006년 초에 철거되었다. 결국 현재의 서울특별시청 청사는 구 청사 뒤쪽에 현대식으로 건립되었고, 구 청사는 2012년 내부를 전면 리모델링하여 서울도서관과 시민청 건물로 사용되고 있다. 2003년 등록문화재로 지정되었다. 이번에 수록된 경성부청의 사진그림엽서는 모두 28장이다.

그림 1　경성부청 전경

'(경성명소) 부청 전경'이라는 제목에 영문으로 'The Prefectural Office of Keijo'라 인쇄된 흑백 사진그림엽서이다. 사진에는 자전거를 타고 가는 사람, 말이 끄는 달구지를 세워 놓고 한복 차림의 중년 남성과 일본식 양장 차림의 남성이 대화를 나누는 장면 등이 인상적이다.

그림 2　일반 부정(府政)을 담당하는 경성부청

〈그림 23〉, 〈그림 24〉와 동일한 흑백 사진그림엽서이다. '(경성명소) 일반 부정(府政)을 담당하는 경성부청'이라는 제목에 영문으로 'The Prefectural Office, Keijo'라 인쇄되어 있다. 오른쪽 뒤편에는 지게를 짊어지고 가는 짐꾼과 그 앞쪽으로는 중절모에 양복을 입은 남성이 자전거를 타고 이동하는 모습이 인상적이다. 왼쪽에는 뒷짐을 지고 걸어가고 있는 노인과 중절모에 한복을 입은 남성이 걸어가고 있는 정경이다.

그림 3　경성부청 / 경기도청 / 체신국 보험과 / 체신국

'조선 경성'이라는 제목에 영문으로 'PROFIL OF KOREA'라고 인쇄된 흑백 사진그림엽서로 시계방향으로 '경성부청', '경기도청', '체신국 보험과', '체신국' 순으로 사진을 배치하였다. 경기도청은 수원에서 1910년 12월 30일 지금의 육조거리(지금의 세종로)에 대한제국의 청사로 사용되던 2층 벽돌 건물로 이전하였다. 체신국 보험과는 지금의 교보빌딩에 자리하였고, 체신국은 지금의 세종문화회관 부근이다.

그림 4　새로이 단장된 경성부청사

〈그림 6〉, 〈그림 21〉, 〈그림 22〉와 동일한 흑백 사진그림엽서이다. '(경성) 새로이 단장된 경성부청사'라는 제목에 영문으로 'GREAT VIEW OF THE PREFECTURAL OFFICE AT KEIJYO'라고 인쇄되어 있다. 도로의 마무리 공사가 아직 덜된 것으로 보아 완공 직전의 모습인 것 같다.

그림 5 경성부청 / 총독부 철도국 / 철도학교 / 총독부 체신국

'경성백경'이라는 제목의 흑백 사진그림엽서의 하나로 위에서부터 경성부청과 총독부 철도국, 철도학교, 총독부 체신국의 사진을 배치하였다. 조선총독부 철도국은 용산역 바로 앞에 자리하였는데, 대한제국기 경부선, 경인선, 경의선 등 철도 부설권을 장악한 일본은 1906년 경인철도합자회사, 경부철도주식회사, 삼마철도, 경의철도 등 4개 철도회사를 국영화 후 통합해 한국통감부 산하에 철도관리국을 두었다. 1909년 12월 일본 철도원으로 조직이 이관됐다가 1910년 8월 한일병합 후 통감부가 조선총독부로 개편되면서 이관되어 '철도국'이 되었다. 철도학교는 철도운영인력 충원을 위해 제물포(인천)에 철도관리양성소를 개설하고, 운수과(運輸科)와 기차과(汽車科) 등 2개 과에 일본인 및 한국인 각각 학생 40명씩을 모집하여 전문 인력 양성을 시작한 것이 오늘날 한국철도대학의 전신이다. 이후 러일전쟁 후 임시군용철도감부관리양성소로 운영되다가 1906년 통감부 철도관리국소속으로 이관, 1907년 11월 용산으로 이전하여 전신과를 추가하고, 1910년 11월 '조선총독부 철도종사원교습소'로 명칭을 변경하여 업무, 운수, 전신 등 3개과를 설치, 1905년 최초 개설부터 1910년까지 446명의 졸업생을 배출하였다. 1917년 7월 31일 조선철도 경영권을 위탁받은 남만주철도주식회사는 1919년 3월 경성철도학교로 조선총독부 인가를 받아 다음 해 학교와 강당, 기숙사, 도장, 병기고 등을 신축하였다.

그림 6 새로이 단장된 경성부청사

그림 7 경성부청 / 남대문 / 경성역

봉황 그림을 배경으로 가운데에 '경성부청', 오른쪽에 '남대문', 왼쪽에 '경성역' 사진을 배치한 사진그림엽서로 왼쪽 상단에는 '조선박람회 기념'스탬프가 찍혀 있다. 왼쪽의 경성역 사진 왼쪽에는 조선박람회 광고탑이 눈에 띈다. 조선박람회는 1929년 9월 12일부터 10월 31일까지 경성 경복궁에서 개최되었다.

그림 8 경성부청 / 남대문 / 경성역

〈그림 7〉, 〈그림 15〉, 〈그림 19〉와 동일한 사진그림엽서이다. 봉황그림을 배경으로 가운데에 '경성부청', 오른쪽에 '남대문', 왼쪽에 '경성역' 사진을 배치한 것으로 위의 〈그림 7〉과 같은 사진그림엽서인데 스탬프가 찍혀 있지 않다.

그림 9 경성부청 앞에서 광화문통을 바라봄

〈그림 13〉, 〈그림 14〉와 동일한 흑백 사진그림엽서이다. '(조선명소) 경성부청 앞에서 광화문통을 바라봄'이라는 제목에 영문으로 'KOKWAMON STREET LOOKING FROM THE CITY HALL, KEIJO'라고 인쇄되어 있다. 멀리 인왕산 자락 앞의 총독부 건물이 보이고 노면전차가 운행 중인 모습이 보인다. 앞쪽의 가족으로 보이는 일행의 모습이 보이는데 나중에 사진 원판에다 덧씌운 것 같은 모습이다.

오늘날 〈그림 9〉와 같은 구도에서 바라본 경성부청(현 서울도서관)

그림 10 경성부청

〈그림 12〉와 동일한 흑백 사진그림엽서이다. '(조선명소) 경성부청'이라는 제목에 영문으로 '(B4) THE PREFECTURAL OFICE, KEIJO'라고 인쇄되어 있다. 'OFICE'는 'OFFICE'의 오자이다.

그림 11 경성부청

'(조선명소) 경성부청'이라는 제목에 영문으로 'The Prefeetural Office, Keijo' (복제불허)라고 인쇄된 컬러 사진그림엽서이다. 정면에 삼륜자전거가 인상적이다.

그림 12 경성부청

그림 13 경성부청 앞에서 광화문통을 바라봄

그림 14 경성부청 앞에서 광화문통을 바라봄

그림 15 경성부청 / 남대문 / 경성역

그림 16 굉장한 경성부청

〈그림 17〉과 동일한 흑백 사진그림엽서이다. '(경성) 굉장한 경성부청'이라는 제목에 영문으로 'KEIJO MUNICIPAL OFFICE, KEIJO'라 인쇄되어 있다. 경성부청 광장 앞에는 도로 청소를 하는 사람, 자전거를 타고 가는 사람, 달구지에 짐을 가득 싣고 운반하는 모습이 보인다.

그림 17 굉장한 경성부청

그림 18 **근대 건축의 진수가 돋보이며 서 있는 경성부청**

'(경성명소) 근대 건축의 진수가 돋보이며 서 있는 경성부청'이라는 제목의 흑백 사진그림엽서이다. 정문 앞에 검은색 세단과 줄지어 서 있는 자전거 눈에 띈다.

그림 19 **경성부청 / 남대문 / 경성역**

그림 20 경성부청 / 덕수궁

〈그림 16〉과 동일한 흑백 사진그림엽서이다. 왼쪽 위에는 '경성·경성부청'이라는 제목에 영문필기체로 'Keijo Municipal Office, Keijo'라 인쇄되어 있고, '경성시가의 중심, 밝은 큰 도로 일각에 광채를 뿜으며 서 있다.'라는 설명문이 곁들여져 있다. 오른쪽에는 '경성·덕수궁, 내전과 정원'이라는 제목에 영문필기체로 'Fine Garden in Tokuju Palace, Keijo'라 인쇄되어 있으며, '수련(睡蓮)의 꽃향기, 깨끗한 연못물에 내전의 지붕이 아름답게 투영되어 풍취가 뛰어나다.'라는 설명문이 붙어 있다. '경성관광기념' 스탬프가 찍혀 있다.

그림 21 새로이 단장된 경성부청사

그림 22 새로이 단장된 경성부청사

그림 23 일반 부정(府政)을 담당하는 경성부청

그림 24 일반 부정(府政)을 담당하는 경성부청

그림 25 경성부청

〈그림 26〉과 동일한 흑백 사진그림엽서이다. '[경성전집] 아침바람 상쾌하고, 웅장함이 햇빛에 비쳐 아름다운 경성부청'이라는 제목에 영문으로 'KEIJO THE CAPITAL OF KOREA, IS THE CENTRE OF COMMERCE AND EDUCATION'라 인쇄되어 있다. 왼쪽에 부민관 건물이 보인다. 부민관은 현재 서울시의회로 사용하고 있다.

그림 26 경성부청

그림 27 경성부청

"[경성대관] 장곡천정(長谷川町) 곧바로 나아가면 왼쪽에 공회당이 보이면서 광장으로 나온다. 그 앞 도로를 끼고 오른쪽에 경성부청이 서 있다. 이 주변은 경성시가의 중심을 이루고 있고 또한 대도시의 면목을 생생하게 드러내주고 있다. 보고 있는 것은 경성부청"이라는 설명과 영문으로 'THE CENTRE OF EDUCATION AND POLITICS AT KOREA, KEIJO'라 인쇄되어 있다.

그림 28 경성부청

"찬연히. 바람이 세차게 불어 가로수가 흔들리고 푸른 잎 거리에서 바스락거린다. 저편에 찬연히 서있는 것은 거대한 경성부청. [반도의 수부=대경성]"이라는 설명과 영문필기로 'Keijyo, the capital of korea, in the center of commence and education at korea'라 인쇄되어 있다.

부민관
府民館
Bumingwan

부민관은 1935년 연극, 영화, 음악, 강연 등 문화 활동을 목적으로 세운 극장이었다. 건립 이후 조선총독부의 황민화 정책을 위한 각종 행사 및 친일 인사의 공연이 열리면서 항일투쟁의 목표지점이 되기도 하였다. 광복 이후에는 미 육군사령부 군정청, 국회의사당, 세종문화회관 별관 등으로 사용되다가 1991년부터 서울시의회 청사로 이용되고 있다.

경성 부민관府民館은 옛 흥천사 터에 경성부가 연극과 영화, 음악, 강연 등 공연을 목적으로 세운 극장이었다. 관람석 1,800석 규모로 1935년 12월 10일에 준공되었다. 당시로서는 드물게 냉난방시설이 갖춰졌고 조명과 음향시설도 완비되어 있었다고 한다. 이곳에서는 당대 최고의 무용가였던 최승희崔承喜라든지 일본의 유명가극단인 '타카라즈카 가극단[寶塚歌劇團]'의 공연도 있었다. 또한 1936년 8월에 있었던 베를린올림픽 때 마라톤선수 손기정 등의 대표선수단의 개선보고대회라든지 1937년 7월에 경성을 방문한 헬렌 켈러의 강연회도 열렸다.

한편, 이곳에서는 총독부의 황민화 정책을 위한 각종 행사들이 열렸고 친일인사들의 친일 행위를 위한 모임이 빈번하게 열려 항일투쟁의 목표지점이기도 하였다. 1945년 7월 24일 일본 중의원까지 지낸 대표적인 친일파 박춘금朴春琴이 조직한 대의당大義黨의 친일 행사 때, 대한애국청년당의 유만수柳萬秀, 조문기趙文紀, 강윤국康潤國 등이 폭탄을 터트려 응징하는 의거가 있었다. 일명 '경성부민관사건京城府民館事件'으로 불린 의거에 대한 일본 경찰의 수색과 조사는 무위로 끝났지만, 해방 후에 이들에 의한 의거가 알려지게 되었다.

1945년 일본의 패망으로 같은 해 9월 8일부터 1948년 8월15일까지는 '미 육군사령부 군정청'이 사용하였다. 이후 1954년부터 1975년까지 국회의사당으로 사용되었다. 1975년 이후는 '세종문화회관 별관'으로 사용되다가 1991년부터 현재에 이르기까지 '서울특별시의회'청사로 사용되고 있다. 1980년 태평로 확장공사 때, 도로에 면한 정문 현관은 철거되었고 건물 남쪽에 새로운 출입구를 만들어 건물 외관은 준공 당시와 조금 그 모습이 다르다. 현재 등록문화재로 등록되어 있다. 이번에 수록된 부민관의 사진그림엽서는 모두 3장이다.

그림 1　부민관

'[경성명소] 가두에 높게 건축미가 빛나는 부민관'이라는 제목의 흑백 사진그림엽서이다.

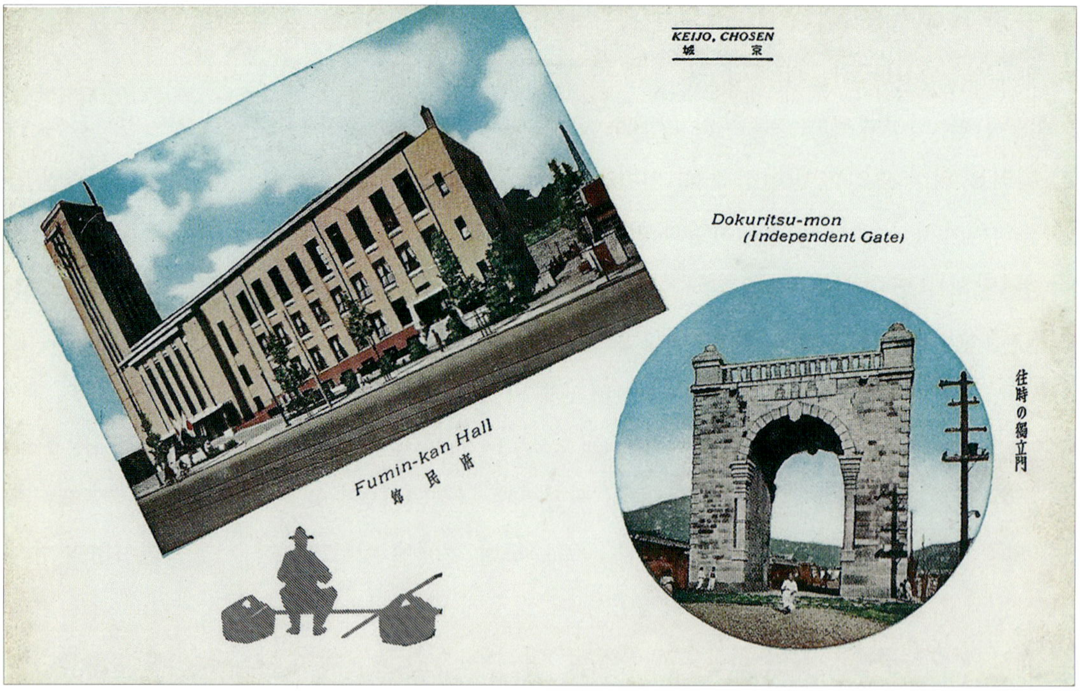

그림 2　부민관 / 독립문

'KEIJO, CHOSEN 경성 부민관'이라는 제목의 컬러 사진그림엽서이다. 이 사진그림엽서에는 2장의 사진이 인쇄되어 있는데 왼편은 '부민관 Fumin-Kan Hall'이라는 제목의 사진이고 오른편은 '예전의 독립문 Dokuritsu-mon(Independent gate)'라는 제목으로 독립문을 찍은 사진이다. 한편 독립문은 조선시대 중국의 사신을 영접하던 장소인 영은문을 허물고 1897년 독립협회가 파리 개선문을 본떠서 건립한 15m 높이의 문이다.

그림 3 부민관

'늠름하게'라는 제목에 오른쪽에는 "온통 파랗게 활짝 개인 반도의 하늘, 선명한 대지 위에 늠름하게 서 있는 경성부민관[반도의 수부=대경성]"이라는 설명이 붙어 있고 영문필기체로 'Keijyo, the capital of korea, in the center of commence and education at korea'라 인쇄되어 있다. 앞쪽에 양산을 쓴 한복의 여성과 어린아이를 업고 있는 여성의 모습, 그리고 오른쪽에는 '경성일보' 건물이 보인다.

오늘날 〈그림 3〉과 같은 구도에서 바라본 부민관(현 서울시의회)

경성일보사

京城日報社

GyeongSeong Ilbosa

《경성일보》는 1906년 창간한 조선통감부·총독부의 기관지이다. 창간 당시에는 서울 필동에 사옥이 있었으며, 1914년에 현재의 서울도서관 자리로 이전했다. 그러나 1923년 이곳이 경성부청사 신축 부지로 결정되면서 현재의 프레스센터 자리에 사옥을 신축하였다.

《경성일보京城日報》는 이토 히로부미[伊藤博文]가 1906년 9월 1일 《한성신보漢城新報》와 《대동신보大東新報》를 통합하여 창간한 조선통감부의 기관지이다. 처음에는 국한문판과 일본어판을 병행하여 발행하였는데 1907년 4월부터 국한문판은 폐지하였다. 1910년 한일병합이 체결된 뒤 조선총독부의 기관지가 되었다. 총독부는 경성일보사가 경영을 이어오던 《대한매일신보大韓每日申報》를 《매일신보每日新報》로 개편하고 《경성일보》의 자매지로 발행하였다. 1938년 4월 19일 매일신보가 독립법인으로 분리될 때까지 경성일보사의 일본인 임원진이 매일신보사의 임원진을 겸하는 등 두 신문사가 통합된 하나의 신문사로 운영되었다.

1945년 광복과 함께 폐간되었다. 통감부 및 총독부의 기관지로 발행하였기 때문에 친일 지향성이 강한 논조를 펼쳤으며, 사장의 임명이나 운영에 관해서도 총독부가 주도권을 가지고 있었다. 당시의 《조선일보》나 《동아일보》 등 민간 신문사와 비교하더라도 규모나 영향력이 대단하였다. 또한 일본인을 포함하여 친일파로 분류되는 자들은 주로 《경성일보》를 구독하였다고 한다.

이러한 배경으로 《경성일보》는 총독부 기관지였음에도 불구하고 광고량이 가장 많았고, 일본 상품 광고가 압도적이었다. 한국 내 일본인들(재조일본인)과 일본어를 읽을 수 있는 한국인들을 상대했던 만큼 광고도 번역되지 않고 일본어 그대로 실렸다.

당시 기초 일본어(기초 독해 및 일상 회화)를 할 수 있었던 사람들의 비율은 1933년 7.81%에서 1941년 16.61%로 두 배가량 늘어났다고 한다. 1940년 《조선일보》, 《동아일보》 등 한글 민간지가 강제 폐간된 이후에 경성일보는 서울과 경기도를 대표하는 신문으로 남았다. 신문을 한 도에 하나만 허용한다는 '일도 일지一道一紙'의 원칙에 따라 《경성일보》는 경기도를 대표하는 신문사로 남았다.

1914년에는 서울 필동에 있던 사옥을 현재의 서울시청 자리인 태평로 1가 31번지로 옮겼다. 1923년에는 시청 자리에 있던 사옥을 경성부청京城府廳 신축 부지로 양도하고 그 옆자리인 현재의 대한공론사와 서울신문사가 들어서 있는 자리에 사옥을 신축하여 1924년에 옮겼다. 이번에 수록된 경성일보사의 사진그림엽서는 모두 7장이다.

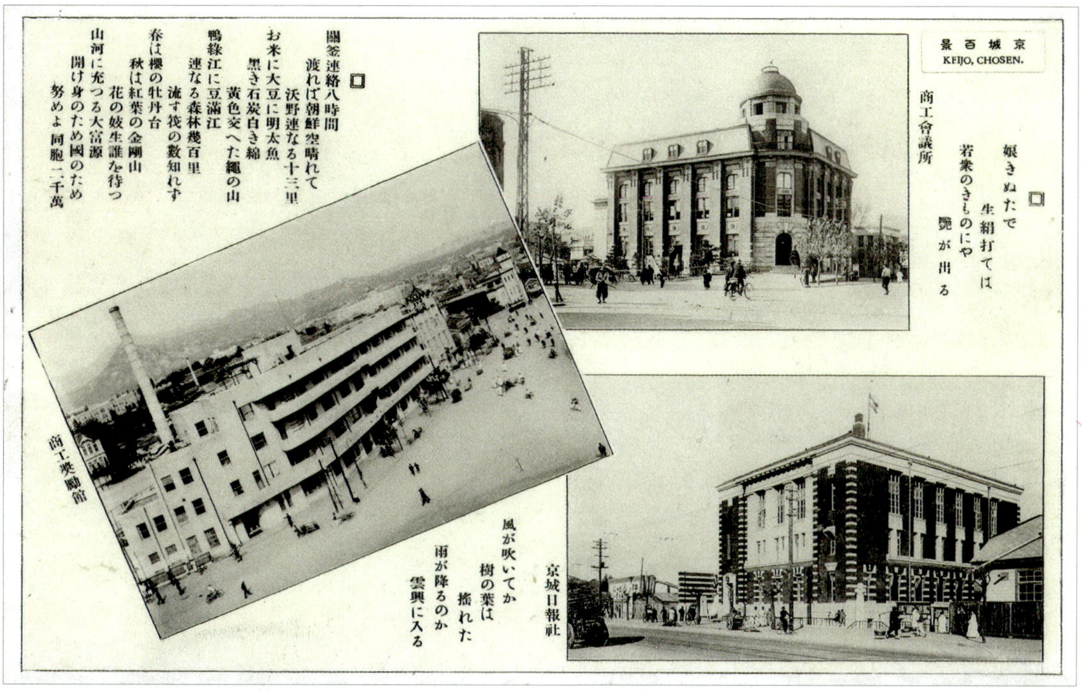

그림 1 상공회의소 / 상공장려관 / 경성일보사

'경성백경 KEIJO, CHOSEN'이라는 제목의 흑백 사진그림엽서로 위로부터 상공회의소 건물과 중간에 상공장려관, 그리고 아래에 경성일보사건물이 찍혀 있다. 왼쪽에는 "□관부연락 8시간 건너오면 조선의 맑은 하늘 옥야가 이어지는 13리. 쌀에 대두에 명태, 검은 석탄 흰 면(綿), 황색 섞인 줄문 모양의 산, 압록강에 두만강 이어지는 삼림 수백 리 흘려보내는 뗏목 셀 수 없다. 봄에는 벚꽃의 목단대, 가을은 단풍의 금강산, 꽃 같은 기생 누구를 기다리나, 산하에 충만한 대부원(大富源), 열린 몸을 위해 나라를 위해 노력하자 동포 2천만"이라는 설명이 곁들여져 있다. 외에도 두 수의 의미가 분명하지 않은 단가(短歌)가 인쇄되어 있다. 이 사진그림엽서의 건물은 1924~1945년의 경성일보사옥이다. 조선총독부는 1915년 7월 14일 〈조선상업회의소령〉을 공포하였고, 이들 법령에 따라 별도로 운영되던 경성일본인상업회의소와 한국인들의 경성상업회의소가 통합되어 1915년 12월 지방단위 법인으로 경성상업회의소가 설립되었다. 이후 1932년 1월 1일 공법인 조선상공회의소로 전환되었다. 그에 따라 경성상업회의소는 경성지방 상공회의소로 조선상공회의소의 일원이 되었으며, 명칭도 경성상공회의소로 바뀌었다. 경성상공회의소는 1919년 4월 19일 기공하여 1920년 7월 준공되었다. 지하 1층 지상 3층 건물로 조선호텔 맞은편에 세워졌다. 상공장려관은 1980년대까지 숭례문 옆에 있었으나 이곳을 헐고 지금의 대한상공회의소건물을 지었다.

그림 2　조선일보사 / 상공장려관 / 경성일보사 / 공회당 / 조선신문사

왼쪽부터 시계방향으로 조선일보사, 상공장려관, 경성일보사, 공회당, 조선신문사의 사진을 배치한 흑백 사진그림엽서이다. 《조선일보》는 당시 거물실업가였던 조태진(趙鎭泰)의 주도로 조선인 경제단체 대정실업친목회(大正實業親睦會)가 중심이 되어 1920년 3월 5일에 창간하였다. 1920년 소위 문화통치 시기에 언론 탄압이 완화되었을 때 탄생하였다. 일제강점기 《조선일보》는 일본이나 조선총독부 정책에 정면으로 맞서는 비판적인 보도가 주를 이루었다. 이에 따라 여러 번 정간을 당하는 등 당국의 압력과 탄압을 받았다. 1940년 8월 총독부의 언론 통제에 의해 폐간되었다가 광복 이후인 1945년 11월 23일 복간되었다. 경성일보사와 상공장려관의 설명은 〈그림 1〉과 같다. 소공동의 조선호텔 맞은편에 1920년 7월 10일 완성한 경성상업회의소(이후 경성상공회의소)의 2층에 자리 잡은 공회당(경성공회당)은 공연장 형태의 일종의 시민회관으로 현재의 서울시의회 청사로 쓰이는 당시의 부민관과 함께 각종 공연과 강연회장으로 이용되었다. 조선신문사는 본사가 인천에 있었다.

그림 3 경성일보사

〈그림 4〉, 〈그림 6〉, 〈그림 7〉과 동일한 흑백 사진그림엽서이다. '(경성)경성일보사(광화문통)'이라는 제목에 영문으로 'KEIJO NIPPOSHA AT KOKAMON-STREET'라 인쇄되어 있다. 측면에는 흰 천막에 '사쿠라맥주(サクラビール)'라는 텐트가 설치되어 있고 텐트 주변에 많은 사람들이 보인다. 그 외에도 왼쪽에는 커다란 입간판이 보이는 등 경성일보사 주최의 행사가 있었던 것으로 보인다.

오늘날 〈그림 3〉과 같은 구도에서 바라본 구 경성일보사 터

현재는 한국프레스센터가 자리 잡고 있다. 한국프레스센터는 1982년 착공해 1985년 완공되었다.

그림 4　경성일보사

그림 5　우편국 / 조선은행 / 철도호텔 / 경성일보사

'(조선명소) 경성시가의 중앙 MAIN STREET, SEOUL (경111)'이라는 제목의 흑백 사진그림엽서이다. 아래에는 '(커다란 양관은 우편국, 조선은행, 철도호텔, 경성일보사)'라는 설명이 붙어 있다. 총독부 철도국은 경부선, 경의선, 경원선이 지나는 주요 도시에 철도호텔을 건설하였다. 1914년 일제는 고종이 대한제국을 선포하고, 하늘에 제사를 지낸 환구단을 헐고 철도호텔(조선호텔)을 건설하였다. 사진그림엽서의 앞쪽 중앙부에 지금의 한국은행 화폐박물관, 그리고 그 건너편에 당시의 우편국이 보이고 경성일보사 오른쪽 앞에 조선호텔이 보인다.

그림 6 경성일보사

그림 7 경성일보사

조선일보사
朝鮮日報社
Joseon Ilbosa

《조선일보》는 1920년에 창간하였다. 관철동을 시작으로 삼각동, 수표동, 견지동, 연건동을 거쳐 태평통 신사옥으로 이전했다. 조선일보사가 태평통으로 이전한 것은 1933년의 일이었으며, 1934년 덕수궁 부속 건물이었던 덕안궁 자리에 신사옥을 기공하여 1935년에 완공·이전했다.

《조선일보》는 당시 거물실업가였던 조태진趙鎭泰의 주도로 조선인 경제단체 '대정실업친목회大正實業親睦會'가 중심이 되어 1920년 3월 5일에 창간하였다. 1920년 소위 문화통치 시기에 언론 탄압이 완화되었을 때 탄생하였다. 일제강점기의 《조선일보》는 일본이나 조선총독부 정책에 정면으로 맞서는 비판적인 보도가 주를 이루었다. 이에 따라 여러 번 정간을 당하는 등 당국의 압력과 탄압을 받았다. 한편으로는 이러한 논조로부터 좌, 우와 관계 없이 독립운동가들이 모여 안창호나 이상재가 사장을 맡는다든지 홍명희, 박헌영, 김단야 등 좌익 인사들이 기자로 활동하기도 하였다. 또한 한글 보급을 위해 교재를 무료로 배포하였다.

그러나 발행 초기에는 경영난으로 발행인과 경영진이 자주 바뀌었으며, 반일적 논조 때문에 1920년대만 4차례 정간되었다. 1924년 9월 신석우申錫雨가 경영권을 인수하면서 이상재李商在가 사장, 신석우가 부사장, 김동성金東成이 발행 겸 편집인, 그리고 이사진에 안재홍安在鴻·백관수白寬洙·이상협李相協 등이 취임하여 '조선 민중의 신문'이라는 표어 아래 경영과 제작에 혁신을 단행하였다.

그 뒤 6대 안재홍安在鴻, 7대 유진태兪鎭泰, 8대 조만식曹晩植 등의 사장을 거치면서 계속 경영권 분규를 겪다가 1933년 7월 평안도의 광산 갑부인 방응모方應謨가 경영권을 장악함으로써 조선일보사는 다시 기틀을 잡게 되었다. 경영 면에서 안정을 기하게 된 것은 방응모가 인수·운영하면서부터였다.

9대 방응모方應謨 사장은 조선일보사를 주식회사로 전환시켰다. 방응모는 신문 경영을 맡은 후, 총액 50만 원의 주식회사로 개편하고 태평로에 새 사옥을 짓는 등 과감한 사세 확장을 꾀했다. 한편 1929년 7월부터는 '아는 것이 힘, 배워야 산다.'라는 표어 아래 여름방학을 맞아 귀향하는 학생들을 동원하여 한글 보급반을 조직하고 문자보급운동도 전개하였다.

그 뒤 해마다 이 운동을 전개하여 일제 치하에서 문맹 퇴치, 농촌계몽에 큰 성과를 거두었다. 그러나 1940년 8월 10일 총독부에 의해 신문 발행이 강제로 중단되었다가 일본이 패망하자 1945년 11월 23일에 복간하였다. 방응모는 6·25전쟁 때인 1950년 7월에 납북된 뒤 소식이 없는 상태이다.

이후 10대 장기영張基榮 사장을 거쳐 13대 방우영方又榮 사장이 1970년에 취임하였고 1993년 대표이사 회장으로 경영일선에서 물러날 때까지 20여 년간 조선일보사 경영을 맡았다. 그의 형인 방일영方一榮은 12대 사장을 지냈다. 이들 형제는 박정희朴正熙·전두환全斗煥의 3~5공화국을 거치면서 '제도언론'이라는 혹심한 평가를 받으면서도 발행 부수 1위라는 지위를 획득하였다. 이번에 수록된 조선일보사의 사진그림엽서는 1장이다.

그림 1　조선일보사 / 상공장려관 / 경성일보사 / 공회당 / 조선신문사

왼쪽부터 시계방향으로 조선일보사, 상공장려관, 경성일보사, 공회당, 조선신문사의 사진을 배치한 흑백 사진그림엽서이다.

오늘날 〈그림 1〉과 같은 구도에서 촬영한 구 조선일보사 터

현재는 코리아나 호텔이 자리 잡고 있다.

조선신문사

朝鮮新聞社

Joseon Shinmunsa

조선신문사는 1908년 《조선신보》와 《조선타임즈》가 합병하여 창립하였다. 본래 인천에 본사가 있었으나, 1919년 경성으로 옮겼다. 한국뿐만 아니라 중국에도 여러 지국이 있었으나, 조선총독부의 정책에 따라 1942년 폐간되었다.

조선신문사는 본사가 인천에 있었으며, 일본 이바라키[茨城] 출신인 하기타니 카즈오[萩谷籌夫]라는 일본 근대 시기의 신문 경영자가 창립하였다. 하기타니는 《시모쓰케신문[下野新聞]》의 기자를 거쳐 1899년에 인천의 조선신문사朝鮮新聞社에 입사했다. 1908년에 《조선신보朝鮮新報》와 《조선타임즈》를 합병하여 조선신문사朝鮮新聞社를 창립하고 사장이 되었다.

《조선신보》는 1890년 창간한 《인천경성격주주보仁川京城隔週週報》가 전신으로 나중에 《조선순보朝鮮旬報》로 이름을 바꾸고 1892년 《조선신보朝鮮新報》로 다시 이름을 변경한 인천에서 발행하는 최대 상업지商業紙였다. 처음에는 월 3회 발행하다가 1895년부터 격일 발행하였으며 1902년부터 일간지가 되었다.

《조선신보》는 당시 인천에서 가장 유력한 일본어 신문이었는데 1919년 본사를 경성으로 옮겼다. 이듬해에 중의원 의원이었던 마키야마 코조[牧山耕藏]가 사장에 취임하였고, 일본인 민간인들의 목소리를 대변한다는 취지로 매일 2회 발행되었다. 조선총독부의 기관지인 《경성일보》와 치열한 논전을 펼친다든지 총독의 정책 비판도 서슴지 않아 여러 번에 걸쳐 발행정지 처분도 받았다. 한반도뿐만 아니라 중국에도 여러 개소의 지국을 두었으나 총독부의 '일도일지一道一紙' 정책에 의해 1942년 폐간되었다.

참고로 재부산항상회의소在釜山港商法會議所가 발행한 《조선신보朝鮮新報》와 광복 후 일본에서 발행한 재일본조선인총연합회在日本朝鮮人總聯合會 즉, 조총련의 기관지인 《조선신보朝鮮新報》와는 별지이다. 이번에 수록된 조선신문사의 사진그림엽서는 1장이다.

그림 1　조선일보사 / 상공장려관 / 경성일보사 / 공회당 / 조선신문사

왼쪽부터 시계방향으로 조선일보사, 상공장려관, 경성일보사, 공회당, 조선신문사의 사진을 배치한 흑백 사진그림엽서이다.

오늘날 〈그림 1〉과 같은 구도에서 촬영한 구 조선신문사 터

현재는 신한은행 신한PWM태평로센터가 자리 잡고 있다.

04

남대문통

南大門通

Namdaemuntong

1885년 이후 청·일 양국에서 거류민이 서울의 구리개와 진고개로 유입되었다. 일본이 청일전쟁과 러일전쟁에서 승전하면서 일본 거류민이 이 일대를 장악하였으며, 한일병합 이후 일본계 기업의 은행, 사옥, 백화점 및 상점, 호텔 등이 신축되었다. 남대문통이라는 이름은 1914년 부제府制 실시 이후에 붙여졌다.

남대문통 개설

南大門通
Namdaemuntong

1885년 이후 청·일 양국에서 거류민이 서울의 구리개와 진고개로 유입되었다. 일본이 청일전쟁과 러일전쟁에서 승전하면서 일본 거류민이 이 일대를 장악하였으며, 한일병합 이후 일본계 기업의 은행, 사옥, 백화점 및 상점, 호텔 등이 신축되었다. 남대문통이라는 이름은 1914년 부제府制 실시 이후에 붙여졌다.

한양 정도定都 직후, 종로에서 숭례문으로 이어지는 길은 '국중國中의 대로大路'로 조성되었다. 종로와 남대문로의 교차점에 종각이 세워진 것은 태종 대의 일이었고, 종각은 세종 대에 2층의 종고루鍾鼓樓로 개축되었다. 태종은 종로와 남대문로 좌우에 공랑公廊을 지어 시전市廛과 관아로 사용하도록 했다. 숭례문 바로 안쪽에는 세조 대 상평창常平倉이 건설되었는데, 대동법大同法 시행 이후 선혜청宣惠廳 창고로 바뀌었다. 선혜청 창고는 새로 지은 창고라는 뜻에서 '신창新倉'으로도 불렸다. 조선후기에 서울 상업이 번창하면서 종로와 남대문로를 침범하여 상업용 가가假家들이 들어섰다.

1885년 조선 정부가 청·일 양국 대표와 거류지 협정을 체결한 뒤, 남대문로에서 갈라져 진고개로 들어가는 길 좌우는 일본인 거류지가, 청계천 남쪽에서 구리개로 들어가는 길 좌우는 청국인 거류지가 되었다. 1894년 청일전쟁 이후 일본인들은 청국인 거류지까지 장악했다. 일본인들은 도성 안의 개천 남쪽 전지역을 '남촌'이라고 부르면서 자기들의 근거지로 삼았다. 1896년, 한성부는 종로와 남대문로의 노폭路幅을 규정한 이른바 '가가금령假家禁令'을 공포했다. 가가假家란 대로 가장자리에 임시로 지은 상업용 가건물로서, 임금의 행차 등 국가 행사 때에는 철거해야 하는 건물이었다. 그러나 행사가 끝나면 바로 재건되곤 했다. 이 금령으로 남대문로 좌우에 있던 가가들은 모두 영구 철거되었으며, 길가에 있던 초가들은 와가瓦家로 바뀌었다. 1885년 이후 일본인들은 거류지인 진고개는 물론 남대문로 주변으로까지 소유지를 확대했기 때문에, 이 조치의 결과 일본인들의 땅이 남대문로와 맞닿게 되었다. 1897년에는 선혜청 창고에 상설시장이 만들어졌다. 한국 정부는 종로와 남대문로에서 철거된 가가 상인들에게 창고 건물을 내주어 식료품과 생활필수품을 팔게 했다. 이 시장이 현재 남대문시장의 전신이다.

1900년부터는 전차궤도가 숭례문을 통과함으로써 문을 여닫을 수 없게 되었다. 500년 가까이 성문 개폐 시각을 알렸던 인경과 바라도 끊겼다. 1907년 일본 황태자의 방한을 앞두고 일본 제국주의자들은 교통에 방해가 된다는 이유로 성문 주변의 성벽을 철거하고 전차궤도도 옮겼다. 이로써 숭례문은 성문의 기능을 잃고 '왕조의 유산'으로 남았다.

남대문로는 한국인의 상설시장과 일본인의 상점가를 관통하는 근대적 상업 가로로 변모했다. 러일전쟁 중 일본군이 한반도 전역을 사실상 점령함에 따라, 서울 거주 일본인은 일순간에 특권 집단이 되었다. 뒤이어 메가타 다네타로[目賀田種太郎] 재정고문이 주도한 화폐·재정 개혁에 따라 한국 상인들은 극심한 곤경에 처했다. 수많은 상인이 파산했으며, 스스로 목숨을 끊은 이도 많았다. 황실과 관부官府조차 한국 상인들과 관계를 끊고 일본 상인과 거래해야 했다. 반면 일본 상인들은 짧은 기간 내에 큰돈을 벌었다. 한국에 대한 일본의 지배권이 공고해짐에 따라 일본인 기업들도 속속 한국에 진출하여 지점을 냈다. 이들은 주로 남대문로 주변에 사옥과 상점, 호텔 등을 새로 지었다. 1910년을 전후한 시점부터 남대문로의 건축 경관은 급속히 바뀌었다.

1909년에는 대한제국의 국립 중앙은행 격으로 한국은행이 설립되었다가 1911년 조선은행으로 개칭되었다. 은행 건물은 1912년 저경궁儲慶宮 터에 완공되었는데, 이로써 경성부, 경성우편국, 조선은행으로 둘러싸인 이른바 '선은전鮮銀前 광장'이 만들어졌다. 1926년 경성부가 현재의 서울도서관(옛 서울시청) 자리로 옮겨간 뒤, 이 자리에는 1930년 미쓰코시[三越] 백화점 경성지점이 들어섰다. 현재의 신세계백화점 건물이다. 그 바로 남쪽에는 1936년에 조선저축은행 새 사옥이 건립되었다. 이 건물은 현재 SC제일은행 제일지점으로 사용 중이다.

경성우편국 자리는 흥선대원군 때 포도대장, 훈련대장 등을 지낸 이경하의 세 아들 집이 있던 곳이다. 임오군란 이후 청국 상인들이 이 집들을 빼앗다시피 매수하여 중화회관을 지었는데, 청일전쟁 이후 일본인들이 다시 빼앗아 일본인들을 위한 우편국으로 사용했다. 현재 서울중앙우체국 자리이다.

남대문로의 한가운데에 만들어진 선은전 광장은 일제강점기 내내 조선 경제의 중심이자 경성의 도심으로 기능했다. 1920년대 말부터 선은전 광장 한 구석에는 네온사인으로 장식된 거대한 광고탑이 서 있었다. 선은전 광장 북쪽으로는 제18은행, 제58은행, 치요타[千代田] 빌딩, 제일은행, 산와[三和]은행, 경성전기주식회사, 일본생명보험 등의 일본 은행·회사의 경성 지점 건물들이 즐비하게 늘어섰다.

조선총독부가 숭례문과 보신각 사이의 큰길에 남대문통이라는 이름을 붙인 것 역시 1914년의 일이다. 선은전 광장에서 동쪽으로 갈라진 혼마치[本町]는 1885년부터 일본산 물품을 판매하는 소매상점가로 번성했다. 혼마치에는 미나카이[三中井] 백화점과 히라다[平田] 백화점이 있었고, 남대문로 서측, 현재의 롯데 영플라자 자리에는 조지아[丁字屋] 백화점이 있었다. 미쓰코시, 미나카이, 히라다, 조지아, 화신을 경성의 5대 백화점이라고 했는데, 그중 4개가 남대문통과 혼마치에 자리 잡았다. 혼마치의 북쪽, 청일전쟁 이전까지 중국 상인들의 근거지였던 곳에는 일본 메이지 천황의 연호를 딴 '메이지마치[明治町]'라는 이름이 붙었다. 메이지마치는 남대문통 일대의 은행원과 회사원, 바로 남쪽 혼마치 상가의 점주와 종업원 등을 주고객으로 삼는 유흥가가 되었다. 1934년에는 메이지마치 한복판에 메이지자[明治座](현재의 명동예술극장)가 건립되어 경성 최고의 극장으로 명성을 누렸다.

일제강점기에 남대문통의 모습을 담은 사진그림엽서들은 일본의 문명적 식민통치를 홍보하는 수단이었다. 숭례문과 남대문시장은 '한국의 과거'이자 '한국인의 현재'를 표상했고, 조선은행, 미쓰코시 백화점, 경성우편국 등은 '한국의 현재'이자 '한국인의 미래'를 표상했다. 숭례문 앞에 한가롭게 누워 있는 소, 남대문시장에서 주로 '한국산' 상품들을 늘어놓고 판매하는 한국 상인들을 담은 사진그림엽서와 선은전 광장의 근대적 모습, 혼마치 입구에서 활보하는 잘 차려입은 사람들, 미쓰코시 백화점에 진열된 화려한 상품 사진들로 만든 사진그림엽서가 함께 발행되었고, 시각적으로 극명하게 대비되었다. 사진그림엽서들이 전달하려 한 메시지는 명료했다. 낙후한 한국을 발전시켜 '한국의 현재'를 만든 것은 일본이고, 한국인은 일본의 통치에 순응함으로써만 문명의 혜택을 함께 누릴 수 있으리라는 것이었다.

숭례문
崇禮門
Sungnyemun Gate

숭례문은 서울 사대문 중 남쪽에 있는 대문으로 남대문으로도 불렸다. 대한제국 시기인 1907년 일본 요시히토 황태자의 방한을 계기로 숭례문 양측 성곽을 모두 헐었다고 하며, 이 자리에 도로, 전차 선로를 설치하였다. 또 숭례문 정면에는 파출소, 가로등을 세웠다. 광복 이후 6·25전쟁으로 일부 훼손되었으나, 1961년부터 1963년까지 중수공사를 착수하여 복구할 수 있었다. 2008년 방화사건으로 인해 2층 누각이 전소되었으나, 문화재청의 주도로 2013년 복구공사가 완료되었다.

숭례문은 조선의 수도였던 한양의 사대문 가운데 남쪽에 있는 대문으로 흔히 남대문南大門이라고 한다. 남대문이라는 명칭은 일제강점기에 일본이 붙인 것이라는 설이 있지만, 사실이 아니다.《조선왕조실록》에도 숭례문을 남대문이라 칭한 기록이 다수 실려 있다. 서울 사대문과 보신각普信閣의 이름은 5덕五德을 표현한것으로, 동쪽은 인仁, 서쪽은 의義, 남쪽은 예禮, 북쪽은 지智, 중앙은 신信이었으며, 숭례문은 바로 남쪽의 '예'에서 유래한다. 숭례문의 현판은 한양도성의 다른 문의 현판이 가로로 쓰여진 것과 다르게 세로로 쓰여져 있다. 이는 관악산의 화기에 대응하기 위하여 세로로 달았다고 전해지고 있다.

숭례문의 역사를 보면 1396년(태조 5) 착공하여 1398년(태조 7)에 완성되었다. 이후 1433년 7월 숭례문을 완전히 헐고 땅을 돋운 뒤 새로 짓기로 했으며, 1447년 8월경 숭례문 신축 공사에 착공하여 1448년 3월 17일 완공했다. 1478년(성종 9) 숭례문이 기울어져 이듬해 중수를 마쳤다. 1961년부터 1962년 사이에 실시된 해체 수리 때 발견된 상량문에서 1479년(성종 10)에 대대적인 중수공사가 있었음을 알 수 있다.

원래 숭례문은 동쪽과 서쪽으로 성곽이 연결되어 있었지만, 1907년 길을 내면서 양측의 성곽을 모두 헐어버렸다. 일설에 의하면 1907년 일본 요시히토 황태자(후일 다이쇼천황)가 방한했을 때 "대일본 제국의 황태자가 머리를 숙이고 문루 밑을 지나갈 수 없다."라는 이유로 성곽을 헐었다고도 한다. 일제는 성곽을 헌 자리에는 도로와 전차 선로를 내고, 숭례문 둘레에 화강암으로 일본식 석축을 쌓았으며, 문 앞에는 파출소와 가로등을 설치했다. 일제는 큰길을 내기 위해 숭례문도 철거하려고 했지만, 임진왜란 당시 가토 기요마사가 숭례문을 통해 사대문 안으로 들어왔기 때문에 그 역사를 기념하기 위해 보존했다는 설도 있다.

숭례문은 광복 후 6·25전쟁으로 건물 일부가 폭격으로 무너졌지만, 다행히 화재로 번지지 않아 복구될 수 있었다. 숭례문 중수공사는 1961년 착수하여 1963년에 완료했다. 그 사이에

1961년 숭례문은 국보로 지정되었다. 조선총독부가 숭례문 주변에 전차 노선을 부설하고 우측 남산의 조선신궁으로 가는 참배 길을 내기 위해 헐어버린 숭례문의 성곽은 광복 이후에도 상당 기간 복원되지 않고 있다가 2003년 숭례문 좌우로 10m씩 복원되었으며, 2005년 5월에는 도로 속에 고립되었던 숭례문 주변의 광장을 조성하여 단장했다. 그리고 2006년 3월 3일, 숭례문이 도로 속에 고립되어 버리는 것을 막고 시민들이 문화재를 가까이 접할 수 있도록 서울시에서 숭례문의 중앙통로를 일반인에게 개방하였다.

그러나 숭례문은 2008년 2월 10일 오후 8시 40분경 방화범의 방화로 인해 불타기 시작하여 약 5시간 후인 11일 오전 1시 54분, 목조건물 일부와 석축 기반을 남기고 2층 누각이 모두 소실되었다. 이에 서울 중구청은 외부인의 접근을 통제하기 위해 가림막을 설치했고, 기온이나 강수, 바람 등 기상요인에 의한 추가 붕괴 방지를 위하여 덮개를 씌웠다. 이후 문화재청에서 소실된 숭례문을 원형에 가깝게 복구할 계획을 발표하여 2013년 4월 29일 완공했으며, 같은 해 5월 4일 완공식이 거행되었다. 아울러 화재로 무너진 숭례문을 복구하는 과정에서 일제강점기 이후 없어진 동쪽 성곽 53m와 서쪽 성곽 16m 구간이 각각 복원되고 동쪽 계단은 폭이 종전의 2.9m에서 5m로 늘어났다. 숭례문 복구공사 완공을 계기로 숭례문 관리단체는 종전 서울 중구청에서 문화재청으로 변경되었다. 이번에 수록된 숭례문의 사진그림엽서는 모두 74장이다.

그림 1 남대문

서울역 방면에서 숭례문을 찍은 흑백 사진그림엽서로 왼쪽에 세로글씨로 '그리운 옛날'이라고 적혀있고 사진그림엽서 하단 여백에는 "이태조 7년 2월(약 530년 전)에 창건한 것으로 한성 사대문 가운데 가장 큰 것이다. 지금은 근대도시 경성을 장식하는 이채로움을 띠고 있다. 경성·남대문(숭례문)"이라는 설명이 있다. 여기서 '약 530년 전'이라고 한 것으로 보아 사진그림엽서의 제작 연대는 1920년대 초반으로 추정할 수 있다. 숭례문 앞 도로에는 전차 선로가 선명하게 보이고 있으며, 사람들에 자유롭게 왕래하고 있다. 숭례문 아치 아래 그늘에서 휴식을 취하는 사람들의 모습이 보이고, 사진 왼쪽의 파출소 앞에는 제복을 입은 순사가 서 있다. 한 아동이 동생으로 보이는 어린아이의 손을 잡고 가는 모습, 아이를 안고 지나가는 여성과 아이를 업고 가는 여성, 머리에 짐을 이고 가는 여성들의 모습도 보인다. 이러한 광경은 조선의 일상적인 모습이라 할 수 있지만, 일본인에게는 조선의 낙후한 이미지를 연상하는 데 영향을 미쳤을 것이다. 사진그림엽서의 붉은 색 스탬프에는 장죽을 물고 있는 노인의 모습이 그려져 있고 '경성관광기념'이라는 글이 압인되어 있다. 〈그림 16〉과 〈그림 28〉은 동일한 사진그림엽서이지만, 스탬프가 압인되어 있지 않다.

그림 2 남대문의 웅장한 자태

〈그림 14〉와 동일한 흑백 사진그림엽서로 서울역 방면에서 숭례문을 찍은 것이다. 왼쪽 파출소 입구에는 흰색 제복을 입은 사람이 서 있으며 파출소 오른쪽에는 자전거와 수레가 놓여있다. 숭례문 벽에 담쟁이넝쿨이 무성한 것으로 보아 여름에 촬영한 것으로 보인다.

그림 3 남대문

서울역 방면에서 숭례문을 찍은 흑백 사진그림엽서로 숭례문 아치 아래에서 담소를 나누는 사람들의 모습이 보인다.

그림 4 경성 남대문

〈그림 6〉, 〈그림 34〉, 〈그림 35〉와 동일한 흑백 사진그림엽서이다. 숭례문 오른쪽으로는 전차 선로가 보이고 그 옆으로 자전거를 끌고 가는 사람의 모습이 보인다. 왼쪽 파출소 앞에는 흰색 제복을 입은 순사가 무언가를 읽고 있다. 숭례문은 일본어 발음대로 영어로 표기하고 남대문은 영어로 해석해서 'SOUTH GATE'로 표기했다.

그림 5 남대문의 웅장한 자태

숭례문에 근접해서 찍은 사진그림엽서로, 아래에는 '조선에서 유일한 경성 남대문의 웅장한 모습'이라는 설명이 적혀있다.

그림 6 **경성 남대문**

그림 7 **남대문**

〈그림 8〉, 〈그림 42〉, 〈그림 54〉, 〈그림 55〉, 〈그림 57〉, 〈그림 60〉과 동일한 흑백 사진그림엽서이다. 중절모를 쓰고 외투를 입은 신사가 앞으로 걸어오고 있으며, 오른쪽에는 아이를 등에 업고 걸어가는 여성의 모습이 보인다.

그림 8 **남대문**

오늘날 〈그림 7〉과 같은 구도에서 촬영한 숭례문

그림 9 조선 경성

3장의 사진이 실려 있는데, 위의 사진은 숭례문을 위에서 찍은 사진으로 숭례문 뒤편으로는 일본 가옥이 즐비하게 늘어선 모습이 보이고, 오른쪽 뒤로는 멀리 명동성당의 모습이 보인다. 숭례문 주변으로는 전차, 자동차, 짐수레 등이 복잡하게 왕래하고 있다. 아래 왼쪽은 세브란스병원에서 남대문통의 번화한 모습과 숭례문을 찍은 사진이고, 오른쪽은 숭례문 아치 아래에서 경성역을 바라보고 찍은 사진이다.

THE NANDAIMON IN, KEIJO (朝鮮名所) 京城南大門 (崇禮門)

그림 10 경성 남대문

숭례문 오른쪽에 앞의 사진에서는 보이지 않던 목제 건물이 보이고 그 옆에 짐수레가 놓여있다. 거리에는 자전거를 타고 가는 사람, 중절모를 쓰고 양복을 입은 사람, 양산을 쓰고 길을 가는 여성들의 모습도 보인다. 왼쪽 끝에 흰 제복을 입은 순사가 칼을 차고 서 있다.

그림 11 경성 남대문과 상품진열관

〈그림 26〉과 동일한 사진그림엽서로 1929년 조선총독부 주최로 개최된 '조선박람회'를 기념하여 제작한 것이다. 숭례문 아치 위에 '조선박람회'라는 현판이 걸려있고, 아치 옆에는 세로로 '경성협찬회'라고 적힌 현판이 붙어있다. 스탬프에는 '경성 조선박람회 기념'이라고 적혀있다. 숭례문 뒤에 있는 건물은 박람회의 상품진열관으로 보인다. 조선박람회는 1929년 9월 12일부터 10월 31일까지 총독부 시정 20년 기념행사의 일환으로 사이토 마고토 총독의 주재하에서 개최되었다. 박람회장은 경복궁이며 개막식은 근정전에서 거행되었다. 박람회에 개인 입장자 수는 약 70만 명, 단체는 약 40만 명, 무료 초대객 약 22만 명, 어린이 약 12만 명, 군인 약 5,000명으로 합계 약 140만 명이 방문하여 성황을 이루었다. 박람회는 조선 물산의 진흥과 총독부 업적을 대외적으로 선전하기 위한 것이었다. 박람회 기간에는 박람회장뿐만에서만 아니라 경성부 안의 여러 곳에서 대회가 열렸다. 경성역 앞에는 관람객을 맞이하는 '환영문'도 세워졌다고 한다.

그림 12 관광의 대경성

봉투 겸 사진그림엽서로 제작된 봉합 사진그림엽서로 왼쪽에 숭례문, 오른쪽에 장충단공원의 모습을 수채화로 그려 넣었다. 봉투의 제목은 세로글씨로 '관광의 대경성'이라고 적혀있고, 위에는 서간도회(書簡圖繪)라고 적혀있다. '서간도회'란 사진그림엽서라는 의미이다. 사진그림엽서의 수취인은 '미야기현 가미군 오노다촌 가토 아이코님[宮城縣加美郡小野田村 加藤愛子様]'이며 오른쪽에 발신인의 이름은 없고 '경성에서'라는 글만 적혀있다.

그림 13 남대문의 아름다운 자태

그림 14 남대문의 웅장한 자태

그림 15 경성 남대문

숭례문과 전차, 전봇대, 행인들의 모습을 숭례문 바로 앞에서 촬영한 흑백 사진그림엽서이다. 노면 전차의 운전수, 전차 앞으로 수레를 끌고 가는 사람이 모습이 보이고, 전봇대 위에는 인부가 작업하고 있는 모습이 특이하다. 오른쪽 전봇대에는 은단 광고가 보인다. 제목에는 영문으로 'NANDAIMON SEOUL'로 표기했다.

그림 16 경성의 상징인 남대문의 웅장한 자태

그림 17 경성의 상징인 남대문(숭례문)의 웅장한 자태

숭례문 오른쪽 아래에 목제 건물이 있는 것을 보면 〈그림 10〉과 비슷한 시기에 촬영한 것으로 보인다. 목제 건물 옆에는 전차가 세워져 있으며 인부들이 열심히 작업하고 있는 모습이 보인다. 숭례문 입구 쪽에는 모래가 쌓여 있고 그 옆으로 한복을 입은 여성과 기모노를 입은 여성이 지나가고 있다.

그림 18 경성 남대문(숭례문)

〈그림 23〉, 〈그림 32〉, 〈그림 36〉, 〈그림 65〉와 동일한 컬러 사진그림엽서로 한복을 입고 양산을 쓴 여성들과 지게를 지고 가는 사람들의 모습이 보인다.

그림 19 경성부청 / 경성역 / 남대문

〈그림 20〉, 〈그림 43〉과 동일한 사진그림엽서로 컬러 바탕 위에 경성부청, 경성역, 숭례문의 사진을 넣었다. 경성부청은 현재 서울도서관이다. 스탬프에 '조선박람회 기념'이라고 적혀있는 것으로 보아 1929년에 제작된 것으로 보인다. 〈그림 20〉, 〈그림 43〉에는 스탬프가 없다.

그림 20 **경성부청 / 경성역 / 남대문**

그림 21 **남대문(경성)**

숭례문의 전경을 담은 컬러 사진그림엽서이다. 왼쪽에는 자전거를 타고 가는 사람이 있으며, 그 옆에 중절모를 쓰고 양복을 입은 사람이 앞을 바라보고 있다. 숭례문 오른쪽에는 전차 선로가 선명하게 보인다.

그림 22 경성 정차장에서 남대문에 이르는 새로운 가로

경성역에서 바라본 숭례문과 주변 도로의 모습을 비교적 선명하게 담은 흑백 사진그림엽서이다. 전차가 2대 다니고 있고 수레를 끄는 사람과 인력거를 끄는 사람들의 모습이 보인다. 도로 오른쪽에는 일본 가옥이 즐비하게 늘어서 있다. 숭례문 오른쪽 거리에 'りん病'라는 세로 간판이 보인다. 'りん病'는 임질균 감염증을 일으키는 일종의 '성병'으로 비뇨기과 관련 병원이 있었다는 것을 알 수 있다. 그리고 맨 오른쪽 끝 깃대에는 '전당포'라는 글이 보이고 그 앞의 전봇대 아래에는 은단 광고가 붙어있다.

그림 23 경성 남대문(숭례문)

그림 24 **남대문의 웅장한 자태**

〈그림 63〉과 동일한 사진그림엽서로 숭례문을 위에서 내려다본 사진이다. 숭례문 앞으로 자동차와 오토바이가 지나가고 있으며, 왼쪽에는 짐을 가득 실은 수레가 여러 대 보인다. 숭례문 뒤로는 일본 가옥이 즐비하게 늘어서 있다. 숭례문의 오른쪽에는 전차가 지나가고 있고, 그 뒤로 멀리 명동성당의 모습도 비교적 선명하게 보인다.

그림 25 **경성 남대문**

엽서 아래에 '일한합방기념'이라고 적혀있는 것으로 보아 1910년 한국강제병합을 기념해서 만든 것이라는 것을 알 수 있다. 강제 병합 당시 숭례문의 모습을 확인할 수 있는 귀중한 사진 자료이다. 숭례문 입구에는 가로등이 세워져 있고 아직 전차 선로는 없으며 주변 거리도 정비되지 않은 상태이다. 수레를 끄는 사람과 지게를 지고 가는 사람들의 모습이 보인다.

그림 26 경성 남대문과 상품진열관

그림 27 경성 남대문 앞 거리

경성역에서 숭례문과 남대문통의 모습을 찍은 흑백 사진그림엽서로 시기적으로 〈그림 22〉와 비슷한 시기에 촬영한 것으로 보인다. 전차가 2대 보이고, 수레를 끌고 가는 사람 자전거를 타고 가는 사람들의 모습이 보인다. 거리 좌우로는 일본 가옥이 즐비하게 늘어서 있다. 사진그림엽서 아래에 '남천문'이라고 표기한 것은 '남대문'의 오식으로 보인다. 〈그림 45〉도 남대문통과 주변의 상가 모습으로 보아 〈그림 27〉과 비슷한 시기에 촬영한 것으로 보인다.

그림 28 경성의 상징인 남대문의 웅장한 자태

그림 29 경성의 상징 남대문의 웅장한 자태

〈그림 30〉과 동일한 사진그림엽서로 숭례문 입구에 모래가 쌓여 있는 것으로 볼 때 〈그림 17〉과 비슷한 시기에 제작한 것으로 보인다. 숭례문 주변에 한복을 입은 남녀노소의 모습을 담고 있는데, 한 할머니가 지팡이를 짚고 걸어가고 있다.

그림 30 경성의 상징 남대문의 웅장한 자태

그림 31 경성 남대문 / 조선 기생

바탕에 냇가에서 빨래하는 여성과 천하대장군이라고 적힌 장승의 모습을 그려 넣고 그 위에 숭례문과 조선 기생의 사진을 넣은 사진그림엽서이다. 이러한 그림은 제국 일본의 식민지 조선을 바라보는 시선이 반영된 것이라 할 수 있겠다. 사진그림엽서 중앙의 표시는 남만주철도주식회사(南滿洲鐵道株式會社) 마크이다.

그림 32 경성 남대문(숭례문)

그림 33 경성 남대문(숭례문)

〈그림 38〉과 동일한 흑백 사진그림엽서로 숭례문 앞으로 한복을 남녀노소가 지나가는 모습을 담은 것이다. 여성들은 대부분 양산을 들고 있다. 한복을 입고 교모를 쓴 아동의 모습도 보인다. 오른쪽 아래에는 인부들이 작업하고 있으며, 그 뒤로 보이는 일본인 점포의 상호는 '후쿠다인쇄소'라고 적혀있다. 인쇄소 앞으로 전차의 선로가 놓여있다.

그림 34 경성 남대문(숭례문)

그림 35 경성 남대문(숭례문)

그림 36 경성 남대문(숭례문)

그림 37 경성 남대문(숭례문)

다른 숭례문 사진그림엽서와는 다르게 숭례문의 오른쪽 측면에서 올려다보며 찍은 흑백 사진그림엽서로 특이한 구도를 하고 있다.

그림 38 경성 남대문(숭례문)

그림 39 경성 남대문

1929년 조선박람회 당시 숭례문의 모습을 담은 흑백 사진그림엽서이다. 숭례문 입구 위에는 가로로 '축 조선박람회'라는 현판이 걸려있고, 아치 좌우에는 세로로 '경성협찬회' 현판이 걸려 있다. 왼쪽에는 흰색 제복을 입은 순사가 이쪽을 바라보고 있다. 경성협찬회는 1929년 경복궁에서 열린 조선박람회 개최 당시 선전 활동과 흥행사업을 담당했던 조직으로 각 도의 사업가와 회사들을 대표하는 조선인 상공업자들이 중심이 되어 1929년 8월 20일 설립되었다. 총무부, 회계부, 권유부, 설비부, 접대부, 여흥부의 부서가 있었고, 직원이 129명이었다. 경성협찬회는 박람회가 종료될 때까지 총독부와 긴밀한 협조 관계를 유지하였는데 개최 당시인 9월에 이르면 총인원 235명에 이른다. 경성협찬회의 구성원을 분석한 논문에 따르면, 회원의 특징은 대다수가 《경성일보》, 《조선일보》, 《부산일보》 등 언론 분야 또는 상공업분야에 종사하던 일본인들로 구성되어 있었다. 경성협찬회가 박람회 개최 후 운영 경위를 담은 《경성협찬회보고서》에는 발기인 및 고액 기부자 명단이 명시되어 있다. 이들은 대부분 소속 기관과 밀접한 기업의 특설관 운영에 참여하였다.

그림 40　경성 남대문과 봉영의 성황

1907년 일본 황태자 요시히토[嘉仁, 후일 다이쇼천황]가 한국을 방문했을 때를 기념해서 제작한 흑백 사진그림엽서이다. 오른쪽 원 안의 인물은 러일전쟁에서 러시아 발틱함대를 물리친 영웅으로 황태자의 방한을 수행한 도고 헤이하치로[東鄉平八郎] 제독이다. 숭례문 앞에 세워진 환영 아치는 일본으로부터 자금을 지원받던 친일 단체 일진회가 세운 것으로 마치 조선인들이 황태자의 방한을 열렬히 환영하는 분위기를 연출하고 있다. 거리에는 태극기와 일장기가 나부끼고 있으며 한복을 입은 사람들이 인산인해를 이루고 있다. 스탬프에는 '동궁전하 한국 어도항 기념 40.10.16'이라고 적혀있다. '동궁'이란 황태자를 부르는 말이고 '40'이란 메이지 40년으로 서력으로 환산하면 1907년 10월 16일이 된다.

그림 41　남대문

숭례문과 그 주변의 번화한 모습을 담은 컬러 사진그림엽서이다. 숭례문 오른쪽 뒤로는 남산이 보이고 왼쪽 뒤로는 멀리 경성부청의 모습도 보인다. 사진그림엽서 아래의 설명은 다음과 같다. "본명을 숭례문이라 하며 경성 사대문 가운데 가장 큰 것으로 대경성시의 현관에 있다. 대왕 7년 2월 지금부터 522년 전에 건축하여 그 후 '분로쿠의 역'의 큰 화재에도 이를 면하고 고대 건축물로서 지금은 한층 정중하게 보존되어 그 구조는 웅대하고 찬연한 것으로 동양 건축의 진수를 보여준다." 여기서 '대왕 7년'은 태조 이성계를 지칭한 것이며, '분로쿠의 역'이란 임진왜란을 말한다.

그림 42 남대문

그림 43 경성부청 / 경성역 / 남대문

그림 44 경성역 앞에서 바라보다. / 경성의 8문 가운데 가장 빼어난 남대문

경성역에서 바라본 숭례문과 남대문통 주변의 번화한 모습을 담은 흑백 사진그림엽서로 〈그림 22〉, 〈그림 27〉과 비슷한 각도에서 찍은 것이지만 주변의 번화한 모습을 볼 때 시기적으로는 훨씬 이후에 촬영한 것으로 보인다. 도로 중앙에 전차가 2대 다니고 있고, 그 옆으로 사이드카가 달리고 있다. 도로 양쪽에는 일본 상가가 밀집되어 있다. 왼쪽에는 '무라가미여관', '□□스토브' 등의 세로 간판이 보이고, 오른쪽 상가에는 양화점, 명함과 도장집, 석유 가게 등의 간판이 보인다.

그림 45 경성 정차장 앞에서 남대문에 이르는 새로운 가로

그림 46　남대문

조선물산공진회 기념 사진그림엽서이다. 사진그림엽서는 국화와 닭을 엠보싱처리하고, 황금색을 사용하여 정부 또는 황실이 관련된 것을 보여준다. 닭의 뒤에는 일장기를 연상하게 하는 붉은 원을 그려 넣고 있으며, 좌우의 국화는 일본 황실의 문양이다. 또한 닭은 계림을 상기하며 일본이 조선을 비하할 때 사용하는 표상이기도 하다. 사진에는 전차가 두 대 다니고 있고, 일본 옷을 입은 아이가 이쪽을 바라보고 있다. 스탬프에는 '시정 5년 기념 조선물산공진회 기념 4.9.11~10.31'이라고 적혀있다. '4'는 다이쇼 4년이므로 1915년 9월 11일부터 10월 31일까지 조선물산공진회의 개최 기간을 의미한다.

그림 47　남대문

숭례문의 사진 아래에 '옛날을 그리워한다'는 글이 있고, 위에는 "모던한 경성 옛날 그대로의 이 남대문. 분로쿠의 옛날 이름을 떨친 가토 기요마사입니다. 생각하면 상당히 그리운 문이 아닙니까. ■■경성■■"라는 글이 적혀있다. '분로쿠[文禄]'는 임진왜란 당시 일본의 연호이고, 가토 기요마사[加藤清正]는 임진왜란 때 호랑이를 잡아 도요토미 히데요시에게 바쳤다고 알려진 일본 무장의 이름이다.

그림 48 남대문 일루미네이션

1915년 조선물산공진회 당시 홍보를 위해 숭례문에 조명을 밝힌 모습이다. 당시 발행된 사진그림엽서로는 보기 드물게 야간에 촬영한 사진이다.

그림 49　경성 남대문

엿장수와 숭례문을 합성한 사진을 올리고 '조선동요'를 실고 있다. 동요의 내용은 아래와 같다.
"조선동요 / 싹뚝 싹뚝 / 엿 사세요. / 하나 늘리면 어디까지도 닿는다. / 별이 있는 궁전에 착 닿는다. / 거기서 어머니가 그립다고 울면 / 쭉쭉 뻗어 나가요. / 엿이 뻗어 나가 / 어머니를 어부바해서 / 날아온다."

그림 50 남대문 / 경성 부근 방공 연습 통감부 / 경성 요지 방위사령부

방공 연습을 하는 그림 위에 위로부터 숭례문과 경성 부근 방공 연습 통감부, 경성 요지 방위사령부의 사진을 넣었다. 스탬프에는 '경성 부근 방공 연습 기념 방공 통감부 쇼와 8년 6월 시행'이라고 적혀있다. '쇼와 8년'은 1933년이다. 1931년 일본이 만주사변을 일으키고 대외침략이 본격화되던 시기에 해당한다.

그림 51 남대문 / 동대문 / 서대문

위의 사진은 숭례문, 아래 왼쪽은 흥인지문, 오른쪽은 서대문이다. 서대문은 원래 돈의문이라 하며 한양도성 축성과 함께 1396년 건립되었다. 서대문은 1915년 도로 개설을 위해 총독부에 의해 강제 철거되었다.

그림 52 남대문

세로 사진그림엽서로 상단에 숭례문의 모습을 담고 아래에는 다음과 같은 글이 적혀있다. "시대를 이야기한다. / 아!! 하고 젊었을 때 다음의 글귀가 생각나지 않나요? 『상당히 울트라하지 이 콘트라스트가?』 그 밖에 할 말이 없는 것입니다. 그만큼 시대라는 것이 아직도 보이는 것입니다. 경성"

그림 53 남대문

그림 54 남대문

그림 55 **남대문**

그림 56 **남대문**

숭례문을 정면에서 찍은 흑백 사진그림엽서로 매우 선명하다. 사진그림엽서 위의 설명은 다음과 같다. "본명을 숭례문이라고 한다. 이조 제1세 태조 대왕 7년 2월에 건립하여 5백여 년의 세월을 지나 엄연히 동양 예술의 정화를 보여준다. 경성 사대문 가운데 가장 오래된 문으로서 또한 최대의 것이다."

그림 57 남대문

그림 58 남대문

주변이 잘 정돈된 숭례문의 모습을 담고 있다. 숭례문 앞으로 교복을 입은 학생 3명이 제법 늠름하게 걸어가고 있다. 사진 아래에 '옛날을 그리워하다'는 글이 적혀있으며 오른쪽에는 세로글씨로 다음과 같은 내용이 적혀있다. "『조선·경성』 남대문 / 이태조 7년 2월(약 525년 전)에 창건한 것으로 한성 사대문 가운데 가장 큰 것이었다. 지금은 좌우로 에워싼 성벽은 없지만, 그 장중하고 전려(典麗)한 아름다움은 그 당시의 성대함을 잘 말해주고 있다. 수도를 장식하는 하나의 이채를 띠고 있다." 〈그림 62〉는 〈그림 58〉과 다른 사진그림엽서이지만 사진은 동일하다.

그림 59 경성·남대문

가마를 들고 가는 모습을 그린 수채화 사진그림엽서로, 위에 숭례문 사진을 삽입했다. 숭례문 앞으로 검정색 세단차와 전차가 달리고 있다. 사진그림엽서 위에 적힌 글은 다음과 같다. "발걸음 조용하게 가마를 타고 가는 맑은 날 / 깃발은 팔랑팔랑 가는 길은 밝다. / 가마 위의 황금 새는 날개를 펼쳐 세상을 구가한다."

그림 60 남대문의 웅장한 자태

그림 61 남대문의 웅장한 자태
숭례문 앞의 비교적 한산한 모습을 담은 흑백 사진그림엽서이다.

그림 62 남대문의 웅장한 자태

그림 63 남대문의 웅장한 자태

그림 64 남대문 안에서

숭례문 아치 아래에서 경성역 쪽을 바라보고 촬영한 흑백 사진그림엽서이다. 아치 위에는 담쟁이넝쿨이 늘어져 있다. 아치 좌측 멀리 경성역의 중앙 돔이 보인다. 아치 좌측 안쪽과 바로 앞에는 머리에 수건을 쓰고 앉아 있는 사람의 모습이 보이며, 오른쪽에는 머리 짐을 이고 걸어오는 한국 여인의 모습이 보인다. 왼쪽 여백에 세로글씨로 적힌 내용은 다음과 같다. "남대문은 역전에서 북동쪽으로 직통된 대로를 진행하여 수백 미터에 5대로가 교차하는 광장에 있으며, 여기서부터 대로는 동북으로 남대문통, 북으로 태평통의 두 갈래로 나누어진다. 사진은 남대문 안에서 경성역을 바라본 것이다.【경성대관】"

그림 65 남대문(숭례문)

그림 66 동양 예술의 정화를 보이는 남대문

숭례문 앞으로 자전거를 타고 황급히 지나가는 사람의 모습을 담은 흑백 사진그림엽서이다. 사진그림엽서 아래에는 '동양 예술의 정화를 보이는 남대문'이라는 글이 적혀있다.

그림 67 아름다운 모습을 비추는 남대문

사진그림엽서의 위에 숭례문의 모습을 담고 아래에 다음과 같은 글이 적혀있다.
"아름다운 모습을 비추는 남대문 / 春風駘蕩(봄바람이 화창하게 부는 모양) / 가을비 쓸쓸하게 돌고 / 오고 가는 역사의 바퀴 자국 / 근대 색은 사방을 둘러싸고 / 경쟁하듯이 서 있는 모던한 건축 가운데 / 녹슬은 아름다운 모습으로 의연히 서 있는 숭례문"

그림 68 메이지신궁 외원 성덕기념회화관 벽화

메이지신궁 외원의 성덕기념회화관에 있는 벽화를 사진그림엽서로 제작한 것이다. 그림 아래에 적힌 글은 다음과 같다.
"77 한일합방. / 쓰지 히사시 필. / 조선 각도 봉납. / 메이지 43년 8월 29일. / 경성 남대문" 메이지신궁은 메이지 천황과 쇼켄[昭憲] 황후를 신으로 모시는 신궁으로 1920년 도쿄 도심 요요기에 건립되었다. 메이지신궁의 약 약 22만 평에 이르는 광대한 부지는 전국 각지와 식민지 조선과 대만에서 헌목한 365종의 약 12만 그루에 달하는 나무로 숲을 조성했다. 메이지신궁은 오늘날도 매년 정월 첫 참배에는 일본에서 가장 많은 참배객으로 인산인해를 이루는 곳이다.
메이지신궁의 동쪽에 위치한 메이지신궁 외원은 '메이지천황의 업적을 후세에 길이 남기자.'라는 취지로 1926년에 완성된 양식 정원이다. 메이지신궁을 '신궁내원(神宮內苑)', 메이지신궁 외원을 '신궁외원(神宮外苑)'이라고도 한다. 신궁외원에는 메이지성덕기념회화관[明治聖德記念繪畫館]을 중심으로 메이지기념관, 운동장, 야구장 등의 시설이 정비되어 있다. 인근에는 2021년 도쿄 올림픽의 주 경기장이 있다. 이 가운데 메이지성덕기념회화관은 1919년 착공, 1926년 완공한 철근콘크리트의 2층 건물로 돔 정상부까지의 높이 약 32m, 폭 112m에 면적은 약 4,700m²이며 2011년 중요문화재로 지정되었다. 건물 안에는 당대 일류 화가들이 역사적인 사실을 바탕으로 메이지 천황과 황후의 사적을 묘사한 80점의 그림을 연대순으로 상설 전시하고 있다. 이 그림은 서양화가 쓰지 히사시[辻永]가 1925년 5월 메이지성덕기년회화관의 의뢰를 받고 1936년에 완성한 그림으로 메이지성덕기념회화관에 있는 80점의 벽화 가운데 유일하게 한국을 소재로 그린 벽화이다. 쓰지는 1925년 4월 경성, 평양, 개성 등지를 여행했는데, 당시 숭례문을 본 기억을 바탕으로 1910년 8월 29일 한일합방 당일의 모습을 상상하여 그린 것으로 보인다. 머리에 짐을 이고 어린아이를 데리고 가는 여성, 지게를 진 농부, 소달구지 등은 한국의 낙후한 모습을 보여주는 것이라 하겠다. 숭례문 뒤로는 집마다 일장기가 게양되어 있다.

그림 69 엄숙한 모습으로 서서

숭례문의 모습을 비스듬하게 담은 선명한 흑백 사진그림엽서이다. 왼쪽 세로글씨의 내용은 다음과 같다. "엄숙한 모습으로 서서 / 엄숙하게 선 남대문, 위엄있는 기운이 뻗어나가 / 태양이 밝게 용마루를 비친다. (경성명소·남대문)"

그림 70 정화를 뽐내며

숭례문 주변의 번화한 모습을 담은 흑백 사진그림엽서이다. 도로에는 검정색 세단차와 전차가 달리고 있으며 숭례문의 오른쪽 뒤로는 멀리 명동성당이 보인다. 사진그림엽서 오른쪽 여백에 적힌 세로글씨의 내용은 다음과 같다. "양식 대 건축물 사이에 서서 엄연하게 동양 예술의 정화를 뽐내면서 서 있는 경성 8문 가운데 가장 빼어난 '남대문'의 아름다운 모습 [반도의 수도 = 대경성]" 엽서 아래에는 '정화(精華)를 뽐내며'라는 글이 적혀있다.

그림 71　조선 경성 남대문(숭례문)

숭례문과 소를 끌고 가는 농부의 모습을 컬러로 합성한 사진그림엽서로 한국의 낙후한 이미지를 연상시킨다. 농부 뒤로는 소달구지의 모습도 보인다.

그림 72　조선총독부 시정 2주년 기념

조선총독부 시정 2주년을 기념해서 제작한 흑백 사진그림엽서로 오른쪽의 '경성 남대문 밖의 신도로'는 경성역에서 숭례문 방향으로 번화한 신작로의 모습을 담은 사진이다. 총독부는 의도적으로 총독부의 시정으로 근대적인 모습을 갖추어 가는 숭례문 앞의 신작로와 여전히 낙후한 모습의 '조선인 시장'을 대비시켜 사진그림엽서에 함께 담았다.

그림 73　조선총독부 시정 2주년 기념

〈그림 73〉은 〈그림 72〉와 같은 사진그림엽서에 우표와 스탬프가 있다. 스탬프에는 '조선총독부 시정 2주년 기념 다이쇼 원년 10월 1일'이라고 적혀있다. '다이쇼 원년'은 서력으로 1912년이다.

그림 74 한국 한강철교 / 한국 개성부 남대문

왼쪽에 한강철교와 오른쪽에 숭례문의 사진을 담은 흑백 사진그림엽서이다. 특히 숭례문을 보면 아치 아래로 전차 선로가 놓여있고, 1907년경 일제가 헐었던 성곽의 모습도 선명하게 보이는 것으로 볼 때 러일전쟁 이전의 1890년대 후반부터 1900년대 전반 사이의 모습으로 추정된다. 숭례문 사진 아래에 '한국 개성부 남대문'으로 적혀있는데, '개성부'는 '경성부'의 오식으로 보인다. 또한 '한국'이라고 한 것을 보면 아직도 한국이 주권을 침탈당하기 전이라는 것을 알 수 있다.

경성역

京城驛

Gyeongseong Station

한일병합 이후 경성부의 인구가 증가함에 따라 중앙역사의 필요성이 대두되었고, 이에 남대문역의 확장공사를 계획하여 1925년 준공하였다. 이때 명칭이 경성역으로 바뀌었다. 경성역은 경성부청사, 조선총독부 신청사와 더불어 1920년대 서울의 새로운 랜드마크로 떠올랐다. 광복 이후 서울역으로 개칭하여 2003년까지 이용되었으며, 서울역 신역사가 준공되면서 현재는 복합문화공간 문화역서울284로 활용되고 있다.

경성역은 서울역의 옛 이름이다. 그러나 지금의 서울역을 처음부터 경성역으로 불렀던 것은 아니다. 경성역의 이름을 처음으로 사용한 것은 1900년 당시 경부선과 경인선의 종착역이었던 서대문역이었다. 1904년에는 경성역에서 서대문역으로 이름이 바뀌었지만 1919년 폐지되었다. 이후 경성역이란 이름은 한동안 사용되지 않다가 1923년 기존의 남대문역을 확장하고 새 역사를 지으면서 남대문역을 경성역으로 개칭했다. 원래 남대문역은 1900년 7월 8일 경인철도 합자회사가 개업한 역으로 논 한가운데 있는 작은 역이었고 남쪽의 용산역이 훨씬 규모가 컸다. 이후 한일병합으로 수도 한성이 경성으로 개칭되고 경성부의 인구가 증가함에 따라서 경성의 관문이 되는 중앙역을 만들 필요성이 생겼다. 당시 실질적인 중앙역으로 경부선·경의선·경원선의 기점이었던 용산역은 군사적 용도로 사용되고 있었고, 시가지의 중심에서 떨어져 있어 중앙역으로는 적합하지 않았다. 이에 따라 1917년부터 1925년까지 조선총독부철도를 운영하고 있던 남만주철도주식회사는 일본-조선-만주를 연결하는 국제 열차가 발착하는 역에 어울리는 국제적인 수준의 역사를 만들기 위해 1922년 남대문역을 새롭게 경성의 중앙역으로 개조하는 대공사에 착공했다. 당초 공사는 1924년에 완성할 예정이었지만 1923년 관동대지진의 영향으로 불황이 닥쳐 공사 기간이 연장되고 공사비도 감액되어 1925년에 준공되었다. 역사驛舍의 설계는 도쿄 역사를 설계한 다츠노 긴고[辰野金吾]의 제자이자 도쿄대학 교수인 쓰카모토 야스시[塚本靖]가 담당하였다. 당시 설계에는 암스테르담 중앙역과 헬싱키 중앙역을 참고로 했다고 한다.

경성역은 대지 면적 7만 83평, 연면적 2,006평에 지하 1층, 지상 2층의 규모로 일본의 도쿄 역사와 더불어 동양의 1, 2위를 겨룰 정도였다. 건물은 르네상스 양식으로 외관은 붉은 벽돌과 화강암, 인조석으로 마감하고 중앙에는 비잔틴풍의 돔을 설치했다. 내부 1층은 대합실·매표소·사무실, 2층은 식당과 회의실로 설계했다. 당시 경성역은 만주 방면으로 가는 국제 열차를 다루는 등 한반도의 철도 수송에 중심적인 역할을 했다.

경성역의 정거장 간판은 일어·영어·러시아어의 세 가지 언어로 적혔으며, 건물의 웅장한 규모와 독특한 르네상스 양식의 외관은 1920년대 경성의 새로운 랜드마크 가운데 하나였다. 경성역에서 숭례문을 거쳐 경성부 청사, 조선총독부에 이르는 길은 당시 경성을 대표하는 경관이었다. 광복 후 1947년 경성부가 서울특별시로 명칭이 변경되자 경성역도 서울역으로 이름이 바뀌었다. 서울역은 6·25전쟁으로 손상을 입었으며 이후 여러 차례 확장되었다. 1957년에는 서울역의 서쪽에 경의선만 다루는 서부 역사를 신설하여 지역주민의 여객 이용을 도왔으며, 1958년에는 역사 남쪽에 특급열차의 대합실이 증설되었다. 이후 1970년대 경제성장기를 거치면서 여객 수가 증가하여 종래의 역사로는 소화할 수 없게 되자 1988년 서울올림픽에 맞추어 종래의 서울역과 서부 역사를 연결하는 교상 역사가 준공되었다.

이후 2003년 현재의 거대한 역사가 민간자본으로 준공되어 동쪽 출구의 위치가 남쪽으로 이동하면서 구 역사는 그 역할을 마치게 되었다. 구 역사는 1981년에는 한국에서 가장 오래된 철도건축으로서 사적으로 지정되었다. 현재 '문화역 서울 284'가 당시 지은 경성역의 건물이다. 구 역사는 1996년에 철거된 조선총독부 청사와 함께 일본 제국주의에 의해 조선을 착취하기 위해서 건설된 대표적인 건축물이라 할 수 있다.

구 역사는 애초 철도문화재단에 의해 각종 문화시설로 용도 변경할 예정이었지만, 문화재청이 사적으로 지정된 서울역을 원형으로 보존해야 한다고 주장하면서 한국철도공사에 소유권 이전을 요구하여 2006년에 문화재청으로 소유권이 이전되었다. 이후 2007년 7월에는 문화관광부에 의해 이른바 '복합문화공간'으로의 전환이 발표되었다. 이에 따라 구 역사는 2009년 4월 개수 공사를 시작하여 2011년 8월 9일 서울역의 역사 등의 전시를 중심으로 하는 복합 문화공단 '문화역 서울 284'로 오픈했다. 이번에 수록된 경성역의 사진그림엽서는 모두 38장이다.

그림 1 경성역

다른 각도에서 경성역을 찍은 흑백사진 2장을 실은 사진그림엽서이다. 왼쪽 위의 사진은 경성역 앞 광장에서 찍은 것이고, 오른쪽 아래는 숭례문에서 경성역과 남대문통을 바라본 모습이다. 왼쪽 위의 (경성 경성역)의 사진에는 "경성의 대관문으로서 장려한 건축미를 자랑하는 경성역은 수도 관광의 첫 페이지를 장식한다."라는 설명이 있다. 오른쪽 아래의 (경성 남대문통)의 사진에는 "멋지게 단장한 포장도로, 즐비한 대형 건물들, 사람과 차들이 왕래하면서 활기가 넘치는 아름다운 수도의 큰 도로."라는 설명이 있다. 스탬프 도안 역시 남대문통의 근대건축과 도로를 달리는 자동차를 그려 넣었으며 '경성관광기념'이라는 글이 적혀있다.

그림 2 경성역

경성역을 찍은 흑백 사진그림엽서이다. 한복을 입고 걸어가는 사람들의 모습이 보이고, 역 입구 오른쪽에는 트럭이 세워져 있다. 역 앞 광장에는 오물로 보이는 것이 떨어져 있다.

그림 3 경성역

〈그림 5〉, 〈그림 27〉과 동일한 흑백 사진그림엽서로 〈그림 2〉와 비슷한 각도에서 경성역을 찍은 것이다. 역 앞 광장은 깨끗한 모습을 하고 있다. 〈그림 20〉은 같은 사진의 채색본이다.

그림 4 경성 정차장

〈그림 2〉, 〈그림 3〉과 비슷한 각도에서 경성역을 찍은 흑백 사진그림엽서로 왕래하는 사람들이 거의 없는 한적한 모습을 하고 있다.

그림 5 경성역

그림 6 용산역 / 경성역 / 경성역 구내

왼쪽 위부터 시계방향으로 용산역, 경성역, 그리고 경성역 구내의 모습을 담은 흑백사진이다.

그림 7 아름다운 경성 정차장

〈그림 35〉와 동일한 흑백 사진그림엽서로 경성역과 역 앞의 광장을 내려본 모습을 찍은 것이다. 광장을 왕래하는 사람들은 거의 모두가 한복을 입고 있다. 지게를 지고 가는 사람, 수레를 끌고 가는 사람, 소를 끌고 가는 사람의 모습도 보인다. 광장 앞에는 가로등과 가로수가 잘 정돈되어 있으며, 그 앞으로 전차 선로와 자전거를 타고 가는 사람의 모습이 보인다. 경성역 오른쪽 뒤편에는 멀리 안산의 모습이 보인다. 영어로 'RKEIJON'이라고 표기한 것은 이상하다.

오늘날 〈그림 7〉과 같은 구도로 촬영한 구 서울역(현 문화역서울284)

그림 8 경성역

〈그림 13〉, 〈그림 25〉, 〈그림 26〉, 〈그림 28〉, 〈그림 29〉, 〈그림 30〉, 〈그림 31〉, 〈그림 32〉와 동일한 컬러 사진그림엽서이다. 경성역의 붉은 벽돌이 선명하게 보인다. 경성역 입구에 몇 명의 사람이 보일 뿐 광장을 오가는 사람들의 모습은 보이지 않는다. 〈그림 28〉은 사진 원본은 〈그림 8〉과 같은 것이지만 제목이 다르다.

그림 9 경성부청 / 경성역 / 남대문

경성부청, 경성역, 숭례문의 흑백 사진을 담은 사진그림엽서이다. 스탬프에는 '조선박람회기념'이라고 적혀있어 1929년에 제작된 것을 알 수 있다.

그림 10 경성역

〈그림 21〉과 동일한 흑백 사진그림엽서로 경성역의 모습을 담은 것이다. 광장에서는 아이들이 2명 놀고 있으며, 오른쪽에는 자전거를 타고 가는 사람들의 모습이 보인다. 사진그림엽서 위에 찍힌 두 개의 스탬프 가운데 위의 파란색 스탬프에는 '조선신궁 참배 기념 14.10.15'라고 적혀있다. '14'는 다이쇼 14년이므로 1925년 10월 15일이다. 아래 붉은색 스탬프는 '조선신궁 진좌기념 다이쇼 14년 10월 15일 광화문'이라고 적혀있다. 조선신궁은 일제가 한국 식민지 지배의 상징으로 서울 남산 중턱에 세운 신사였다. 조선총독부는 1912년부터 조선신사 건립을 계획하여 제신을 일본 신화 속의 태양신 아마테라스 오오가미[天照大神]와 메이지 천황으로 결정했다. 이에 따라 1919년 7월 18일 일본 내각 고시 제12호로 조선신사 창립을 확정, 공포하였다. 이후 1920년 착공을 시작하여 공사가 마무리되어 가던 1925년 6월 27일 일본 내각 고시로 신사의 명칭을 종래의 조선신사에서 조선신궁으로 개칭하여 신사의 격을 높이고 그해 10월 진좌제를 거행했다. 일제는 한국인들에게도 참배를 강요했는데, 특히 침략전쟁이 본격화되는 1930년대 이후 참배자가 급증하게 된다. 예를 들면 참배자 수가 1930년 38만 6,807명에서 1942년에는 264만 8,365명으로 늘어났다. 조선신궁은 일본 패전 직후 일제 스스로 폐쇄작업에 들어가 소각되었다. 원래 조선신궁 자리를 지나가던 한양도성이 현재 남산 안중근 기념관 앞에 발굴, 전시되고 있다.

그림 11　경성역

〈그림 22〉와 동일한 사진그림엽서로, 경성역 앞 광장에 합승 차량이 대기 중에 있고 차량 앞에 일장기가 X자로 걸려있는 것으로 보아 귀빈이 탈 차량으로 보인다. 합승차 옆에는 한 남자가 의자에 앉아있다.

그림 12　경성역 / 군사령부 / 제국대학

붉은색의 욱일기 바탕에 왼쪽부터 경성역, 군사령부, 제국대학의 사진을 싣고 있다. 하단에는 1전 5리 우표와 '사단 대항연습 기념 경성 통감부내 5.10.12'라는 스탬프가 압인되어 있다. '5'는 쇼와 5년이므로 1930년 10월 12일이 된다. 군사령부는 조선에 주둔하는 일본 육군부대를 총지휘하던 조선군사령부로 용산에 있었다. 제국대학은 1924년 일제가 경성에 설립한 관립종합대학으로 경성제국대학을 말한다. 경성제국대학 본관은 현재 종로구 동숭동의 대학로 대극장 자리에 있었다.

그림 13 **경성역**

그림 14 **르네상스식 건축의 아름다운 경성역**

경성역의 모습을 담은 흑백 사진그림엽서이다. 역사 왼쪽에는 굴뚝에서 연기가 올라오고 있고, 광장에서는 아이들이 놀고 있는 모습이 보인다. 오른쪽 끝에는 여러 대의 세단이 세워져 있는 모습도 보인다.

그림 15 경성 경성역

경성역의 오른쪽 측면에서 찍은 흑백 사진그림엽서이다. 아래 여백에는 "기적 소리는 명랑하고 동경의 대도시로 제일보, 눈에 들어오는 것은 장려한 경성역!"이라는 설명이 있다. '경성 명승관광 기념' 스탬프가 압인되어 있다. 경성역 건물에 현수막이 여러 개 걸려있고 역 앞에 세단 자동차가 즐비하게 늘어선 것으로 보아 신분이 높은 사람을 영접하기 위해 대기 중인 것으로 보인다. 역 앞 자전거를 탄 사람들이 왕래하고 있다.

그림 16 경성 남대문통 5정목에서 경성역을 바라보다

〈그림 17〉, 〈그림 18〉과 동일한 컬러 사진그림엽서로, 경성 남대문통 5정목(현재 염천교 교차로)에서 경성역 쪽으로 촬영한 것이다. 왼쪽에 전차가 보이고 전차 앞으로 수레를 끌고 가는 인부들의 모습이 인상적이다.

그림 17 경성 남대문통 5정목에서 경성역을 바라보다

그림 18 경성 남대문통 5정목에서 경성역을 바라보다

그림 19 경성 봉래교에서 경성역을 바라보다

경성역 뒤편 봉래교에서 눈이 내린 후 경성역을 바라보고 찍은 흑백 사진그림엽서이다. 영어로 'HORAIBASHI'라고 적혀있는데, 이것은 봉래교의 일본식 발음이다. 봉래교는 지금의 염천교 동쪽 부근에 있던 다리의 이름이다. 다리의 이름은 봉래동의 동명에서 유래되었다. 〈그림 6〉의 '경성역 구내'와 동일한 구도이지만 눈 내린 겨울이라는 점이 다르다.

그림 20 경성역

그림 21 **경성역**

그림 22 **경성역**

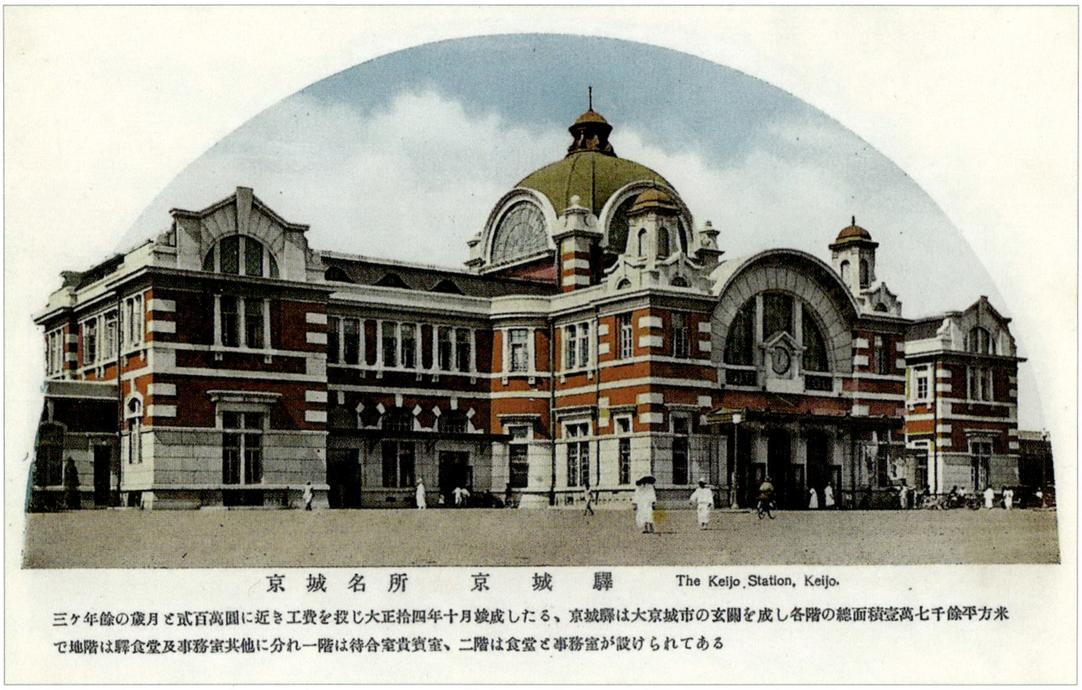

그림 23　경성역

경성역의 모습을 가까이서 담은 컬러 사진그림엽서이다. 사진그림엽서 아래 여백에는 "3년여의 세월과 200만 원에 가까운 공사비를 투입하여 다이쇼 14년에 준공한 경성역은 대경성시의 관문으로 각 층의 총면적은 1만 7,000여m^2, 지하는 역식당 및 사무실 기타로 나누어지고, 1층은 대합실과 귀빈실, 2층은 식당과 사무실이 있다."라는 설명이 있다. 다이쇼 14년은 1925년이다.

그림 24　경성역

경성역과 역 앞 광장의 모습을 담은 컬러 사진그림엽서이다. 자전거를 타고 가는 사람, 수레를 끌고 가는 사람, 양산을 쓰고 가는 사람들의 모습이 보인다. 광장 앞으로 전차 선로가 보인다. 스탬프에는 '경성 참관 기념 5.9.16'이라고 적혀있다. '5'는 쇼와 5년이므로 1930년 9월 16일이 된다. '5.9.16' 아래에는 '명산상회'라고 적혀있고 그 아래 적힌 것은 '경성□□앞'으로 두 글자는 보이지 않는다. '명산상회'는 경성역 앞에 있던 기념품 가게이다.

그림 25 **경성역**

그림 26 **경성역**

그림 27 **경성역**

그림 28 **경성역**

그림 29 **경성역**

그림 30 **경성역**

그림 31 경성역

그림 32 경성역

그림 33　경성 정차장

경성역의 왼쪽 측면에서 찍은 흑백 사진그림엽서로 사진그림엽서 위의 여백에는 "희미하게 흔들리는 푸르스름한 가로등 빛에 꿈결처럼 떠오르는 르네상스식 빌딩./푸르스름하게 물들어 가는 역전의 밤은 조용하고 아름답다. ■■경성■■"는 설명이 있다.

그림 34　아름다운 경성 정차장

경성역을 위에서 내려본 모습의 흑백 사진그림엽서이다. 〈그림 35〉와 동일한 구도이지만 다른 사진이다. 역사 입구 앞에는 세단 자동차가 2대 정차하고 있다. 수레를 끌고 가는 사람, 지게를 지고 가는 사람의 모습이 보인다.

그림 35 아름다운 경성 정차장

그림 36 봉래교에서 경성역을 바라보다

〈그림 37〉과 동일한 컬러 사진그림엽서로 봉래교에서 경성역 방향으로 찍은 것이다. 〈그림 19〉와 비슷한 각도에서 촬영했지만 다른 사진이다.

그림 37 **봉래교에서 경성역을 바라보다**

그림 38 **약동하는 경성역**

경성역의 흑백 사진그림엽서이다. 역 앞에서 뛰어 노는 아이들의 모습이 보인다. 사진그림엽서 아래 여백에는 "약동하는 경성역 생기발랄하게 대륙의 하늘로 더 높이 큰소리친다. 세계적이며 국제적인 교통 노선의 중요한 관문으로 드나드는 사람만 수만 명. 대반도의 대현관이다."이라는 글이 적혀있다.

상업회의소

商業會議所

Chamber of Commerce

경성상업회의소는 1915년 지역 내 경제인의 이익을 도모할 목적으로 결성한 의법단체이다. 경성상업회의소의 사무소는 조선총독부로부터 소공동 부지를 무료로 불하받았으며, 1919년 4월 기공하여 1920년에 준공하였다. 이후 시기에 따라 1930년 경성상공회의소, 1944년 경성상공경제회로 개칭하였으며, 광복 이후 폐지되었다.

한일병합 이후 경성의 시전 상인들과 일본 상인들이 인원과 자본의 빈약함을 극복하기 위해서 제각기 상업회의소를 설립하여 운영하였다. 이에 대하여 조선총독부는 지방경제의 동향을 파악하고 감독하기 위해 〈상업회의소령〉을 공포하여 일본인과 한국인의 상업회의소를 통합하고 의법단체로 전환하였다. 이에 따라 1915년 7월 14일 공포된 제령 제4호 〈조선상업회의소령〉과 같은 해 8월 10일 공포된 조선총독부령 제78호와 제79호 시행령과 시행규칙에 따라 같은 해 12월 경성상업회의소가 설립되었다. 경성상업회의소는 경성의 경제인들이 이익을 도모하기 위해 결성한 의법단체였다. 그러나 실제로는 조선총독부가 경성의 경제인들을 감독하고 통제하여 일본 경제인들의 이익을 끌어내는 통로로 기능하면서 일본인 상업회의소에 조선인 상업회의소를 귀속시키는 것이었다.

경성상업회의소의 조직은 정관과 의사 세칙에 따라 회장과 부회장으로 구성되는 임원회, 회비의 액수에 따라 구분되는 1급 평의원과 2급 평의원으로 구성되는 평의원회, 사업을 집행하는 집행부로 이루어졌다. 역원과 평의원의 임기는 2년이었고, 회원 자격은 지구 내에 영업소나 사업소는 가진 사람과 법인으로 정했으며, 회원은 법으로 정해진 회비를 납부하도록 했다. 창립총회 당시 경성상업회의소는 회장 하다다 긴노스케[原田金之祐] 1명과 부회장 니시무라 미치히코[西村道彦]와 조진태趙鎭泰의 2명, 그리고 일본인 24명과 조선인 6명의 30명으로 구성된 평의원이 있었다. 회장은 1944년 10월까지 12대가 이어졌지만, 주로 일본인이 주도권을 잡았고, 한국인 회원의 비중은 갈수록 점점 적어졌다. 특히 제5대(1923.12.~1925.12.) 회장에 보궐선거로 선출된 토목업자 와타나베 데이이치로[渡邊定一郎]는 제8대(1931년)까지 회장를 지냈다. 더구나 조선 총독에게 각 상업회의소의 임원과 평의원·특별평의원의 선임과 해임 인가권, 민족별 선임 비율, 상업회의소의 정관과 예산 그리고 경비부담 조항을 변경할 수 있는 권한을 부여하여, 일본인들의 경제활동을 지원할 수 있도록 했다. 그 결과 상업회의소 운영은 일본인들이 장악하였고, 경비부담은 법으로 강제하면서 상업회의소는 지방경제의 중심체로 성장하여 일본인 중심의 지방 경제 체제가 공고해졌다.

경성상업회의소의 주요 사업은 총독부의 상공업 정책에 관해 건의하거나 진정하는 것으로, 이를 위해 조사와 연구를 추진했으며, 조사와 연구 결과를 널리 알리기 위해 간행사업도 전개했다. 1916년 1월부터 경성상업회의소 월보인《경제월보》를 발간하였으며, 통권 24호까지 간행했다. 1918년 1월부터는《조선경제잡지》로 개칭하여 발간했으며,《조선경제잡지》는 제25호로 시작하여 1932년 1월 제193호까지 발간했다. 1932년 2월부터는 다시《경제월보》로 개칭하여 본격적인 잡지로 발전했다. 또한, 경성상업회의소의 사무소 건축에 노력하여 조선총독부가 소공동에 부지를 무료로 빌려주고 약 13만 3,000원의 건축비로 1919년 4월 기공하여 같은 해 6월 정초식을 하고 1920년 준공하였다. 경성상업회의소 건물은 지하 1층과 지상 3층의 연건평 약 210평으로, 지하는 숙직실과 주방, 창고가 있고 1층은 사무실, 회의실, 도서실, 응접실, 2층은 공회당, 화장실, 3층은 휴게실을 두었다. 이후 경성상업회의소는 1934년과 1937년 두 차례 건물을 증축하였다.

1930년 11월 제령 제94호 〈조선상공회의소령〉과 부령 제95호 동 시행령이 공포됨에 따라 임의단체 조선상업회의소연합회는 1932년 1월 1일 조선상공회의소로 전환되었다. 이에 따라 경성상업회의소는 경성지방 상공회의소로 조선상공회의소의 일원이 되었으며, 명칭도 경성상공회의소로 바뀌었다. 1941년 태평양전쟁이 발발하자 전시경제 체제로 전환한 조선총독부는 1944년 8월 제령 제30호 〈조선상공경제회령〉과 조선총독부령 제300호와 301호로 동 시행령과 시행규칙을 공포하였다. 이에 따라 상공회의소는 행정구역인 도道를 중심으로 반관반민의 단체인 상공경제회로 개편되었고, 경성상공회의소도 경성상공경제회로 전환되었다.

경성상공경제회는 해방 후 1945년 9월 폐지되었다가, 1946년 9월 서울의 상공인들을 중심으로 경성상공회의소가 임의단체로 설립되었으며 1948년 대한상공회의소 및 서울상공회의소로 개칭되었다. 이후 1952년 12월 〈상의법〉이 공포되었고, 1953년 9월 대통령령으로 시행령이 공포되어 상공회의소는 의법단체로서 국가의 경제정책에 대한 건의를 비롯하여 조사 활동, 조합과 단체의 결성, 상공업 진흥 운동 등을 전개하면서 오늘에 이르고 있다. 이번에 수록된 상업회의소의 사진그림엽서는 모두 2장이다.

그림 1 상업회의소

〈그림 21〉과 동일한 흑백 사진그림엽서이다. 상업회의소는 돔이 있는 2층 붉은 벽돌 건물이며 아치형 출입구 위에 '상업회의소(商業會議所)' 간판이 있다. 1층은 경성상업회의소이고 2층은 경성공회당으로 사용했다. 다른 사진그림엽서에 실린 이 사진에는 공회당(公會堂)이라는 글이 적혀있기도 하다. 건물 앞으로 큰 길이 있고 인도에는 가로수가 나란히 심어져 있다. 도로에는 인력거, 수레, 사람들이 같이 다니고 있다. 건물 좌측에는 낮은 목책(木柵)이 설치되어 있고 그 끝에 '향상화(向上靴)' 입간판이 세워져 있다. 그 앞으로 자전거가 세워져 있고 지게를 메고 가는 조선 남성이 보인다. 좌측 하단에 A가 있다는 것은 이 사진그림엽서의 다른 버전도 발행되었다는 의미이다.

오늘날 〈그림 1〉과 같은 구도로 촬영한 상업회의소 터(현 한화빌딩)

한화빌딩은 1993년 착공하여 1997년 완공되었다.

그림 2 **상업회의소**

05

동숭동

東崇洞

Dongsung-dong

동숭동은 본래 조선시대 숭교방에 속하는 지역이다. 숭교방에는 문묘와 성균관이 있었으며, 주변에는 반촌이 있었다. 1914년 행정구역을 개편하면서 이 지역은 동숭동이라고 명명되었다. 동숭동에는 경성제국대학, 경성제국대학 의학부 부속의원, 조선총독부 중앙시험소 등 근대 교육기관이 설립되었으며, 이와 발맞추어 서점, 음식점, 문구점 등이 만들어져 근대 교육·문화의 공간으로 자리 잡았다.

동숭동 개설

東崇洞
Dongsung – dong

동숭동은 본래 조선시대 숭교방에 속하는 지역이다. 숭교방에는 문묘와 성균관이 있었으며, 주변에는 반촌이 있었다. 1914년 행정구역을 개편하면서 이 지역은 동숭동이라고 명명되었다. 동숭동에는 경성제국대학, 경성제국대학 의학부 부속의원, 조선총독부 중앙시험소 등 근대 교육기관이 설립되었으며, 이와 발맞추어 서점, 음식점, 문구점 등이 만들어져 근대 교육·문화의 공간으로 자리 잡았다.

1397년(조선 태조 7), 동소문 안에 문묘文廟와 성균관成均館이 건립되었다. 이 두 시설은 새 왕조가 표방한 통치이념인 유교와 우문정치右文政治를 표상했다. 왕조 정부는 이 일대에 숭교방崇敎坊이라는 이름을 붙였다. 유교를 숭상하는 장소라는 뜻이다. 성균관을 반궁泮宮이라고 했고, 그 동서에서 따로 흐르다가 합류하는 작은 하천을 반수泮水라고 했다. 반수 안쪽, 반궁 주변 마을은 반촌泮村으로 불렸다. 공자孔子와 십철十哲의 신위를 모신 문묘에서는 제례가 잦았기 때문에, 반촌에는 희생犧牲을 준비하는 백정들이 모여 살았다. 반촌은 성균관 유생과 서울 주민에게 고기를 파는 곳으로도 유명했다.

문묘가 완공된 이듬해 왕자의 난이 일어나 태조는 정종에게 양위하고 문묘 동북쪽에 덕수궁을 지어 이어移御했다. 덕수궁德壽宮이란 퇴위한 상왕上王이 머무는 궁을 뜻하는 일반명사다. 그런데 궁이 완공되자마자 정종은 개경으로 재천도를 결정했고, 태조는 이 궁을 절로 삼도록 했다. 절의 이름은 흥덕사興德寺였다. 도성 내의 흥덕사, 원각사, 흥천사는 연산군 대에 모두 폐사廢寺되었다. 흥덕사 앞으로 흐르는 냇물은 반수泮水와 만나 남행하여 개천으로 흘러갔으니, 이 물을 흥덕동천이라고 했다.

흥덕동천 주변과 낙산 아래는 동촌東村이라고 불렸다. 임진·병자의 양란兩亂 이후 흥덕동천 주변에는 어영청, 훈련도감 등의 병영이 들어섰고, 낙산 자락에는 젖소를 기르는 유우소乳牛所와 왕실용 관곽棺槨을 제작하는 장생전長生殿 등이 있었다. 조선 후기 흥덕사 터 인근에는 우암 송시열의 집이 있었고, 조선 말기 명성황후가 진령군이라는 무당에게 지어준 북묘北廟도 흥덕동 주변에 있었다. 동촌 일대에는 반촌에서 생산되는 쇠가죽과 장생전에서 쓰고 남은 목재들, 개천 변에 늘어선 물버들 가지 등을 가공하는 수공업자들이 많이 살았다.

1908년 흥덕동천 서편 언덕, 옛 경모궁 터에 대한의원이 새로 건립되었다. 대한제국의 관립 병원이었던 광제원과 의학교 부속병원, 적십자병원을 통합한 근대적 병원이었다. 일본이 한국을 강점한 뒤 대한의원은 조선총독부의원이 되었다가 1916년 경성의학전문학교 부속병원으로, 다시 1926년에는 경성제국대학 의학부 부속병원으로 바뀌었다. 대한의원이 설립된 해 홍덕동천 동편, 현재의 한국방송통신대학교 자리에도 공업전습소 본관이 건립되었다. 1904년까지 전환국 기계시험소가 있던 곳인데, 여기에 공업전습소를 세운 까닭은 주변에 공장工匠이 많이 살았기 때문이다. 공업전습소에는 주로 '공업가의 자제'들이 입학했다. 일본은 한국을 강점한 후 공업전습소를 헐고 그 자리에 조선총독부 중앙시험소를 세웠다. 중앙시험소 건물은 현재 한국방송통신대학교 역사관으로 쓰이고 있다.

3·1운동 이후 새 총독으로 부임한 사이토 마코토[齋藤實]는 종래의 '무단통치' 방침을 철회하고 '문화통치'로 전환하겠다고 선언했다. 조선인들은 이 통치방침의 전환을 이용해 민립대학설립운동을 전개했다. 조선총독부는 조선인들의 자발적 민족운동을 억압하고 조선인들에 대한 고등교육 전반을 직접 통제하기 위해 관립 대학 설립을 추진했다. 1924년 〈경성제국대학령〉이 공포되었고 먼저 청량리에서 예과豫科가 개교했다. 2년의 예과 수업연한이 끝난 1926년, 홍덕동천 서쪽과 동쪽에서 각각 경성제국대학 의학부와 법문학부가 문을 열었다. 조선인 건축가 박길룡이 설계한 경성제국대학 본관 건물은 1931년에 준공되었다. 물론 경성제국대학은 '민족의 대학'이 아니었다. 경성제국대학 입학생의 민족별 비율은 언제나 일본인 2 대 조선인 1의 비율을 유지했다.

1927년에는 수송동에 있던 보성학교가 홍덕사 터에 새로 교사를 짓고 이전했으며, 1929년에는 봉래동에 있던 천주교계의 남대문상업학교도 혜화동으로 옮겼다. 연건동과 동숭동에 식민지 조선의 최고학부가 생기자 홍덕동천에는 대학천이라는 새 이름이 붙었고, 경성제국대학 주변에는 서점, 음식점, 문구점 등이 생겨났다. 동숭동은 근대 교육의 거리이자 문화의 거리가 되었다. 일제강점기, 특히 1930년대 이후의 사진그림엽서들에 담긴 동숭동의 모습도 주로 이 근대성이 두드러지게 표현되었다.

경성제국대학

京城帝國大學

keijo imperial University

경성제국대학은 1924년 동숭동에 설립되었다. 개교와 동시에 예과가 설치되었으며, 1926년 법문학부와 의학부가 추가되면서 지금의 서울대학교의 모체가 되었다. 경성제국대학 예과 건물은 동대문구 청량리역 인근에 있었는데, 2015년 4월에 철거되었다. 광복 이후 일본인 교직원 및 학생들이 일본으로 귀환하면서 폐쇄되었고, 이후 구 경성제국대학의 시설은 서울대학교로 이관되었다.

경성제국대학(이하 경성제대)은 1924년에 일제의 6번째 제국대학으로 식민지 조선의 경성에 설립된 조선 유일의 대학이다. 대학의 약칭은 성대城大였다. 일본 국내의 제국대학이 문부성 관할이었던 것에 비해 경성제대는 조선총독부 관할이었다. 1946년에 일단 폐지되었다가 나중에 국립 서울대학교로 변화하게 된다.

조선총독부 통치가 1919년에 무단통치에서 문화통치로 변화하는 정책을 모색하는 가운데, 식민지 조선에서의 교육은 1922년 〈제2차 조선교육령〉이 공포된 이후 '내선공학內鮮共學'이란 슬로건 하에서 일본과 공통되게 한다고 선전하였다. 그러나 3·1운동 이후 조선에서 일제의 통치에 대한 저항의 일환으로 민립대학설립운동이 고양되자 이러한 움직임을 제지하기 위해서 일본정부와 조선총독부 주도하에 대학설립을 서두르게 되었다.

1923년에 조선제국대학 설립위원회가 조직되었고, 1924년 개교와 동시에 예과(수업연한은 2년) 설치를 시작으로 예과 1회 졸업생이 학부 본과로 진학하는 1926년에 법문학부와 의학부가 설치되었다. 학교의 소재지는 서울의 대학로로서 당시에는 경성부 동숭동東崇洞이었으며, 예과는 청량리에 있었다.

경성제대의 교수진은 도쿄제국대학 출신이 중심이 되었으며, 일본어로만 전문교육 강의가 진행되었기에 입학생들은 일본어의 기본적인 소양이 필수적이었다. 그럼에도 불구하고 1942년 기준으로 조선인의 국민학교 취학률은 55%에, 일본어 가능자는 20%에 불과하였으며, 경성제대에 있어서도 일본인 학생과 조선인 학생의 비율이 1937년에 약 7:3, 1942년에 약 6:4로 조선인학생의 비율이 절반을 넘지 못하였다.

1934년에는 예과의 수업연한이 3년으로 연장되었고, 1938년부터 이공학부의 예과생이 입학하게 되었으며, 이로 인해 1941년에는 이공학부가 설치되어 3개 학부체제를 갖추었다. 1941년 10월에는 〈수업연한 단축령〉이 시행되었고, 태평양전쟁이 시작되어 단축기간은 계속

연장되었다.

1945년 일본 패전 당시를 기준으로 경성제대의 조직은 본부, 부속도서관, 예과, 법문학부 및 부속 조선경제연구소, 의학부 및 부속 생약연구소, 이공학부, 고지요양연구소, 대륙자원과학연구소 등으로 이루어져 있었다.

일본의 패전, 즉 조선의 해방으로 인해 미군정기에 들어가자 교직원과 학생의 절반 이상을 점하고 있던 일본인 학생은 일본으로 귀환하였고 경성제대는 폐쇄되었다. 그 후 〈국립서울대학교 설립에 관한 법령〉에 따라 구 경성제대의 시설을 서울대학교로 이관하였다. 그리하여 현재 서울대학교의 인문대학, 사회과학대학, 자연과학대학, 의과대학, 간호대학, 공과대학, 법과대학(폐지)의 모체가 되었다.

경성제대의 학부는 법문학부, 의학부, 이공학부로 구성되었다. 법문학부는 경기도 경성부 종로구 동숭동(현 종로구 동숭동 마로니에공원 자리)에, 의학부는 그 맞은편인 연건정(현 종로구 연건동 서울대학교병원 자리)에 있었으며, 이공학부는 경기도 양주군 노해면 공덕리(현 노원구 공릉동 서울과학기술대학교 자리)에 있었다.

현재 이공학부 본관과 교사는 다산관과 창학관이라는 이름으로 관리되고 있다. 한편 합격생들은 학부에 진학하기 위해서 대학예과大學豫科에서 2년(1934년부터는 3년)간 공부해야 했다. 예과 교사校舍는 현재 동대문구 청량리역 인근에 있었고, 청량리 미주상가 뒤편에 본관 건물의 일부가 남아있었으나 2015년 4월 철거되었다.

일제강점기 초기 조선에서는 대학교육의 기회가 전혀 없었지만, 대학교육에 대한 수요는 높은 상황이었다. 1910년대 말부터 민족주의 진영에서는 대학설립을 통한 민족운동의 수준을 높이기로 하고, 조선총독부와 일본 내각에 〈조선교육령〉의 개정과 대학설립인가를 요청하였다. 이러한 요청에 대해 일본 내각에서는 1918년에 제정된 대학령에 의해 조선에도 대학을 설립할 수 있을 것이라고 답변했고, 조선총독부에서도 '임시교육조사위원회'를 구성하여 대학설립에 대해 민족주의 진영과 협의하겠다고 발표했다. 하지만 일본 내각과 조선총독부의 대학설립을 위한 실질적인 움직임은 전혀 없었다.

일제가 대학설립에 대해 미온적인 태도를 보이자 3·1운동을 전후하여 대한제국 말기에 있었던 국채보상운동의 적립금을 활용하여 민립대학을 설립하려는 운동이 시작되었다. 1922년 개정 〈교육령〉이 제정되어 대학의 설립과 운영에 대한 조항이 신설되었고, 이에 따라 민립대학 설립운동이 본격적으로 시작되었다. 이 운동이 전국적인 모금책을 두고 조직적으로 이루어지게 되자 이에 당황한 조선총독부와 일본 내각은 서둘러 '임시교육조사위원회'를 구성하고, 민립대학설립운동의 확산을 저지하기 위해 1923년 조선에 관립대학을 설립할 것이라는 발표를 했다. 그해 11월 조선총독부 정무총감을 중심으로 한 '조선제국대학' 창립위원회를 발족하였다.

1924년 1월에 예과교사가 완공되었으며, 같은 달 11일에는 신입생 모집 요강을 발표했다. '조선제국대학'은 1924년 4월 1일 개교할 예정이었으나, 대학과 관련된 법제 문제와 명칭 문제로 인해 2달가량 연기되었다. 일본의 법제국에서 '조선제국대학'이 〈제국대학령〉에 의해 내각 관할의 대학인지, 〈조선교육령〉에 의해 조선총독부 관할의 대학인지에 대한 이견이 있었으며,

이것이 조선총독부와 일본 내각과의 갈등으로 발전하게 되었다. 이 둘의 마찰은 4월 중순까지 계속되다 4월 말 〈제국대학령〉에 의해 '조선제국대학'을 설립하되, 조선총독부가 관할하는 것으로 조정되었다.

대학 설립의 법적 문제가 해결되는 사이, 일각에서 명칭에 대한 문제가 제기되었다. '조선제국대학'이라는 명칭이 '제국대학'이 아니라 '조선제국' 대학 곧 '조선제국의 대학'으로 보일 수 있다는 지적이었다. 결국 4월 말 조정안이 확정될 때 '조선제국대학'은 경성제국대학이라는 명칭으로 바뀌게 된다. 이와 같은 개교과정에서의 복잡한 문제 때문에 첫 수업은 5월 12일에 이루어지게 되었으며, 경성제국대학의 개교식은 한 달 뒤인 6월 12일에 열리게 되었다.

조선에서 제국대학이 설립될 때는 구제舊制 고등학교를 설립하는 조치를 거치지 않았기 때문에 이를 대신할 2년제 예과豫科가 설치되었다. 예과는 고등학교와는 다른 구조를 갖고 있었다. 고등학교에서 제국대학 학부에 입학할 때는 선발고사를 거쳐서 입학한 반면, 예과에서 본과(학부)로 진학할 때는 별도의 시험을 거치지 않았다. 또 고등학교가 3년제였던 반면 경성제대 예과는 2년제였다. 고등학교와 대학예과의 이러한 차이는 경성제대 설립 준비 당시부터 기획된 것이었으며, 이는 일본의 제국대학보다 조선의 제국대학을 한 단계 낮게 설정한 것과 같은 의미였다. 실제로 일본 홋카이도제국대학의 예과는 설치 당시부터 3년제였지만, 경성제대와 타이페이제국대학은 2년제로 설치되었다.

한편 2년제 예과에서 3년 과정을 속성으로 지도해야 했기 때문에 학생과 교원들에게 학업과중이 심했으며, 예과와 고등학교의 연한 불일치에 대한 논란이 끊이지 않았다. 실제로 경성제국대학에 진학한 일본인들은 대학예과가 고등학교보다 1년의 수업연한이 짧다는 이유로 수치심과 열등감을 느끼기도 하였다. 결국 1934년에 가서야 일본의 대학예과와 식민지 지역의 대학예과의 수학 연한이 동일해졌다.

경성제대의 학부는 설립 당시에는 법문학부와 의학부로 구성되어 있었다. 기존의 전문학교만으로는 고급인력을 충원할 수 없었기 때문에, 의학 분야의 대학 수준의 학부 설립은 시대적 요청이었다. 그런데 법문학부는 분야가 상이한 법학부와 철학·사학·문학과의 문학부가 병존하는 형태로, 대학 설립의 비용을 고려한 것이기도 했다. 사실 이러한 학부 구성은 당시 조선 사회의 직업 구조가 반영된 것이었다. 당시의 조선에는 고급인력을 수용할만한 근대적 경제 부문의 폭이 좁았기 때문에 조선인 학생들은 관료로 진출할 기회가 비교적 많은 법학에 대한 강한 지향성을 보였고, 중등교육기관이 확대되면서 중등교원의 수요가 증가하고 있었다.

이에 동시에 대응하고자 법학부와 문학부가 병존하는 법문학부가 설치된 것이다. 물론 다 합쳐도 학생 수는 수십 명에 불과했다. 1926년부터 학부 진학이 시작되었지만, 학부 교사는 1927년에 완공될 예정으로 있었다. 때문에 대학본부는 경기도립 상업학교에 자리 잡았고, 법문학부는 목조 가건물에 자리를 잡았다. 의학부 의화학 교실과 병리해부학 교실은 공사를 서둘러 진행해 학부 진학 직전에 완공할 수 있었다. 법문학부와 의학부를 비롯한 경성제국대학의 1년 경상비용은 50만 원 선이었으며, 이는 조선의 모든 전문학교의 경상비를 다 합친 것보다도 많은 금액이었다.

한편, 농학부와 이학부 그리고 공학부도 설치 예정이었지만 비용상의 문제로 연기되었다. 이후 일제의 대륙 침략이 본격화되고 조선에서의 군수공업이 발전해 기술 인력이 필요해지자, 1938년에 이공학부의 설치가 확정되었다. 1940년 예과에 이공학부 진학을 위한 학급이 가설加設되었고, 1943년 이공학부가 가설되었다. 이공학부가 가설되자 경성제국대학의 1년 경상비는 70만원에서 100만 원 선으로 급증하게 되었다.

경성제대의 설립 목적은 크게 2가지였다. 첫째, 관학 아카데미즘의 담당 기관이 되어 일제의 식민 지배와 대외 침략을 정당화하기 위해서였다. 한국인의 민족 해방 운동에 대응해 일제는 식민 지배를 학문적으로 정당화하기 위한 이론을 조선에서 수립할 필요가 있었다. 또 만주와 중국으로 침략하기 위해서 그 지역에 대한 언어와 역사, 문화 등에 대한 연구가 필수적이었고, 그 연구 거점이 경성제대였다. 둘째, 식민지 체제 유지에 필요한 한국인 엘리트가 필요했다. 이들을 육성하기 위한 기관으로서 경성제대가 설립된 것이다. 제국대학은 특히 관료를 양성하는 기관이었는데, 젊은 조선인 엘리트를 식민 지배를 위한 관료로 편입시키는 교육이 이뤄졌다.

일제는 경성제대를 설립하여 조선에서의 고등 교육 기회를 부분적으로 확대했다. 하지만 조선에 설립된 대학은 경성제대가 유일했고, 다른 대학의 설립은 억제되었다. 경성제대는 1929년 68명의 제1회 졸업생을 배출한 이래 1942년까지 1,846명의 졸업생을 배출했다. 한반도에 있는 대학임에도 졸업생 중 한국인은 627명으로 전체의 1/3 수준이었다. 한국인은 매년 수십 명 내외에서만 입학할 수 있었다. 이처럼 매우 제한된 기회였지만 한국인들에게 경성제대 졸업장은 출세를 보장하는 길이었다. 이들은 대체로 관공서와 학교 등에 진출해 식민지 엘리트로서 성장했고, 해방 이후에도 정계와 관계, 학계 등에 지배 엘리트로서의 역할을 담당해 갔다. 그렇지만 이렇게 출세를 지향한 학생 외에 민족 운동에 참여한 학생들도 다수 있었다. 반反관학을 표방하며 지식인으로서 한국 사상계에서 활동하거나 민족 운동에 참여한 이들도 존재했다. 1931년에는 학생 비밀 결사 조직으로서 '경성제대 반제동맹'이 조직되기도 하였다. 이번에 수록된 경성제대의 사진그림엽서는 모두 21장이다.

그림 1 경성제국대학 전경 / 경성제국대학 예과

〈그림 3〉, 〈그림 18〉, 〈그림 19〉, 〈그림 20〉과 동일한 흑백 사진그림엽서이다. '경성백경(京城百景) 경성제국대학 전경, 경성제국대학 예과'라는 제목으로 된 흑백의 건물 사진으로 구성되어 있다. 위의 경성제대 전경 사진은 낙산 위에서 지금의 마로니에공원과 연건동 방향의 경성제대 본부와 의학부를 찍은 사진이며, 아래쪽의 사진은 당시 청량리(=지금의 청량리 미주아파트 뒤편에 해당됨)에 설치되었던 경성제대 예과 건물을 찍은 사진이다. 배경 부분의 각각 상단부와 하단부에는 다음과 같은 두 종류의 문구가 쓰여 있다. "석양이 낮게 깔린 풀의 바다 / 좌우로 흔들 흔들거리고 / 배를 타고 있는 듯 바라보면 / 옷은 흰색이요 키는 크구나 / 두 척이나 되는 긴 곰방대 / 장죽의 주인은 취해서 오네", "님을 닮은 듯한 녹원에 / 아침에는 동쪽으로 저녁에는 서쪽으로 / 송아지 끌고 가는 목동아 / 지팡이를 삼고 싶으면 섶나무를 베어라 / 상처를 입으면 안 되는 청죽(靑竹)을 / 할머니가 키우는 그 대나무는 / 될 거야 최고의 낚시대가 / 좋다! 나는야 섶나무를 베야지"

그림 2 경성의학전문학교 / 경성제국대학 예과

〈그림 5〉, 〈그림 13〉과 동일한 흑백 사진그림엽서이다. 〈그림 2〉의 경성제국대학 예과 사진은 〈그림 1〉과 같은 사진이다.

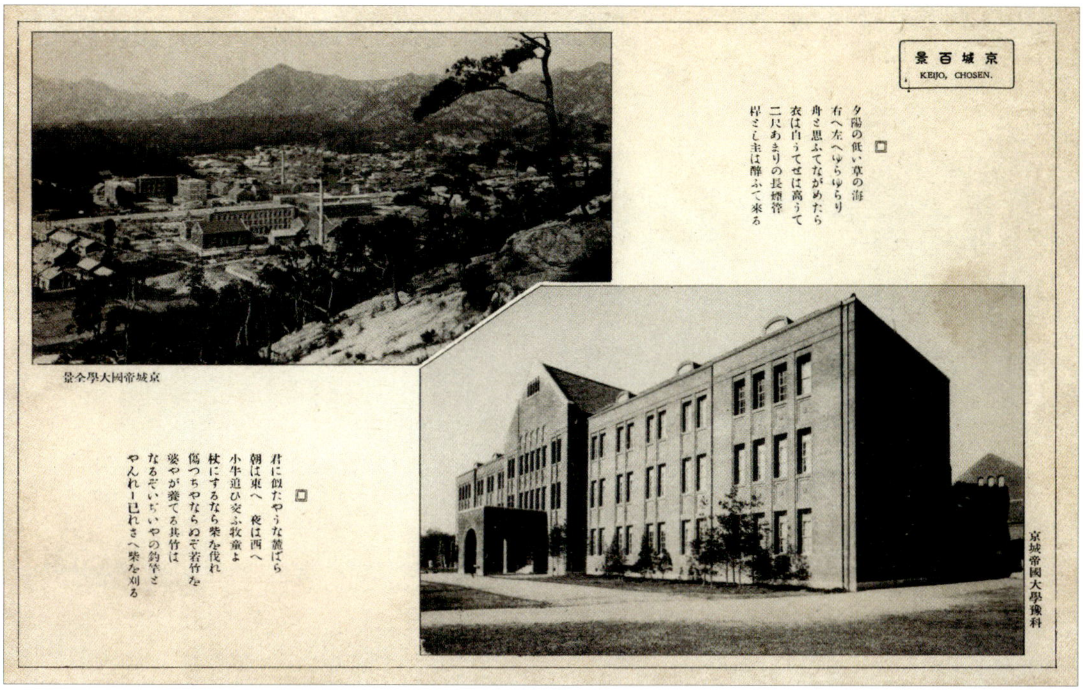

그림 3 경성제국대학 전경 / 경성제국대학 예과

사진그림엽서의 뒷면에는 'Taisho Hato Brand', 'MADE IN WAKAYAMA'라고 영문이 인쇄되어 있다.

그림 4 철도학교 / 경성제국대학 예과 / 경성제국대학 / 고등공업학교 중앙시험장

'조선 경성'이라는 제목하에 시계 방향으로 철도학교, 경성제국대학 예과, 경성제국대학, 고등공업학교 중앙시험장이란 제목으로 4장의 사진이 실려 있는 사진그림엽서이다.

그림 5　경성의학전문학교 / 경성제국대학 예과

그림 6　경성제국대학 대강당

'경성제국대학 대강당'이란 제목의 흑백 사진그림엽서이다. 요즘의 의미로는 대형 강의실이라고 할 수 있는데 학교 공식 행사나, 대규모 강의, 특별강연 등이 행해지는 장소였다.

그림 7　경성제국대학 법문학부 본관

'경성제국대학 법문학부 본관'이라는 제목의 흑백 사진그림엽서로서 다른 사진들과는 달리 건물만이 찍혀 있는 것이 아니라 자동차와 여학생으로 보이는 인물이 찍혀 있어서 흥미롭다.

그림 8　경성제국대학 예과

경성제국대학 예과 건물의 사진그림엽서는 〈그림 8〉과 〈그림 12〉, 〈그림 16〉, 〈그림 17〉 등 총 4장이다. 경성제대 예과는 1924년 경성제대 역사의 시작과 함께한 건물이었다. 1945년 해방 이후에도 1966년까지 서울대 의예과, 치의예과 학생들의 배움터였다. 1971년에 예과 본관 건물이 민간 병원에 불하되어 병원으로 사용되었고, 나머지 부속건물 부지는 아파트 부지로 변하였다. 그 후에도 많은 변화를 겪다가 최종적으로 2015년에 철거가 되었다. 일제강점기와 한국현대사의 한 단면을 보여주는 건물이었다. 〈그림 8〉은 '경성제국대학 예과'라고 제목을 달았으며, 예과 건물의 전경이 오른쪽 정면에서 찍혀져 있는 구도이다.

그림 9 경성제국대학 정문

'경성제국대학 정문'이라는 제목의 사진그림엽서인데, 지금도 대학로 마로니에공원의 한국방송통신대학교에 가보면 비슷한 분위기를 느낄 수 있다. 뒤편 배경에 낙산이 자리 잡고 있다.

그림 10 경성제국대학 도서관

그림 11 **경성제국대학 본부**

오늘날 〈그림 11〉과 같은 구도과 같은 구도에서 바라본 경성제국대학 본관 터

이 건물은 사적으로 지정되어 있으며, 한국문화예술위원회의 청사로 사용되다가 2010년 12월 '예술가의 집'으로 바뀌었다.

그림 12　경성제국대학 예과

예과 건물 본관은 완성되어 있는데 본관 정면의 부지는 전혀 정리가 되지 않아 예과 건물 공사가 완공되기 직전에 찍은 사진 그림엽서로 보인다. 경성제국대학이 아니라 '조선제국대학 예과'라는 사진 제목에서도 알 수 있듯이 1924년 1월에 완공 직후의 예과 본관 사진이라고 판단되는데, 제국대학 명칭을 놓고 이견이 있어 4월에도 개교를 못하다가 결국 '경성제국대학'이란 이름으로 6월에야 개교한 사실을 참고하면 잘 이해가 될 것이다. 사진 아래의 캡션에서는 "조선제국대학은 1926년(대정 15년)에 개학할 예정인데, 동학(교) 예과는 1924년(동 13년) 4월부터 개설·문리과를 두는 내선공학(內鮮共學) 제도이다."라고 설명하고 있다.

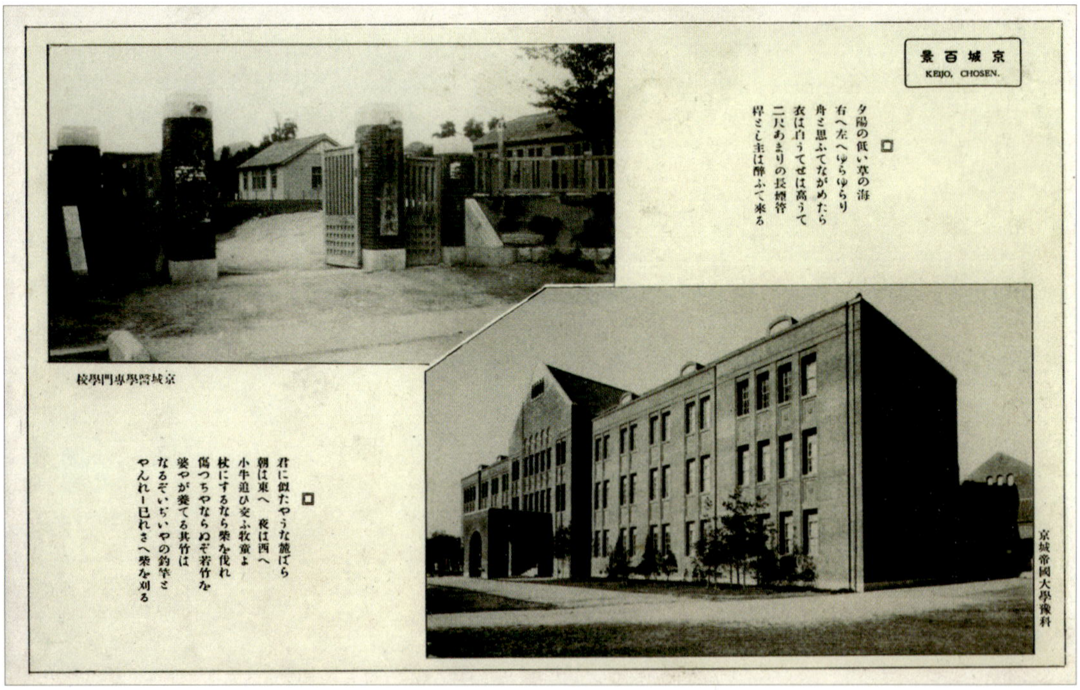

그림 13　경성의학전문학교 / 경성제국대학 예과

그림 14 녹색의 언덕에 경성제국대학

'녹색의 언덕에 경성제국대학'이라는 제목으로 경성제대 전경을 찍은 사진그림엽서이다. 아래쪽에 "서울의 동북, 녹색의 언덕에……이렇게 노래하고 싶지 않으세요? 아름다운 정경과 밝은 학창(學窓). '열심히 공부[硏究]할 수 있어서 정말 행복해요.'라고 생각할 수밖에 없군요. / 경성"이라는 캡션이 붙어있어서 흥미롭다.

그림 15 경성제국대학

〈그림 15〉는 '(조선명소) 경성제국대학'이라는 제목의 사진그림엽서인데, 굴뚝의 위치로 보아 법문학부 건물의 뒤쪽에서 찍은 사진으로 추정된다.

그림 16 경성제국대학 예과

〈그림 16〉은 〈그림 12〉와 동일한 사진그림엽서인데 약간 확대되어 있다. 그런데 〈그림 16〉에는 제목과 캡션에서 앞의 '조선제국대학'이란 용어가 '경성제국대학'으로 바뀌어 있다. 1924년 6월 이후에 제작된 사진그림엽서라고 생각된다.

그림 17　경성제국대학 예과

〈그림 17〉은 예과 건물을 좌측면에서 찍은 흑백 사진그림엽서로 '(경성) 경성제국대학 예과'라는 제목이 붙어있다. 본관 건물 앞마당을 청소하는 남성의 모습이 보이며, 사진의 배경에는 지금의 청량리역 방향으로 초가집들이 즐비한 모습이 찍혀 있어 흥미롭다.

그림 18　경성제국대학 전경 / 경성제국대학 예과

그림 19 경성제국대학 전경 / 경성제국대학 예과

그림 20 경성제국대학 전경 / 경성제국대학 예과

그림 21 최고 학부가 세워지다

"최고 학부(學府)가 세워지다"라는 제목의 사진그림엽서이다. 사진그림엽서의 우측에는 "경성의 동북쪽 끝자락 일대는 학원(學苑)의 모습을 이루고 있다. 먼저 최고 학부인 경성제국대학을 비롯해 고등공업(학교), 의학전문학교, 또 유림(儒林)의 학당으로서 이름이 높은 경학원(經學院) 등이 나란히 세워져 있는 학문의 도시 경성의 모습을 여기서 볼 수 있다. 사진은 제국대학 [경성대관(京城大觀)]"이라는 설명문이 붙어있다.

경성의학전문학교

京城醫學專門學校

Gyeongseong Medical College

경성의학전문학교는 1899년 설립된 관립의학교에서 시작하였다. 이후 대한의원 교육부, 대한의원 의육부, 대한의원 부속 의학교를 거쳐 1916년 경성의학전문학교가 되었다. 광복 이후 경성제국대학 의학부가 서울대학교 의과대학이 되면서 경성의학전문학교는 하위인 전문부로 흡수되었다.

경성의학전문학교京城醫學專門學校는 1899년에 설립된 관립의학교를 그 기원으로 삼는다. 관립의학교는 1907년 3월 15일 이후 대한의원 교육부에서, 1908년 1월 1일 대한의원 의육부, 1909년 2월 4일 대한의원 부속 의학교로 변했다. 대한의원은 일본처럼 4월 신학기 제도를 도입하고 첫 학원 모집을 1907년 4월 26일 시행하고, 첫 졸업은 1909년 7월 9일 이루어졌다.

1910년 한국강제병합으로 조선총독부에 이관되어 조선총독부 부속 강습소로 바뀌었고, 1916년 4월에 〈조선총독부 전문학교관제〉의 공포에 의해 '구제전문학교'로 승격하여 경성의학전문학교(이하 경성의전)가 되었다. 따라서 의사 양성 기능이 경성의전으로 이관되었고, 강습소의 의과 학생들은 전문학교의 해당 학년에 편입되었다. 학교는 기존의 총독부의원 부속 의학교의 남동쪽(현재 홍대 연건캠퍼스·kt혜화지사·한국국제협력단 부지)에 건물을 신축하였다.

1910년 강제병합 이후에는 일본어로만 교육이 이루어졌다고 한다. 1918년에는 '특별의학과'가 설치되었는데, 특별의학과를 졸업하면 일본 본토의 국립의학전문학교 졸업생과 동등한 자격을 부여했기 때문에 본토의 일본인에게도 인기가 많았다고 한다.

1920년대 초반, 〈조선교육령〉이 개정되면서 조선에도 대학 설립이 가능해지자, 경성의전을 앞으로 만들 예정인 경성제국대학으로 승격하려는 움직임이 있었다. 그러나 결국 경성의전을 존치하는 조치로 인해 학생들은 이어졌으나 학교의 중추인 교수진과 물적 자본은 경성제대 의학부에 빼앗기고 말았다. 사실 경성제국대학은 기존 경성의전의 부속병원은 아니었지만 사실상 경성의전과 같은 조직이었던 연건동에 있는 총독부의원을 부속병원으로 흡수함은 물론이고 경성의전 교수진 상당수를 흡수하여 경성제대 의학부를 만들었다.

그 건너편 자리인 동숭동 캠퍼스에 법문학부를 건설하여 법문학부와 의학부 2학부 체제로 창설된 것이었다. 즉, 경성의전의 입장에서는 교장 이하 교수진 및 병원까지 경성제대에 빼앗기고 소격동 종친부 터에 신축된 병원으로 쫓겨났던 것이다. 이곳 소격동의 경성의전 부속병원은 이후 서울대학교 제2부속병원을 거쳐 6·25전쟁기 국방부에 징발되어 국군서울지구병원 및 보안사령부로 사용되었다.

경성제대 의학부는 해방 후 그 자체가 서울대학교 의과대학이 되면서 경성의전을 의학부보다 하위인 '전문부'로 흡수하였고, 서울대학교 의과대학은 경성제대 의학부 출신들에게 의해 장악되었다. 경성의전은 그 학생들이 서울대 의대 전문부로 편입되어 경성제대 의학부와 같은 '의학사' 학위를 받지 못하고 의학전문학교를 졸업한 의사 취급을 받았으며, 경성제대 부속병원이 서울대 의과대학 제1부속병원으로 메인 병원으로 기능하는 것에 반해, 경성의전 부속병원은 서울대 제2부속병원이 되어 불만이 많았다고 한다. 이번에 수록된 경성의전의 사진그림엽서는 모두 3장이다.

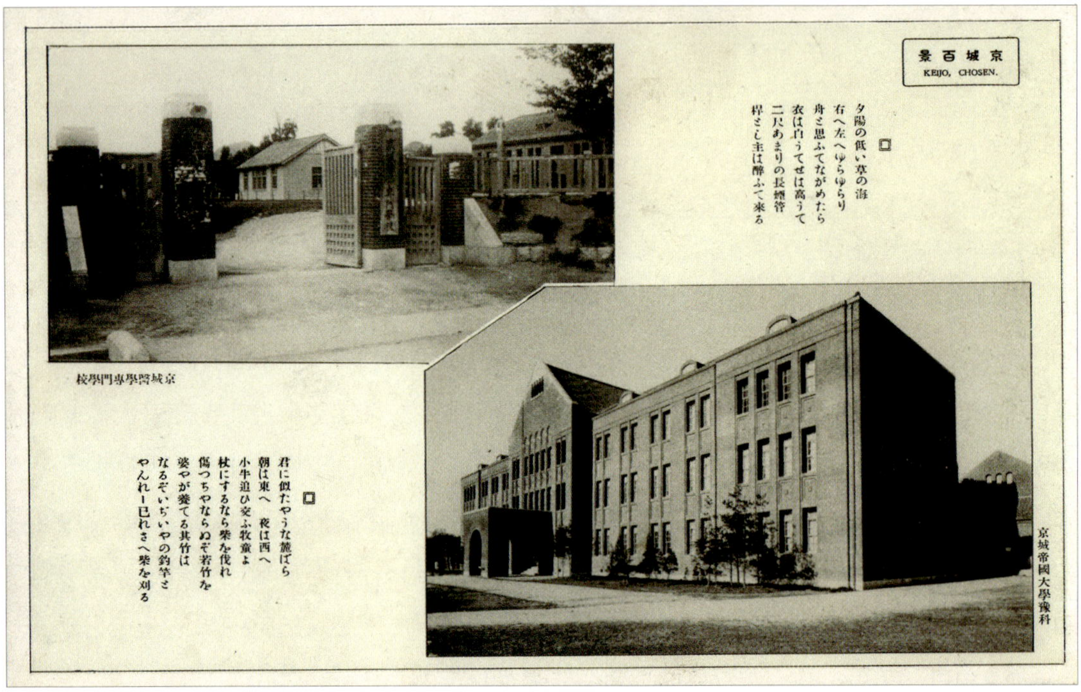

그림 1　경성의학전문학교 / 경성제국대학 예과

〈그림 2〉, 〈그림 3〉과 동일한 사진그림엽서로 '경성백경(京城百景), 경성의학전문학교, 경성제국대학 예과'라는 제목으로 구성되어 있다. 위의 경성의학전문학교는 경성의전 정문을 바라보며 교사를 찍은 사진이며, 아래쪽의 사진은 당시 청량리에 설치되었던 경성제대 예과 건물을 찍은 사진이다.

오늘날 〈그림 1〉의 경성의학전문학교 터

경성의학전문학교 부지에는 현재 서울대학교병원 의학연구혁신센터(위)와 홍익대학교 대학로아트센터, KT혜화지사(아래)가 자리 잡고 있다.

그림 2 경성의학전문학교 / 경성제국대학 예과

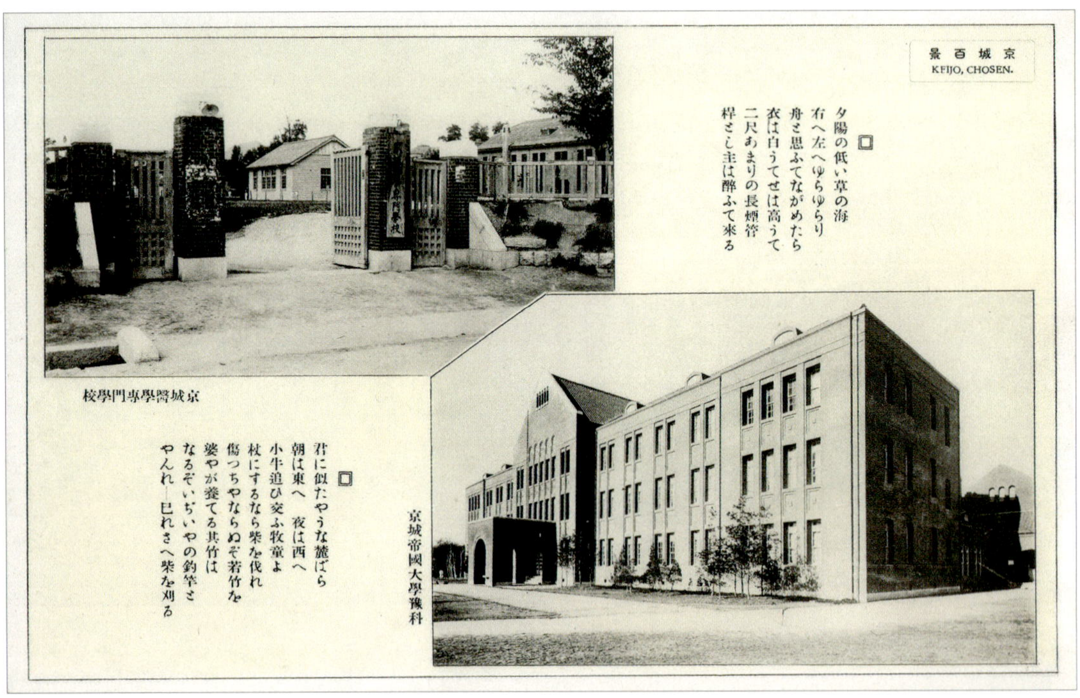

그림 3 경성의학전문학교 / 경성제국대학 예과

경성고등공업학교
京城高等工業學校
Gyeongseong higher Industrial School

경성고등공업학교는 대한제국 시기 설립된 공업전습소가 1916년 관립 전문학교로 승격된 것이다. 1941년 경성제국대학 이공학부 공학계에 흡수되었으며, 광복 이후에는 서울대학교 공과대학이 되었다. 현재는 1909년 완공된 공업전습소 본관 건물이 남아있다.

고등공업학교는 일본의 패전 이후 학제가 개편되기 이전까지 존재했던 일본의 구제 고등교육기관의 하나로서 공업에 관한 전문교육을 실시했던 구제전문학교(실업전문학교)이다. 약칭으로 '고공高工'이라고 불렀다.

대한제국 시기 설립된 공업전습소工業傳習所가 1916년 4월 관립 전문학교로 승격되어 경성고등공업학교京城高等工業學校(이하 경성고공)가 되었다. 조선총독부가 운영했으며 한반도에서 유일하게 공업 관련 전문고등교육을 담당한 구제전문학교였다. 1945년 이후 미군정은 경성고공과 경성광산전문학교를 경성제국대학 이공학부에 흡수시켜 서울대학교 공과대학으로 재조직했다. 경성고공은 고등공업교육을 지향했기 때문에 일제강점기와 해방 직후 대한민국의 공업계에 지대한 영향을 미쳤다.

경성고공은 1940년대까지 조선의 유일한 고등공업기관이었기 때문에 다른 전문학교에 비해 특수한 학교로 여겨졌다. 〈조선교육령〉 개정 이전에는 조선인을 전체 정원에서 2/3가량 선발한다는 내규가 있어 조선인의 입학 경쟁이 치열하지 않았지만, 〈교육령〉 개정 이후 그러한 내규가 폐지되어 입시 경쟁률은 13:1에서 27:1까지 폭증하게 되었고 조선인의 입학이 매우 어려워졌다. 이 때문에 1935년의 입시에서는 토목과에 조선인 학생이 단 1명만 합격하기도 했다. 당시 교육계에서는 경성고등상업학교(이하 경성고상)의 조선인 입학난과 함께 경성고공과 경성고상의 입시 제도를 조선인에게 유리하게 시정해야 한다는 의견이 있었으나, 경성고공과 조선총독부 학무국에서 받아들이지 않았다.

경성고공의 교육 연한은 3년이었고, 학과로는 방직과, 토목과, 건축과, 광산과, 응용화학과가 설치되어 있었으며, 응용화학과에는 요업, 염색, 응용화학의 세과細科가 있었다. 1937년에는 전기공학과와 기계과가 가설되었다. 1930년대 중반 중국과 만주로의 대륙침략이 이루어지면서 조선을 병참기지화하려는 공업화가 가속화되자 기계과, 토목과, 건축과가 크게 인기를 끌었으며, 조선 각지와 만주국의 광산이 개발되면서 광산 경영자 수요가 급증하자 광산과의 인기도 높아졌다. 광업 분야 수요가 폭증하여 경성고등공업학교의 광산과로는 수요를 감당할 수 없게 되자, 1939년에는 광산과를 분리하여 경성광산전문학교(이하 경성광전)를 설립하였다. 1941년에는 이과양성소理科養成所가 부설되어 수학, 물상, 화학, 생물 중등교사를 양성하기도 했다. 1944년에는 교명이 경성공업전문학교(이하 경성공전)로 바뀌었으며, 원동기과와 전기화학과, 전기통신과가 추가 설치되었다.

경성고공은 1941년에 경성광전과 함께 대학기관인 경성제국대학 이공학부 공학계에 흡수되었고, 해방 이후에는 서울대학교 공과대학이 되었다. 경성고공의 교사는 현재 서울시 종로구 동숭동에 있었다. 이 자리는 원래 대한제국 전환국 기계시험소가 있던 곳이었다. 1906년 통감부 건축과의 설계에 의해 1908년에 공업전습소 교사(본관)와 기숙사, 관사가 완성되었다. 교사는 르네상스식의 목조 건물이며, 대한제국 때 건설해서 오늘날까지 전해지는 유일한 목조 건물이다. 1912년 4월부터는 공업전습소와 조선총독부 중앙시험소가 함께 교사를 사용했고, 1916년 공업전습소가 경성고공으로 승격되면서 본관 전체를 사용하게 되었다. 해방 이후에는 상공부 국립공업연구소로 사용되기도 하였으며, 현재는 한국방송통신대학교의 부속 시설로 사용되고 있다.

예전에 경성공전과 경성고공은 매우 넓은 부지에 40여 동이 넘는 건물을 가진 큰 규모의 학교였으나, 현재 남아있는 것은 위에서 언급한 1909년에 완공된 공업전습소 본관 건물이 유일하다. 이 건물은 연건평 502평의 목조 2층의 르네상스식 건물로서 현재 사적으로 지정되어 있다. 이번에 수록된 경성고등공업학교의 사진그림엽서는 모두 3장이다.

그림 1 교사(상) / 화학실험실(하)

〈그림 2〉와 동일한 흑백 사진그림엽서이다. 제목은 "교사(校舍)(상), 화학실험실(하)"로 되어 있으며, 위의 사진에는 영문으로 '경성고등공업학교'로 적혀 있다. 아래 사진에는 "방적·응용화학·토목·건축·광산의 5개의 과(科) 설치하고 수업연한은 3년이다."라는 설명이 있다. 한 장의 사진그림엽서에 전경과 실험실 내부 2장의 사진이 실려 있다. 학교 건물은 원경에 산, 중경에 목조건축의 교사 여러 동, 원경에는 초가지붕 민가들이 밀집해 있다. 현재의 낙산 밑 대학로의 옛 모습으로 보인다. 아래 화학실험실은 각종 실험 도구와 시약, 여러 명의 교수, 학생들이 실험에 열중하고 있다. 중앙의 여학생이 눈에 띈다.

그림 2 교사(상) / 화학실험실(하)

그림 3 철도학교 / 경성제국대학 예과 / 경성제국대학 / 고등공업학교 중앙시험장

'조선 경성'이라는 제목하에 시계 방향으로 철도학교, 경성제국대학 예과, 경성제국대학, 고등공업학교 중앙시험장이란 제목으로 4장의 사진이 실려 있는 사진그림엽서이다. 이 사진그림엽서에 실려 있는 고등공업학교 중앙시험장은 1912년에 개청한 조선총독부 중앙시험소를 가리키는 것으로 보인다. 조선총독부 중앙시험소는 경성고등공업학교와 같은 동숭동 부지에 있었고 시설도 공동으로 사용한 것으로 보인다.

오늘날 〈그림 3〉과 같은 구도에서 바라본 구 고등공업학교 중앙시험장

고등공업학교 중앙시험장 건물은 현재 한국방송통신대학교 역사관으로 활용되고 있다.

경성제국대학 부속의원

京城帝國大學 附屬醫院

Keijo Imperial University Hospital

대한제국 시기 세워진 대한의원은 한일병합 이후 조선총독부 부속의원이 되었다가 경성제국대학 의학부가 생기면서 경성제국대학 의학부 부속의원이 되었다. 조선은행 본관, 동양척식주식회사 건물과 더불어 1900년대 초 서울의 3대 명물로 손꼽혔다. 광복 이후 본관 건물은 병원연구소 등으로 사용되다가 현재는 서울대학교병원 의학박물관으로 활용되고 있다.

조선총독부 통치가 1919년에 무단통치에서 문화통치로 변화하는 정책을 모색하는 가운데, 식민지 조선에서의 교육은 1922년 〈제2차 조선교육령〉이 공포된 이후 '내선공학內鮮共學'이란 슬로건 하에서 일본과 공통되게 한다고 선전하였다. 그러나 3·1운동 이후 조선에서 일제의 통치에 대한 저항의 일환으로 민립대학설립운동이 고양되자 이러한 움직임을 제지하기 위해서 일본 정부와 조선총독부 주도하에 대학설립을 서두르게 되었다.

1923년 조선제국대학 설립위원회가 조직되자 1924년 경성 동숭동東崇洞에 경성제국대학 예과(수업연한 2년)를 설치했다. 그리고 1926년 동숭동에 법문학부(3년제)와 의학부(4년제)를 설치했고 예과는 1924년 청량리에 설치했다. 1927년 의학부 본관과 별관이 준공되었고 독일계 의술을 교육했다. 기존의 조선총독부의원(대한의원의 후신)은 1928년 5월 28일 경성제국대학 의학부 부속의원(이하 경성제대 부속의원)이 되었다. 1945년 광복 이후에는 서울대학교 부속병원이 되었다.

경성제대 부속의원 본관 건물은 원래 대한제국 때 세워진 대한의원이 일제시기 조선총독부 부속의원이 되었다가 경성제대 의학부가 생기면서 경성제대 부속의원이 되었던 것이다. 그런 점에서 이 장의 사진그림엽서를 이해하기 위해서는 대한의원에 대해서 먼저 알아둘 필요가 있다.

대한의원大韓醫院은 1907년에 대한제국 내부 소관의 서양식 병원인 광제원, 학부 소관인 의학교 부속병원, 그리고 궁내부 소관인 대한국적십자병원을 통합, 설립되었으며, 의정부 직속으로 운영된 국내 최고의 의료 기관이었다. 대한의원의 편제는 치료부, 의육부, 위생시험부로 구성되어, 지금의 대학병원의 기능을 대신했다. 대한의원은 기존 광제원에서 개원했다가 1908년 준공된 본 건물로 이전했다. 이 건물이 위치한 곳은 마두봉 언덕이다. 이곳은 일찍이 창경궁의 외원이었던 함춘원이 있던 장소이며, 창경궁을 조망할 수 있는 유서 깊은 곳이었다. 이 함춘원지에 1764년 사도세자의 사당인 수은묘를 북부 순화방으로부터 옮겨왔으며, 1776년 정조가 즉위하여 수은묘를 경모궁으로 개칭했다.

대한의원 본관은 지상 2층, 연면적 495평으로 세워졌고, 이후 연면적 1,500평 규모의 병동 7동·해부실·의학교 등이 건립되었다. 탁지부度支部 건축소에서 설계와 감독을 담당하였으며, 건축 기사인 야바시 겐키치[矢橋賢吉]가 설계를 주관하였다. 이 건물은 조선은행 본관, 동양척식주식회사 건물과 함께 1900년대 초 서울의 3대 명물로 손꼽혔다. 또한, 1900년대 초기 한국에서 건립된 양식 건물 중에서 고전주의 양식에 충실하며, 정교한 벽돌조 구조와 섬세한 장식수법으로 역사적인 가치가 큰 것으로 평가되고 있다.

1978년 서울대학교병원 신관이 개원함에 따라 본관 주변의 건물들은 1978~1979년에 모두 철거되었다. 본관 건물은 용도 변경되어 병원연구소로 사용되었으며, 1981년 보수공사를 하였다. 현재 서울대학교병원 의학박물관으로 활용되고 있다. 이번에 수록된 경성제대 부속의원의 사진그림엽서는 모두 9장이다.

그림 1　경성제국대학 의학부 부속의원

〈그림 2〉, 〈그림 3〉과 동일한 사진그림엽서이다. 경성제대 부속의원 본관(전 대한의원 본관) 건물을 우정면(右正面)에서 찍은 사진이다. 3장 모두 "(조선 명소) 경성제국대학 의학부 부속의원 (영문 병기) (28)"이라는 제목이 붙어있는데 경성 관광 사진그림엽서 시리즈의 일종이라고 생각된다.

그림 2　경성제국대학 의학부 부속의원

그림 3 경성제국대학 의학부 부속의원

오늘날 〈그림 3〉과 같은 구도에서 바라본 구 경성제국대학 부속의원

경성제국대학 부속의원은 광복 이후 서울대학교 부속병원, 병원연구소 등으로 활용되다가 현재는 서울대학교병원 의학박물관이 되었다. 1976년 11월 16일 사적으로 지정되었다.

그림 4 경성제국대학 의학부 부속의원

〈그림 4〉는 〈그림 1〉, 〈그림 2〉, 〈그림 3〉과 사진 원판은 동일하지만, 영문제목 끝에 있는 (28) 대신 (복제불허)가 들어가 있다. 제목은 '(조선 명소) 경성제국대학 의학부 부속의원'이다.

그림 5 경성제국대학 의학부 부속의원

〈그림 6〉, 〈그림 7〉, 〈그림 9〉와 동일한 흑백 사진그림엽서이다. 잔디 바깥에 있던 자동차가 정문 쪽에 정차해 있고 건물 전면 벽면의 넝쿨과 식수된 나무들도 우거졌다.

그림 6 경성제국대학 의학부 부속의원

그림 7 경성제국대학 의학부 부속의원

그림 8 경성제국대학병원

〈그림 8〉도 앞의 사진그림엽서들과 유사한 구도로서, 약간 우측면으로 치우쳐서 부속의원 본관 건물을 찍은 흑백 사진그림엽서이다. '경성제국대학병원'이라고 되어 있다. 앞에서도 언급했듯이 이상의 사진그림엽서들은 모두 1928년 이후 경성제대 의학부 부속의원으로 사용된 부속의원 본관 건물의 사진그림엽서이며, 이 건물 자체가 대한제국기에 건축된 대한의원 본관 건물이라는 점에 유의할 필요가 있다.

그림 9 경성제국대학 의학부 부속의원

06

성곽일대

城郭一帶

Fortress Area

러일전쟁 이후 한국에 대한 지배권을 확립한 일본은 1907년 한양도성의 성곽을 단계적으로 철거하고자 성벽처리위원회를 결성했다. 신사, 운동장 등 편의시설의 건립과 더불어 택지의 확보와 도시 권역의 확장을 목적으로 많은 성벽이 훼손되었다. 당시 철거된 성벽의 석재는 건축자재로 활용되기도 하였다.

성곽일대 개설

城郭一帶
Fortress Area

러일전쟁 이후 한국에 대한 지배권을 확립한 일본은 1907년 한양도성의 성곽을 단계적으로 철거하고자 성벽처리위원회를 결성했다. 신사, 운동장 등 편의시설의 건립과 더불어 택지의 확보와 도시 권역의 확장을 목적으로 많은 성벽이 훼손되었다. 당시 철거된 성벽의 석재는 건축자재로 활용되기도 하였다.

도성의 기능에 변화가 생긴 것은 1899년 서울에 전차가 다니기 시작하면서부터였다. 처음 종로에서 청량리 사이에 놓인 전차 궤도는 흥인지문 안을 통과했고, 이어 숭례문과 돈의문 안에도 전차가 놓였다. 전차로 인해 성문을 여닫을 수 없게 되자, 수백 년간 도성민의 일상생활을 규제했던 바라와 인경도 중단되었다. 그러나 성벽은 여전히 국가적 관리 대상이자 보호 대상이었고, 성벽을 인위적으로 훼철하는 행위는 엄격히 금지되었다. 그러나 러일전쟁 이후 한국에 대한 지배권을 장악한 일본은 서울 성곽을 단계적으로 철거한다는 방침을 세웠다. 1907년 8월, '성벽처리위원회'가 결성되었다. 일본 황태자 하루노미야 요시히토 신노[明宮嘉仁親王](향후 다이쇼 천황)의 서울 방문을 앞두고 평지 구간의 성벽을 철거하는 것이 이 위원회의 업무였다. 1907년 10월부터 1908년 3월에 걸쳐 숭례문 좌우 성벽, 흥인지문 좌우 성벽과 오간수문이 철거되었다.

1910년 8월 한국의 주권을 강탈한 일본은 한성부를 경성부로 개칭하고 경기도 소속으로 삼아 수도의 지위를 박탈하고 일개 지방 도시로 격하시켰다. 1914년에는 전국의 행정구역을 개편하면서도 성 밖 용산 일대를 경성부에 포함시켰다. 이로써 도시의 경계를 표시하는 성벽과 성문의 기능도 사라졌다. 이어 1914년에 소의문, 1915년에 돈의문을 헐고 그 문루와 석재를 건축자재로 매각했다. 1929년에는 혜화문 문루가 붕괴되었고, 1938년에는 육축이 철거되었다. 민간인들이 주택을 지으면서 성벽을 훼손하는 일도 흔했다.

일본은 동화주의同化主義를 식민지 통치의 기본 방침으로 삼았다. 조선총독부는 이를 위한 사업의 일환으로 한국인들 사이에 일본 토속 종교인 신도神道를 침투시키고자 했다. 1898년 10월 재경在京일본인 거류민단은 일본 미에현[三重縣]에 있는 이세신궁伊勢神宮에서 신체神體 일부를 가지고 와 일본인 거류지인 왜성대倭城臺에 남산대신궁南山大神宮을 건립했는데, 이것이 서울에 건립된 최초의 일본식 신사神社다. 재경일본인 거류민단이 자체적으로 운영하던 이 신사는 일본의 한일병합 후인 1916년 정식 신사로 인정되어 경성신사京城神社로 개칭했다.

그런데 이 신사는 어디까지나 재경일본인만을 위한 신사로서 한국인들에게 신도를 침투시키는 거점으로 삼기에는 한계가 있었다. 이에 조선총독부는 조선 전역의 신사를 관할하는 신도의 총본산이자, 한국인들에게 신도를 전파하는 중심 거점으로서 조선신사를 창건하기로 결정하고, 1918년 12월 일본 내각에 〈조선신사 창립에 관한 청의請議〉를 제출했다. 일본 내각은 이듬해 7월 이를 승인하고 예산을 편성했다. 제사 지낼 신은 일본 건국신화의 주신인 아마테라스 오오카미[天照大神]와 한일병합의 주역인 메이지 천황[明治天皇]으로 정했다. 1920년 한국인들이 신성시해 온 남산 성벽 아래 국사당國師堂 자리에서 기공식이 열렸고 1925년에 준공되었다. 준공 직전 일본 내각은 신사의 격을 높여 관폐대사 조선신궁으로 개칭했다. 조선신궁과 참배로를 만드는 과정에서 주변 성벽이 대거 훼손되었다. 조선신궁이 건립됨에 따라 경성신사는 1929년 9월 원래의 자리에서 서쪽으로 50m 떨어진 지점에 신사를 다시 짓고 천좌식遷座式을 열었다. 본래의 경성신사 건물은 절사節社인 하치만궁[八幡宮]의 사전社殿이 되었다.

한양도성의 남산 부근 성벽이 훼철되었던 것과 거의 때를 같이하여, 흥인지문 부근에 남아있던 성벽도 헐렸다. 본래 지대가 낮고 평탄하여 방어하기 어려웠던 흥인지문과 광희문 주변에는 훈련원訓鍊院, 하도감, 염초청 등 군사시설이 집중 배치되어 있었다. 영조대에는 이 구간에 6개의 치성雉城을 만들어 구조를 보강했다. 1907년 대한제국 군대가 강제 해산된 뒤 이 지역에 있던 군사시설 중 일부는 일본군 시설로 수용되었다. 훈련원 마당은 학교 연합운동회나 직공 연합운동회 등의 대규모 운동회 장소로 자주 사용되었다. 고종 황제와 순종 황제의 영결식도 훈련원 터에서 거행되었다. 1926년 경성부는 일본 황태자의 결혼식을 기념하여 훈련원공원 한편에 경성운동장을 지었다. 운동장을 지으면서 흥인지문과 광희문 사이에 남아 있던 성벽을 마저 파괴하고 이간수문을 헐었다. 성벽 하단부의 석재는 관중석 기초로 사용했다.

서울 인구 증가에 따른 택지 부족과 주택 수요 급증도 한양도성을 훼손시킨 주요인이었다. 조선시대 도성 안에서는 원칙적으로 궁궐을 굽어보는 위치에는 집을 지을 수 없었다. 신민臣民이 왕보다 높은 위치에서 사는 것은 예에 어긋나는 일이었기 때문이다. 그러나 왕조가 멸망함으로써 이 원칙이 무의미해지자, 내사산內四山의 성벽 주변에 먼저 빈민층의 무허가 주택인 '토막土幕'들이 들어서기 시작했고, 이어 총독부도 이 땅들을 택지宅地로 분할해 매각했다. 도성 안이든 밖이든 성벽에 인접한 곳은 모두 택지가 되었고, 이곳에 집을 짓는 사람들은 성돌을 건축자재로 이용하는 데에 주저하지 않았다.

성벽에 마지막으로 남은 경계선으로서의 의미도 1936년 이른바 '경성부역 확장'으로 인해 소멸했다. 조선총독부는 인구 증가에 대응하기 위해 1936년 경성부의 면적을 대폭 확장했다. 이로써 도성 밖과 강남 영등포가 경성부에 포함되었으며, 이태원, 신당리, 미아리, 아현리, 신설리 등의 공동묘지와 주변 지역들이 새 택지로 개발되었고 도성 밖으로 나가는 도로들도 확장되었다. 이 과정에서도 많은 성돌이 건축 재료와 토목공사 재료로 사용되었다.

한편 일본인의 한국 문화유산 약탈과 반출을 방조하던 조선총독부는 1930년대 이후 식민지 지배체제가 안정되었다고 판단하고 한반도 내 문화유산을 가급적 보존한다는 방침을 세웠다. 1933년 12월 5일, 조선총독부는 〈조선보물고적명승기념물보존령〉을 공포하고 숭례문과 흥인지문을 포함하여 212점의 건조물, 공예품 등을 조선 보물로 지정했다. 1936년에는 '경성 성곽'을 고적古蹟으로 추가 지정했다. 그러나 조선신궁이 있는 남산 구간은 고적 지정에서 제외했으며, 지정된 구간에 대해서도 별다른 보존 조치를 강구하지 않았다. 그럼에도 숭례문과 흥인지문 등 한양도성의 시설물들은 자체의 빼어난 건축미로 서울을 대표하는 상징물이라는 지위를 굳게 지켰다. 일제강점기에 발행된 사진그림엽서나 관광 안내 책자에는 이들 사진이 빠짐없이 실렸다.

한양도성

漢陽都城

Hanyang Fortress

한양도성은 한일병합을 전후하여 전차 선로의 확보, 도시계획 등으로 인해 철거되었으며, 광복 이후에도 6·25전쟁으로 인해 성문과 성벽이 많이 파괴되었다. 이후 1975년 광희문 문루 복원을 시작으로 지속적인 성곽 복원이 이루어지고 있다.

한양도성은 조선의 수도였던 한성의 주위를 둘러싼 성곽과 문을 일컫는 말이다. 조선 건국 초에 태조가 한양으로 수도를 옮기고 궁궐과 종묘를 먼저 지은 후, 1395년(태조 4) 도성조축도감을 설치하고 한양을 방위하기 위해 성곽을 쌓도록 하였다. 석성과 토성으로 쌓은 성곽에는 사대문과 사소문을 두었다. 사대문은 동쪽의 흥인지문, 서쪽의 돈의문, 남쪽의 숭례문, 북쪽의 숙정문이고, 사소문은 동북쪽의 홍화문, 동남쪽의 광희문, 서북쪽의 창의문, 서남쪽의 소덕문을 말한다. 흥인지문에만 성문을 이중으로 보호하기 위한 옹성을 쌓았고, 북문인 숙정문은 원래 숙청문이었는데 이 숙청문은 비밀통로인 암문으로 문루門樓를 세우지 않았다.

처음 축성한 이후에도 지속적으로 태종, 세종, 숙종 연간 등의 여러 시기에 걸쳐 유지, 보수된 흔적이 남아있으며, 그에 따라서 성석을 쌓은 모습이 차이가 있다. 그 양상의 변화는 태조 대에는 일정한 패턴 없이 자연석을 쌓는 모습에서, 점차 정방형의 석재로 가공해서 쌓는 방법으로 변화하며 숙종 대에 이르러서는 정교한 정방형의 형태가 완성된다. 성벽 바위에는 그 구역 축성을 담당한 고을과 책임자의 이름을 새겨놓아 결과에 대해 책임 소재를 명확히 했다.

성벽의 높이는 현재 소실된 높은 구간은 10m가 넘었지만 낮은 구간은 5m 남짓이었고 해자조차 없었기 때문에 전시에 방어를 기대하긴 어려웠다. 그래서 적이 한양까지 쳐들어오면 한양을 버리고 도주해야만 했다. 임진왜란, 이괄의 난, 정묘호란, 병자호란 모두 그러했다. 이에 대해 조선시대에도 이전 시대와 마찬가지로, 도성은 전쟁이나 내란 방어용 성곽이라기보다는 왕권의 상징이란 의미가 더 컸고, 실용적 시설이라는 측면보다 인의와 예를 강조하여 평온을 기원하고자 관념적으로 운영된 성격이 컸다고 한다.

군사적으로도 한양도성은 처음부터 지키기 힘든 곳이었다. 규모가 너무 커서 방어하려면 병력이 많이 필요했고, 숭례문, 흥인지문 일대는 완전한 평지라서 지형적으로 불리했다. 게다가 성 밖에 있는 안산, 인왕산, 남산, 북한산 등은 그 자체만으로도 한성 내부를 관측할 수 있는

감제고지瞰制高地가 되었다. 이런 상황에서 한양도성 자체의 방위력을 확보하려면, 막대한 예산과 인력을 동원해서 성벽을 요새화하고 대규모 상비군을 주둔시켜야 했다. 하지만 이는 매우 비효율적이었다. 그래서 조선도 한양도성 자체의 방위력은 최소화하고 대신 남한산성, 북한산성과 같이 인근의 요새화한 산성을 방어 거점으로 사용하는 방위전략을 세운 것이었다.

임진왜란 당시 성곽의 일부가 부서지고 광해군 대에 복원 작업을 진행하였지만 이후의 병자호란 때 청나라와의 조약으로 성곽복원이나 추가 축성없이 방치되었다. 1704년(숙종 30) 이조판서 이유李儒의 주장으로 오군문五軍門의 장정을 동원하여 1711년(숙종 37)까지 수축하였으며, 1743년(영조 19)에 다시 고쳤다. 그밖에도 효종·현종·영조·순조 시대에 부분적인 개수를 하였으나 현재 남아있는 서울의 성곽은 대체로 태조·세종·숙종 때의 것이다. 이때까지만 해도 한양도성은 90%가량 복원되었으나 일제강점기와 6·25 전쟁으로 대부분이 파괴되었다.

사대문의 경우 숙정문은 산 속에 위치한 덕분에, 숭례문과 흥인지문은 임진왜란 당시 가토 기요마사[加藤清正]와 고니시 유키나가[小西幸長]가 입성한 곳이라는 명분 덕분에 일제로부터 살아남을 수 있었지만 돈의문은 헐려버렸고 그 자리에 도로와 건물이 들어서 현재로서는 복원이 불가능한 상태가 되었다. 또한 안타깝게도 숭례문은 2008년 방화사건으로 전소全燒되었지만 5년 3개월에 걸친 복구 사업을 끝내고 2013년 5월 1일 숭례문 복구를 알리는 '고유제告由祭'를 치른 후, 일반에게 개방되었다.

상대적으로 존재감이 적은 사소문은 더 심각하다. 창의문의 경우 숙정문과 비슷하게 산 속에 위치한 덕분에 일제강점기와 6·25전쟁으로부터 온전히 살아남은 유일한 사소문이 되었다. 소의문은 돈의문과 비슷하게 일제에 의해 헐린 뒤 현재까지 복원되지 못하고 있는 상황이다. 광희문과 혜화문의 경우 일제에 의해 파괴된 후 현재 복원되긴 했으나, 원래 있던 제자리에 복원되지 못했다.

근대에 들어와 한양도성이 겪은 수난은 우리의 근대사를 그대로 반영하고 있다. 1907년(광무 11) 6월에는 이완용 등의 주장에 의하여 도성을 철거하기로 정하였고, 이를 위하여 같은 해 7월 30일에 성벽처리위원회를 마련하였다. 1907년 9월부터 숭례문의 북쪽 성벽을 철거하고 남지南池를 매립하였으며, 1908년 3월에는 흥인지문의 좌우 성벽을 헐었다. 이는 전차 선로의 부설과 관련되어 있었다. 또 1908년 9월에는 소의문과 숭례문 좌우의 성벽 총 77칸을 파괴하였다.

일제강점기의 도시계획과 6·25전쟁으로 성문과 성벽이 많이 파괴되었다. 서대문과 청량리 사이의 전차를 부설하면서 돈의문과 흥인지문의 일부를 헐어내었고, 광화문과 용산 사이의 전차를 부설하면서 숭례문 부근을 역시 헐어내었다. 일제강점기에는 산성을 제외한 평지에 있던 성곽은 모두 헐려 현재의 모습과 같이 되었다.

1975년 광희문 문루 복원을 시작으로 훼손된 체성과 여장 복원, 주변 가옥 매입 등이 지속적으로 이루어졌다. 1975년부터 삼청지구(창의문~숙정문) 복원에 이어 2012년 9월까지 진행된 인왕산 정상 구간까지 총길이 1만 8,627m 중 69%인 1만 2,771m의 복원이 완료되었다. 2013년 5월 4일 숭례문 복구 기념식과 함께 숭례문 남동 측 광장 구간 성벽 복원까지 마무리되었으며,

남산 구간, 옛 시장공관 구간의 복원이 진행되고 있다. 이번에 수록된 한양도성의 사진그림엽서는 모두 14장이다.

그림 1　경성시외 성벽

〈그림 4〉, 〈그림 6〉, 〈그림 7〉, 〈그림 9〉, 〈그림 10〉, 〈그림 11〉과 동일한 흑백 사진그림엽서이다. 이상 7장의 사진그림엽서 제목은 '(조선 명소) 경성시외 성벽'으로 동일하다. 일제강점기 '경성명승(京城名勝) 사진그림엽서' 시리즈의 일종으로 발간된 것으로 판단된다. 〈그림 1〉, 〈그림 4〉, 〈그림 6〉, 〈그림 9〉 4장이 같은 비율이며, 〈그림 7〉, 〈그림 10〉, 〈그림 11〉의 3장이 약간 확대된 비율의 사진이다.

그림 2　경성을 방어했던 성벽의 전경

〈그림 8〉과 동일한 흑백 사진그림엽서이다. '(경성 명소) 경성을 방어했던 성벽의 전경'이라는 제목이 붙어있다. 〈그림 8〉에는 '조선 관광기념 경성'이라는 스탬프가 찍혀 있다. 사진에는 성벽 아래로 기와집과 초가집들이 즐비한 것이 눈길을 끈다.

그림 3 장대한 돌을 쌓아 만든 성벽의 일부

'(경성 명소) 장대한 돌을 쌓아 만든 성벽의 일부 (영문 병기)'라는 제목의 흑백 사진그림엽서이다. 사진에는 성벽 사이에 어린 남자아이 세 명이 앉아 있는 모습이 마치 기념사진을 찍는 것 같아서 흥미롭다.

그림 4 경성시외 성벽

그림 5 시외의 성벽 / 남산기념비 / 선인정(조선인 마을) / 독립문

'조선 경성'이라는 제목으로 시계 방향으로 '시외의 성벽', '남산기념비', '선인정(鮮人町)', '독립문'이라는 4장의 사진이 실려 있다.

그림 6 경성시외 성벽

그림 7 경성시외 성벽

그림 8 경성을 방어했던 성벽의 전경

그림 9 경성시외 성벽

그림 10 경성시외 성벽

그림 11 **경성시외 성벽**

그림 12 **경성 성벽**

제목은 '[경성] 성벽'으로 기존 경성의 영어표기 'Keijo'와 다르게 'KEIJYO'를 사용했다. 여백에 성벽 건축에 관하여 다음과 같은 설명문이 붙어있다. "태조 이성계 5년 정월에 축조에 착수하다. 성벽의 높이는 28여 척(尺) 그 주위는 4리(里) 26정(町)이며 문을 세운 것이 8개이다. 이 공사에는 각 도에서 20여만 명의 부역 인부가 모집되었다고 한다."

그림 13 삼엄하게 지켜왔던 경성의 성벽의 잔루

'(경성)삼엄하게 지켜왔던 경성의 성벽의 잔루(殘壘)'라는 제목의 흑백 사진그림엽서로 'CITY'라는 단어가 확인된다.

오늘날 〈그림 13〉과 같은 구도에서 바라본 한양도성 성곽

한양도성 중 북악산 구간이다.

그림 14 삼엄하게 지켜온 경성의 성벽

'(경성)삼엄하게 지켜온 경성의 성벽'이라는 제목의 흑백 사진그림엽서이다. 〈그림 13〉과 사진 원판은 동일하되, 일본어와 영어 제목이 다르다.

북한산

北漢山

Bukhansan Mountain

북한산은 서울시, 경기도 고양시·양주시·의정부시에 걸쳐 있는 산이다. 시기에 따라 부아산, 삼각산 등으로 불렸다. 조선시대에는 고려시대에 축성했던 중흥산성을 보수·수축하여 북한산성을 축성했다. 북한산은 자연경관이 뛰어나며, 1983년 도봉산 일대와 함께 북한산국립공원으로 지정되었다.

북한산은 서울특별시 강북구·도봉구·은평구·성북구·종로구와 경기도 고양시 덕양구·양주시·의정부시의 경계에 있는 높이 835.6m의 산이다.

이곳은 최초 백제 땅으로 지역명은 한산, 산의 명칭은 횡악橫嶽이라고 하였다. 고구려는 475년 백제를 정벌하여 지역명을 북한산주라 하고 산 이름은 횡악이라 불렀다. 신라 역시 553년 이 지역을 정벌한 후 북한산주라고 부르고 횡악은 부아악負兒岳으로 고쳐 불렀다. 그리고 여기에 진흥왕순수비를 세웠다.

통일신라시대와 고려 초기에는 부아산이라 불렀고, 993년 이후에 부아봉(현재의 인수봉, 높이 810.5m), 중봉(현재의 백운대, 높이 835.6m), 국망봉(현재의 만경대, 높이 800.6m) 세 봉우리가 모여 있어 삼각三角처럼 보여 삼각산三角山으로 불려왔다. 1711년(숙종 37) 고려시대에 축성했던 중흥산성을 보수·수축하여 북한산성을 축성하였고, 이때부터 한성의 북쪽이라는 의미에서 북한산北漢山이란 산의 명칭을 별칭으로 사용해 오다가, 일제강점기 이후로 점차 북한산을 정식 명칭으로 사용하게 되었다.

북한산은 서울에 근접해 있으면서 자연경관이 뛰어나 1983년 4월 경관의 보존과 합리적 이용을 도모하기 위하여 도봉산 일대와 함께 북한산국립공원으로 지정되었다. 나한봉에서 원효봉으로 이어지는 능선에는 북한산성北漢山城이 있으며, 지금도 14개의 성문 중 대서문大西門·대남문大南門·대성문大成門·보국문輔國門·대동문大東門·용암문龍巖門 등이 남아 있다.

비봉은 북한산 꼭대기에 북한산 신라 진흥왕순수비北漢山新羅眞興王巡狩碑가 있어서 붙인 이름이다. 진흥왕순수비를 보존하기 위해 1972년 국립중앙박물관으로 옮겼고 현재 있는 것은 모조 비석이다. 이 밖에 북한산 구기동 마애여래좌상北漢山舊基洞磨崖如來坐像·태고사 원증국사탑비太古寺圓證國師塔碑·태고사 원증국사탑·동장대지東將臺址 등 많은 유물·유적지가 있으며, 상운사祥雲寺·원효암元曉庵·진관사津寬寺·승가사僧伽寺·회룡사回龍寺·광법사廣法寺·문수사文殊寺·원통사圓通寺·

화계사華溪寺·도선사道詵寺 등 30여 개의 사찰이 있다. 이번에 수록된 북한산의 사진그림엽서는 모두 4장이다.

그림 1　경성시가 전경의 일부

남산으로 추정되는 곳에서 서울 시내와 북한산이 한눈에 보이는 전경을 찍은 사진그림엽서인데 부분적으로 컬러로 채색을 한 것으로 보인다. '(조선 명소)경성시가 전경의 일부(산록의 백양관은 총독부의 신청사)(38)'이라는 제목이 붙어있다. 사진 속에서 조선총독부, 경성일보, 경성상공회의소, 조선호텔, 조선은행 본점, 조선상업은행, 경성우편국 등 시내 주요 건물의 위치를 파악할 수 있다. 제목에 '백양관은 총독부의 신청사'라는 것에서 이 사진이 적어도 경복궁 총독부 신청사가 완공된 1926년 1월 이후에 찍은 사진이라고 생각되며 (38)이라는 연번으로 볼 때 조선 경성 관광엽서 시리즈의 일종으로 판단된다.

오늘날 〈그림 1〉과 같은 구도에서 바라본 전경

사진의 촬영 장소는 남산이다.

그림 2　경성신사 / 교외의 청량리 / 조계사 / 북한산 성벽

〈그림 2〉는 '경성백경'이란 제목의 흑백 사진그림엽서로 위로부터 경성신사, 교외의 청량리, 조계사, 북한산 성벽이란 설명이 붙은 4장의 사진이 실려 있다. 그리고 사진 사이의 3곳에 다음과 같은 노래 가사가 적혀 있다. 위에서부터 내용을 보면, "문경 고개의 떡갈나무는 / 다듬이질하느라고 다 베어가고 / 아리랑 아리랑 아라리요 / 아리랑 도이요라 놀다가세", "조그만 개구리가 잔뜩 움츠렸다가 / 으라차차 뛰어올랐다", "길은 멀고 석양도 저무는데 / 손 그물을 움켜쥐고 그대는 슬피 우네 / 아리랑 아리랑 아라리가 났네 / 아리랑고개까지 만이라도" 아리랑 노래 가락에 가사를 붙여본 것인지는 모르겠지만, 무슨 의미인지는 확실하지 않다.

그림 3 남산공원에서 경성 시가지 및 북한산을 바라보다

〈그림 4〉와 동일한 사진그림엽서이다. '남산공원에서 경성 시가지 및 북한산을 바라보다.'라는 제목이 붙어있다. 배경이 전체적으로 붉게 느껴진다. 사진을 찍은 곳은 남산으로 추정되며 〈그림 1〉의 사진 구도와 유사하지만 약간 왼쪽으로 치우진 구도로서 남산 아래서부터 서대문 방향으로 가옥들이 많이 찍혀 있는 점이 흥미롭다. 사진의 배후에 북한산의 전경이 서울 시내를 둘러싸고 병풍처럼 서 있는 구도이다.

그림 4 남산공원에서 경성 시가지 및 북한산을 바라보다

흥인지문

興仁之門

Heunginjimun Gate

흥인지문은 서울 사대문 중의 하나로 동대문으로도 불린다. 대한제국 시기인 1907년 전차 선로의 부설로 인해 좌우 성벽이 철거되었으며, 1933년 조선총독부에 의해 보물로 지정되었다.

흥인지문은 조선의 수도인 한양의 사대문 중 하나로 속칭은 동대문東大門이다. 흥인지문은 한양 도성의 축조와 함께 1398년(태조 7)에 처음 지어졌다. 흥인지문은 일대의 지반이 낮아 땅을 돋운 뒤 건설하여야 해서 1396년(태조 5) 9월 다른 성문을 건립할 때에도 공사 중이었으며, 1398년에야 비로소 완성되었다. 이때의 이름은 흥인문興仁門이었다. 1451년(문종 1) 3월에는 도성을 고쳐 쌓은 뒤 기한이 남아, 흥인지문을 혜화문과 더불어 수리하였다. 같은 해 10월에 본격적인 흥인지문 정비를 시작하여, 1453년(단종 1) 5월에 완료하였다. 1724년(영조 즉위년)에는 발인 때 상여가 나가기가 쉽게 하기 위해 국장도감에서 건의한 대로 흥인지문의 박석을 파내었다. 이후 1868년(고종 5)에는 흥인지문이 크게 손상되었기에 수리하기 시작해서 1869년 3월에 중수를 끝냈다. 흥인지문의 현판은 사대문 중 유일하게 4글자, 정사각형으로 되어 있다. 1907년(광무 11) 3월에는 흥인지문과 숭례문의 좌·우측 성벽을 8칸씩 헐어 전차 선로를 부설하였다. 1933년 조선총독부에 의해 보물로 지정되었다.

흥인지문은 도성의 8개 성문 중 유일하게 옹성甕城을 갖추고 있다. 앞면 5칸·옆면 2칸 규모의 2층 건물로, 지붕은 앞면에서 볼 때 사다리꼴 모양을 한 우진각 지붕이다. 지붕 처마를 받치기 위해 장식하여 만든 공포가 기둥 위뿐만 아니라 기둥 사이에도 있는 다포 양식이다. 숭례문이 조선 초기 양식인 것에 반해 흥인지문은 조선 후기 양식으로 되어 있어 서로 대비된다. 본래 흥인지문은 동대문구에 속했고 구 명칭도 여기에서 유래되었으나, 수차례 행정구역이 조정되면서 지금은 종로구의 관할에 속하게 되었다. 이번에 수록된 흥인지문의 사진그림엽서는 모두 22장이다.

그림 1 예전부터 유명한 동대문

〈그림 18〉, 〈그림 19〉와 동일한 흑백 사진그림엽서이다. 〈그림 1〉은 '(조선 명소)예전부터 유명한 동대문'이라는 제목이 붙어 있으며 흥인지문과 옹벽 안쪽을 북동쪽 측면에서 찍은 것이다. 수레에 짐을 가득 싣고 있는 모습과 노새에도 짐을 싣고 쉬고 있는 사람, 옹벽 주변에서 무엇인가를 팔고 사는 조선인들이 모여 있는 모습이 정겨워 보인다.

그림 2　경성 동대문(흥인지문)

〈그림 8〉, 〈그림 10〉, 〈그림 13〉, 〈그림 14〉와 동일한 흑백 사진그림엽서이다. 〈그림 2〉는 지금의 흥인지문의 남서쪽에서 흥인지문과 옹벽을 찍은 것이다. 제목은 '(조선 명소)경성 동대문(흥인지문)'이다. 한복에 중절모를 쓴 조선인과 제복을 입고 전차 선로를 청소하는 사람, 어린아이들과 흥인지문 근처에서 오가거나 앉아 있는 사람들의 모습이 보인다.

오늘날 〈그림 2〉와 같은 구도에서 바라본 흥인지문

현재 흥인지문 주변의 변화상을 한 눈에 볼 수 있다.

그림 3 광희문 / 독립문 / 거리의 일부 / 동대문

'경성 백경'이란 제목의 흑백 사진그림엽서로 위로부터 시계 방향으로 광희문, 독립문, 거리의 일부, 동대문이라는 제목의 사진이 4장이 실려 있다. 여전히 분주하게 생활하는 조선인들의 모습이 찍혀 있는 사진이다.

그림 4 대한문 / 돈화문 / 광화문 / 동대문

'조선 경성'이란 제목의 4장의 사진으로 위에서부터 시계 방향으로 덕수궁의 대한문, 창덕궁의 돈화문, 광화문, 동대문의 사진이 배열되어 있다. 이 사진그림엽서에 광화문 사진이 실려 있는 것으로 보아 광화문이 경복궁 북쪽 구석으로 이축되기 전, 즉 1926년 이전에 찍은 사진이라고 생각된다.

그림 5 경성 동대문

현재의 종로6가에서 흥인지문의 안쪽을 정면으로 찍은 흑백 사진그림엽서이다. 노면전차 2대가 서 있고, 전차에 탑승하는 사람, 제복을 입은 사람 등의 모습을 확인할 수 있다. 제목은 '(조선 명소)경성 동대문'으로, 일본어 발음의 영문이 확인된다.

그림 6 경성 동대문(흥인지문)

〈그림 7〉, 〈그림 12〉, 〈그림 15〉와 동일한 흑백 사진그림엽서이다. 흥인지문의 옹벽 앞 정면에서 찍은 것이다. 흥인지문의 현판이 정면에서 확인되는 사진으로 어린 아기를 업은 사내아이와 아주머니, 빨래하는 풍경, 조선의 아이들이 모여서 무엇인가 놀이를 하는 듯한 모습과 더불어 초가집과 기와집의 풍경과 빨래를 널어놓은 모습 등이 찍혀져 있다. 흥인지문 밖의 조선인들의 일상을 잘 보여주는 사진이다. '(조선 명소)경성 동대문(흥인지문)(31)'이라는 제목에서 조선 관광엽서 시리즈의 하나인 것을 알 수 있다.

그림 7　경성 동대문(흥인지문)

그림 8　경성 동대문(흥인지문)

그림 9　경성 동대문

〈그림 20〉과 동일한 흑백 사진그림엽서이다. 제목은 '경성·동대문'이다. 옹벽 밖은 공원처럼 정비가 되어 다른 사진에서 확인되는 민가 등은 이 사진에서는 찾아볼 수 없다. 〈그림 9〉, 〈그림 20〉 두 사진그림엽서 모두 빨간색의 스탬프가 찍혀져 있는데, '경성관광기념 경성. 5.9.18'이라는 문구가 확인된다. 우측 하단에는 "그리운 옛날, 경성 8개 문(門) 중에 남대문과 더불어 매우 굉장함을 자랑하는 동대문도 지금은 왠지 쓸쓸해 보인다."라는 내용이 있다.

그림 10　경성 동대문(흥인지문)

그림 11　경성 동대문(흥인지문)

〈그림 11〉은 흥인지문과 옹벽을 찍은 흑백 사진그림엽서인데, 제목은 '(조선 명소)경성 동대문(흥인지문)'이다. 삿갓을 쓰고 노새를 끌고 가는 사람과 어딘가로 바쁘게 걸어가는 조선인들의 모습이 보이며, 옹벽 안쪽에서는 어린아이 둘이 땅바닥에서 무엇인가 놀이를 하는 모습이 흥미롭다. 사진그림엽서 사진첩에서 떼어낸 흔적을 알 수 있는 미싱 선이 우측에 있다.

그림 12　경성 동대문(흥인지문)

그림 13 **경성 동대문(흥인지문)**

그림 14 **경성 동대문(흥인지문)**

그림 15 경성 동대문(흥인지문)

그림 16 경성 동대문(흥인지문)

〈그림 16〉의 제목은 '(조선 명소)경성 동대문(흥인지문)(경(京) 88)'으로 'Seoul'이라는 단어를 사용했다. 조선 관광엽서 시리즈의 일종으로 보이며, 옹벽 근처에서 장사하는 사람, 노새에 짐을 싣고 가는 사람 등 조선인들의 일상의 분주함이 엿보이는 사진이다.

그림 17 남대문 / 동대문 / 서대문

서울의 사대문 중 3개의 정문 사진이 삼각형으로 배열된 사진그림엽서이다. 위에서부터 왼쪽으로 남대문(숭례문), 동대문(흥인지문), 서대문(돈의문)의 사진이다. 먼저 1915년에 철거된 서대문의 사진이 실려 있는 것으로 보아 적어도 서대문 사진은 1915년 이전에 촬영된 것으로 보인다. 여기에 사용된 동대문 사진은 〈그림 5〉 사진그림엽서와 구도가 흡사한 사진으로 종로 6가 방향에서 동대문 안쪽 정면을 찍은 사진으로 전차와 여러 명의 조선인의 모습이 확인된다.

그림 18 예전부터 유명한 동대문

〈그림 18〉의 제목은 '(조선 명소)예전부터 유명한 동대문'으로 남산의 조선신궁의 도리이[鳥居]와 계단이 그려진 스탬프와 '조선 관광 기념 경성 (소화)5년 9월 18일'의 내용이 찍혀 있어 1930년에 사용된 것으로 보인다.

그림 19 예전부터 유명한 동대문

그림 20 경성·동대문

그림 21　옛날부터 전해오는 동대문

〈그림 21〉의 제목은 '(경성)옛날부터 전해오는 동대문'이다. 동대문을 배경으로 조선인들의 일상이 엿보이는 사진이다.

그림 22　옛날부터 전해오는 동대문

〈그림 22〉의 제목은 '(경성)옛날부터 전해오는 동대문'이다. 좌측의 가가(假家) 지붕 위로 복덕방, 채종상 간판이 있고 짐을 실은 소달구지도 보인다.

07

왕조의 흔적들

王朝의 痕迹들

Vestige of the dynasty

성균관, 장충단, 사직단은 조선왕조를 상징하는 건축물이었다. 그러나 20세기 초 근대적 교육기관의 설립과 더불어 1910년 한일병합으로 조선총독부가 설치되면서 옛 왕조의 상징물은 국가적 권위를 상실하였다. 조선총독부는 이러한 장소를 공원 등 공공시설로 활용하였으며, 옛 왕조의 공간은 공공의 공간으로 변화되었다.

왕조의 흔적들 개설

王朝의 痕迹들
Vestige of the dynasty

성균관, 장충단, 사직단은 조선왕조를 상징하는 건축물이었다. 그러나 20세기 초 근대적 교육기관의 설립과 더불어 1910년 한일병합으로 조선총독부가 설치되면서 옛 왕조의 상징물은 국가적 권위를 상실하였다. 조선총독부는 이러한 장소를 공원 등 공공시설로 활용하였으며, 옛 왕조의 공간은 공공의 공간으로 변화되었다.

1894년 갑오개혁으로 과거제도가 폐지되고 새로운 관리임용 규정인 〈선거조례〉가 제정, 공포됨으로써 조선 최고의 유학 교육기관이자 과거 준비 기관이었던 성균관은 유명무실해졌다. 성균관은 교육 기능을 상실한 채 학무아문 산하의 '성균관 급 상교서원국庠教書院局'으로 개편되었다. 공자와 10철十哲에 대한 제사는 계속되었으나, 성균관 동서 양재兩齋에서 숙식하며 공부하던 유생들은 더 이상 성균관에 남을 이유가 없어졌다. 이듬해인 1895년 정부는 〈성균관 관제〉를 새로 제정하여 교육기능을 부활시켰으나 졸업생들에게 예전과 같은 특전을 베풀지는 않았다. 관직에 진출하려는 청년들에게는 성균관보다 배재학당처럼 구미인들이 세운 학교나 광무학교鑛務學校, 전우학교電郵學校, 외국어학교 등 관립 신학문 교육기관들에 입학하였다. 결국 성균관도 1908년부터는 유학 외의 신학문을 가르쳐야 했다.

한국을 병합한 일본은 1911년 성균관의 명칭을 경학원經學院으로 바꾸고 교육 기능을 없앴다. 본래 경학원은 1887년 성균관에 부설된 특수교육 기관의 명칭이었으나, 일제강점기 경학원의 기능은 문묘 제례와 재산관리만을 담당하는 것으로 축소되었다. 그런데 성균관 교육기능 폐지는 유학 연구의 맥을 끊은 것과 마찬가지였다. 이에 불만을 느낀 각지 유생들은 1920년대부터 성균관 교육 기능 회복 운동을 벌였다. 조선총독부는 지방 여론을 주도하는 유생들의 불만을 무마하기 위해 1930년 경학원에 명륜학원을 부설하여 유학 교육을 재개했다. 명륜학원은 1939년 명륜전문학원으로 승격되었으나, 태평양전쟁이 치열하게 전개되던 1943년 폐교되었다. 일본 군국주의자들의 관점에서 유학은 조선인을 황국신민으로 만드는 데 도움이 되지 않는 학문이었다. 광복 후 명륜전문학원은 명륜전문대학으로 재건되었다가 성균관대학교로 발전했으며, 경학원의 명칭도 성균관으로 환원되었다. 성균관이 일제강점기에 겪은 풍상은 조선의 전통과 문화가 겪은 시련을 압축적으로 표상했다.

한편 대한제국 정부는 1900년 남소영南小營 자리에 장충단奬忠壇을 설치했다. 1895년의 을

미사변 때 일본군과 싸우다 순국한 장졸들의 넋을 기리고 그들의 충절을 만백성의 모범으로 삼기 위해서였다. 이듬해 이 제단은 문무文武를 막론하고 개항 이후의 모든 순국자에게 제사를 올리는 곳, 오늘날의 국립 현충원과 같은 역할을 하였다. 그런데 개항 이후 순국자는 모두 일본군과 싸우는 과정에서 나왔다. 1904년 2월 러일전쟁을 이후 한반도 전역을 점령한 일본군이 이 시설을 탐탁하게 볼 리 없었다. 일본군이 서울을 점령한 직후, 서울 거주 일본 거류민단은 스스로 자금을 모아 '민단 최초의 공익시설'을 만들기로 결정했다. 1585년 도요토미 히데요시[豐臣秀吉]가 오사카에 처음 만든 이후 일본의 상징처럼 된 '유곽遊廓'이었다.

일본 거류민단은 굳이 장충단 바로 옆을 유곽 부지로 골랐다. 대한제국의 성역이던 장충단의 이미지를 가장 저속한 시설로 전복하고자 한 것이다. 이에 따라 일제강점기 조선 최대 규모의 공창公娼 지대였던 신마치 유곽[新町遊廓]이 만들어졌다. 1907년 정미 7조약으로 한국 내정 전반을 장악한 일본은 이듬해 장충단 제사를 중지시켰으나 이름은 그대로 두었다. 3·1운동이 일어난 1919년에는 장충단 권역을 정비하여 공원으로 조성하고 이름을 장충단공원이라고 붙였다. 대한제국에 대한 충성을 장려하는 제단이라는 뜻의 장충단은 신마치 유곽에 드나드는 탕자蕩子들의 공간처럼 되었다.

게다가 조선총독부는 이토 히로부미 사망 23주년인 1932년 10월 26일, 장충단을 내려다보는 남산 기슭에 이토 히로부미를 기리는 사찰 박문사博文寺를 완공했다. 총독부는 경희궁의 정문이었던 흥화문을 옮겨 박문사의 정문으로, 경희궁의 정전正殿이었던 숭정전崇政殿을 박문사의 본당本堂으로 삼았다.

마지막으로 사직단社稷壇은 토지신과 곡식신을 모신 제단으로서, 동아시아 중세 국가에서는 종묘와 더불어 가장 중요한 국가 제례 시설이었다. 사직은 종묘와 더불어 또는 단독으로 국가 자체를 의미하는 대명사로 사용되었다. 사직단은 조선왕조가 서울로 천도한 직후 《주례周禮》

에 제시된 '좌묘우사左廟右社'의 원칙에 따라 경복궁 서쪽에 건설되었다. 이후 매년 빠짐없이 거행되던 사직단 제례는 1908년 통감부의 강요에 따라 폐지되었다. 일본이 한국을 병합한 이후 사직단 부지는 국유지, 즉 조선총독부 소유지로 편입되었으며, 1922년에는 경내의 여러 건물이 철거된 채 공원으로 조성되었다. 사직단 경내의 야트막한 언덕, 현재의 단군성전 자리에는 일본 종교시설인 신사神社도 건립했다.

조선총독부가 공원으로 만들어 개방했던 경복궁, 창경궁, 사직단, 장충단 등은 자체로 '망국亡國의 상징'이었다. 사람들은 옛 왕조의 정통성과 권위를 상징하던 장소들을 자유롭게 드나들 수 있었다. 일제강점기 사진그림엽서들에 담긴 성균관, 장충단, 사직단 등도 더 이상 국가적 권위를 갖지 못하는 시설들, 역사 속으로 사라진 왕조 국가의 흔적들을 보여주는 상징일 뿐이었다. 이런 사진그림엽서들은 그 자체로 하나의 선전도구가 되었다.

성균관

成均館

Sungkyunkwan academy

성균관은 조선시대 최고 교육기관이었다. 그러나 1910년 한일병합 이후 경학원으로 전락하였다. 1930년에는 경학원 부설 명륜학원이 설립되었고, 1939년 명륜전문학원, 1942년 재단법인 명륜전문학교가 되었으나 태평양전쟁의 영향으로 폐교되었다. 1944년 명륜연성소로 개편되었다가 광복 이후 성균관, 명륜전문학교를 거쳐 성균관대학으로 개명하였다. 1963년 성균관대학교와 성균관이 분리되었다.

성균관은 한국의 옛 대학大學으로, 그 명칭은 고려 충선왕 때 성균관으로 개명한 데서 비롯하였다. 공민왕 때는 국자감國子監이라 부르다가 곧 성균관으로 복구되었는데, 1894년(고종 31) 갑오개혁에 이르기까지 조선시대 내내 한국의 최고 교육기관이었다.

고려의 최고 교육기관으로, 개경에 세워진 국자감이 1298년(충선왕 즉위년) 성균감成均監으로 바뀌었다가 1308년(충렬왕 복위 10) 5월 충선왕의 복위를 앞두고 실시한 관제개혁에서 성균관으로 바뀌었다. 1356년(공민왕 5)에는 국자감으로 환원하였다가, 1362년(공민왕 11) 다시 성균관으로 복구되었다. 공민왕 초까지 율학律學·서학書學·산학算學 등의 기술학부도 성균관에서 교육하였으나, 그때부터 따로 분리하여 성균관은 유학 교육기관만 전담하는 기관이 되었다.

조선시대에는 성균관이 한양과 개성에 한 곳씩 두 개가 존립하였다. 지사와 동지사가 있었으나 실질적으로 정3품 대사성이 최고 책임자다. 1395년(태조 4)에 개경에서 한양으로 천도하면서, 숭교방崇教坊 부근(현재의 명륜동)에 터를 잡고 성균관을 짓기 시작하여 3년 만에 완공하였다. '성균'은 《주례周禮》의 대사악大司樂에 나오는 용어로, 음악을 조율하는 것과 같이 어그러짐을 바로잡고, 지나치고 모자라는 것을 고르게 한다는 뜻을 가지고 있다.

1887년(고종 24) 성균관 교육의 강화를 위하여 성균관에 경학원經學院을 부설하였다. 1895년(고종 32) 성균관에 경학과經學科가 신설되고 역사·지리·세계사·세계지리·수학 등을 교육하게 되었다.

그러나 1910년 한일병합 이후 성균관의 교육은 중단되었고, 경학원으로 개칭되어 경전을 가르치는 사설 전문 학원으로 전락하였다. 이후 전국 유림들에 의한 성균관 교육기능의 회복 움직임이 크게 일어나, 1930년에 경학원 부설로 명륜학원明倫學院이 설립되었다. 1939년에는 명륜전문학원明倫專門學院으로 승격되는 부령府令이 공포되었으며, 1942년에 재단법인 명륜전문학교의 설립인가를 얻어 신입생을 뽑고 교육을 실시했다. 하지만 그 다음해 태평양전쟁의 영향으로 폐교 조치되고 말았다.

광복 1년 전인 1944년 명륜전문학교는 명륜연성소로 개편되었다. 1945년 광복 이후 군정법령 제15호 〈제국대학명칭변경〉에 의해 경학원은 성균관으로 명칭을 회복하였고, 군정법령 제6호에 의해 명륜전문학교가 부활했다. 이듬해 성균관대학으로 개명하였다. 1953년에는 성균관대학교가 종합대학이 되었고, 1963년에 성균관대학교와 성균관이 분리되었다. 이번에 수록된 성균관의 사진그림엽서는 모두 10장이다.

그림 1 공자 제사

〈그림 2〉와 동일한 흑백 사진그림엽서이다. 성균관 대성전(大成殿)에서 공자제(孔子祭)를 지내는 사진이다. '(조선 풍속)공자 제사'라는 제목이다. 대성전 석전제를 찍은 사진으로 보이며, 사진 왼쪽에 여인들도 모여 있다. 삼강오륜목, 섬돌 측면 금이 간 모습, 칸을 나눈 기둥의 개수, 기둥 아래 기단의 층수와 형태 및 규모 등을 살펴보면 오늘날 서울시 성균관 문묘 대성전의 옛 모습으로 추정된다.

그림 2 공자 제사

그림 3　찬란한 학부, 경학원 명륜당

〈그림 3〉은 '(경성)찬란한 학부, 경학원 명륜당'이란 제목이 붙어 있다. 이 사진그림엽서는 〈그림 4〉와 구도가 동일하며, 〈그림 4〉의 사진을 바탕으로 컬러로 채색한 것으로 보인다. 〈그림 4〉는 겨울인 듯하고 〈그림 3〉은 수목의 우거진 정도로 보아 〈그림 4〉 보다는 시간이 경과된 것으로 보인다. 또 〈그림 3〉에서 명륜당의 문들이 개방되어있는 것이 〈그림 4〉와 다르다.

그림 4　경성 경학원의 명륜당

〈그림 4〉는 성균관 명륜당을 약간 좌측 정면에서 찍은 흑백 사진그림엽서이다. '경성 경학원의 명륜당'이라는 제목이 붙어 있다.

그림 5　경성 경학원 문묘 대성전

〈그림 5〉는 '경성 경학원 문묘 대성전'이란 제목이 붙어 있는 흑백 사진그림엽서이다. 대성전을 약간 우측 정면에서 찍은 사진이다. 성균관의 대성전은 동무(東廡), 서무(西廡)와 함께 문묘를 구성하는 주된 건물이다. 대성전은 공자를 비롯하여 사성(四聖), 십철(十哲), 송조(宋朝) 육현(六賢)의 위패를 봉안한 곳이며, 음력 2월과 8월 처음 정(丁)이 든 날에 석전(釋奠) 또는 석채(釋菜)라 불리는 제사를 행하던 곳이다.

오늘날 〈그림 5〉와 같은 구도에서 바라본 대성전

그림 6　경성 경학원 문묘 동무

〈그림 6〉은 '경성 경학원 문묘 동무(東廡)'라는 제목의 흑백 사진그림엽서이다. 동무는 성균관이나 향교의 문묘 안에 정전인 대성전에 배향하지 못한 유현의 위패를 모시기 위해 대성전 앞 동쪽에 세운 건물이다. 서쪽에 세운 건물은 서무(西廡)라고 한다. 여러 도의 계수관(界首官) 향교에는 동무와 서무가 있었으나, 그 나머지 주·부·군·현의 향교에는 모두 동무·서무가 없었다.

그림 7　경성 경학원 문묘 신문 내 악기 일부 진열

〈그림 7〉은 '경성 경학원 문묘 신문(神門) 내 악기 일부 진열'이란 제목의 흑백 사진그림엽서이다. 아마도 성균관 문묘에서 공자를 비롯한 성현에게 봄, 가을로 개최되던 석전대제(釋典大祭)에 사용되는 악기의 일부를 찍은 사진으로 추정된다. 석전대제에서는 팔음(八音) 즉, 금(金, 편종·특종), 석(石, 편경·특경), 사(絲, 금·슬), 죽(竹, 지·적·약·소), 포(匏, 축·어·박), 토(土, 훈·부), 혁(革, 절고·진고·노고·노도), 목(木, 축·어·박) 등 여덟 가지 재료로 만든 아악기가 연주된다.

그림 8 경성 명륜당 경학원 사무실 및 교실

〈그림 8〉은 '경성 명륜당 경학원 사무실 및 교실'이라는 제목의 흑백 사진그림엽서이다. 사진은 비천당(丕闡堂)을 중심에 놓고 찍은 사진인데 비천당은 성균관의 부속 건물로 강당이나 과거 시험장으로 쓰이던 건물로서 명륜당의 서북쪽에 위치한다. 비천당은 6·25전쟁으로 소실되어 1988년에 다시 복원하였는데, 이 사진의 비천당이 소실되기 이전의 모습을 보여주는 사진으로 보인다.

그림 9 조선 경성 경학원 명륜당(유자와 어린이)

〈그림 10〉과 동일한 컬러 사진그림엽서이다. 명륜당을 배경으로 의자에 걸터앉은 유생이 어린아이 셋이서 무엇인가 놀이를 하는 것을 바라보는 구도로 되어 있다. 사진 속의 건물과 인물들의 모습이 합성된 것 같기도 하다. 사진그림엽서는 채색되어 있는데, 전체적으로 조악한 구성이다. 제목은 '조선 경성 경학원 명륜당(유자(儒者)와 어린이)'이다.

그림 10 조선 경성 경학원 명륜당(유자와 어린이)

장충단
奬忠壇
Jangchungdan

장충단은 1900년 을미사변 당시 사망한 충신을 기리기 위한 사당이었다. 그러나 대한제국 내 일본의 세력이 강해지며 1908년 제사가 중단되었으며, 1909년 이토 히로부미가 안중근에게 사살되자 국민대추도회가 장충단에서 열리기도 했다. 1910년 한일병합 후 장충단은 공원화되었으며, 1932년 일본군 육탄삼용사의 동상과 박문사가 장충단과 그 인근에 세워졌다. 광복 이후 동상과 박문사는 철거되었다.

장충단공원奬忠壇公園은 서울 중구의 남산 북쪽 기슭에 있는 공원이다. 현재 동국대학교와 신라호텔 사이에 있다. 본래 장충단은 현재 장충단공원을 포함하여 신라호텔, 국립극장, 자유센터, 서울타워호텔 터를 아우르는 큰 규모였다. 청계천의 수표교를 옮겨놓았고, 서울시 유형문화재인 장충단비가 있다. 장충단공원은 명성황후가 시해된 을미사변 때 순국한 충신, 열사들을 제사하기 위해 1900년(광무 4) 9월 대한제국 고종이 '장충단'이라는 사당을 설치한 데서 비롯되었다. 이른바 근대적인 국립묘지 현충원의 출발점이라고도 할 수 있다.

고종은 어영청의 분소로 서울의 남쪽을 지켰던 남소영南小營 자리에 장충단을 지었고, 봄·가을로 제사를 지내게 했다. 처음에는 훈련대 연대장 홍계훈洪啓薰, 영관 염도희廉道希, 영관 이경호李璟鎬를 주신으로 제향했고, 김홍제金鴻濟, 이학승金鴻濟, 이종구李鍾九 등 장병들을 배향했으며, 다음해 궁내부 대신 이경직李耕稙을 비롯하여 임오군란, 갑신정변 때 죽은 문신들도 포함하였다.

그러나 을미사변을 일으킨 일본의 세력이 강성해지면서 1908년 제사는 중단되었다. 1909년 이토 히로부미[伊藤博文]가 안중근에게 사살되었을 때는 거국적인 국민대추도회라는 행사가 장충단에서 열렸다. 국민대추도회 추진 세력들은 장충단에 이토의 사당을 짓고 추모제를 지냈다.

한국병합 후 1919년에는 장충단 일대에 벚나무를 심어 공원을 조성하였다. 창경궁과 유사하게 역사적 의미가 있는 장소가 위락시설로 바뀌었다. 일본은 장충단공원에 1932년 상하이사변 때 사망한 일본군 육탄삼용사의 동상을 세웠고, 이토 히로부미를 위한 절인 박문사博文寺도 인근에 세웠다.

광복 후 육탄삼용사의 동상과 박문사는 철거되었다. 6·25전쟁으로 장충단의 사전과 부속 건물이 파손되었으나 장충단비奬忠壇碑는 남아 있다. 이 비는 원래 영빈관 내에 있었는데, 1969년 지금의 수표교水標橋 서편으로 옮겼다. 비의 '奬忠壇' 세 글자는 순종이 황태자였을 때 쓴

글씨이며, 뒷면에는 민영환閔泳煥이 쓴 143자의 찬문撰文이 새겨져 있다. 광복 이후 장충단공원 경내에는 여러 공원시설이 들어섰다. 일제강점기 조선의 경성을 주제로 한 다른 사진그림엽서에 비해 장충단공원 사진그림엽서가 상당히 많은 종류가 발행된 것은 장충단공원 자체에 대한 관심보다는 인접한 이토 히로부미의 명복을 비는 박문사가 있었기 때문이라고 보는 것이 타당할 것이다. 박문사는 당시 일본인들의 경성 관광코스에서 빼놓을 수 없는 곳이기도 했다. 이번에 수록된 장충단의 사진그림엽서는 모두 34장이다.

그림 1　장충단공원

제목은 '(경성 명소)장충단공원'으로 장충단공원에서 박문사(博文寺)를 배경으로 찍은 흑백 사진그림엽서이다. 다리 위에 자전거를 타고 가는 것과 같은 인물의 모습이 보인다.

오늘날 〈그림 1〉과 같은 구도에서 바라본 사진

현재는 사진그림엽서의 모습이 거의 남아 있지 않다. 좌측 상단에 보이는 박문사 부지에는 현재 신라호텔이 자리 잡고 있다. 오늘날 사진에 보이는 장충단공원의 수표교는 원래 종로구 관수동 20번지와 중구 수표동 40번지 사이에 있었으나, 1958년 청계천 복개공사로 인해 장충단공원으로 옮겨졌다.

그림 2 경성 장충단공원

〈그림 3〉, 〈그림 10〉, 〈그림 12〉, 〈그림 13〉과 동일한 흑백 사진그림엽서이다. 제목은 '(조선 명소)경성 장충단공원'이다. 개울가에서 노는 어린아이들의 모습이 담겨 있다.

그림 3 경성 장충단공원

그림 4 장충단공원 / 남산공원 / 남산약수 / 청량리

〈그림 4〉는 '(조선 경성)'이란 제목으로 위에서 시계 방향으로 장충단공원, 남산공원, 남산약수, 청량리라는 제목이 붙은 4장의 흑백사진이 실려 있는 사진그림엽서이다. 이 사진그림엽서에서 장충단공원의 모습은 벚꽃이 만개한 무렵에 찍은 사진으로 보인다.

그림 5 관광의 대경성

〈그림 5〉는 그림 간이편지 형식의 사진그림엽서이다. 바깥쪽에는 도안이 그려져 있고, 안쪽은 편지지의 형식이 되어 있다. '관광의 대경성'이라는 제목으로 숭례문과 장충단공원의 그림이 그려져 있다. 표지 좌측 부분에는 '宮城縣加美郡小野田村加藤愛子樣'라는 주소가, 우측에는 '경성에서[京城ニテ]'라고 쓰여 있다. 스탬프에 발신자로 보이는 '加藤克巳'라는 이름과 '소화(昭和) 13년 10월 14일'이라는 연도로 미루어 볼 때 1938년에 발송된 간이편지로 추정된다.

그림 6　아름다운 장충단공원과 박문사

〈그림 24〉와 동일한 흑백 사진그림엽서에다. 〈그림 6〉의 제목은 '(경성)아름다운 장충단공원과 박문사'이다. 벚꽃이 무성한 계절에 찍은 사진으로 보이며, 공원을 완상하는 조선인과 양복을 입은 남성의 모습이 찍혀 있다.

그림 7　녹림이 울창한 장충단공원

〈그림 22〉, 〈그림 23〉과 동일한 흑백 사진그림엽서이다. 〈그림 7〉의 제목은 '녹림[綠樹]이 울창한 장충단공원'으로 사각형의 한옥 정자 건물이 있는 언덕에서 아래를 내려다보는 한복을 입은 남성의 모습이 확인되는 사진그림엽서이다.

그림 8　경성 장충단공원

〈그림 9〉, 〈그림 14〉, 〈그림 15〉와 동일한 흑백 사진그림엽서이다. 제목은 '(조선 명소)경성 장충단공원(18)'이다. 전체적으로 〈그림 2〉와 구도가 유사한데 다리를 배경으로 하천과 배후의 산을 클로즈업한 사진으로서 컬러로 채색이 되어 있는 사진이다. 조선 관광엽서 시리즈의 일종이라고 생각된다.

그림 9　경성 장충단공원

그림 10 경성 장충단공원

그림 11 경성 장충단공원 / 박문사

제목은 '(경성 안내)경성 장충단공원 박문사'이다. 장충단공원보다는 이토 히로부미를 추모하는 박문사에 초점을 두고 찍은 사진그림엽서이다.

그림 12 경성 장충단공원

그림 13 경성 장충단공원

그림 14 경성 장충단공원

그림 15 경성 장충단공원

그림 16 경성 장충단공원의 벚꽃

제목은 '경성 장충단공원의 벚꽃'이다. 벚꽃이 만개한 가로수 사이를 지나가는 조선인 행락객들의 모습을 확인할 수 있다.

그림 17 경성 장충단공원의 벚꽃

벚꽃을 감상하는 일본인 남성과 여성이 벤치에 앉아 있다. 멀리는 많은 행락객의 모습이 확인된다.

그림 18 경성 장충단공원의 벚꽃

벚꽃을 즐기는 행락객들을 찍은 사진으로 자동차의 모습도 확인이 된다.

그림 19 장충단공원

〈그림 20〉과 동일한 흑백 사진그림엽서이다. 제목은 '(경성 전집)시냇물이 흐르고 언덕이 있는 다른 곳에서 찾을 수 없는 풍취가 있는 장충단공원'이다. 다리 위에 공원을 구경하는 여러 사람의 모습이 찍혀 있다.

그림 20 장충단공원

그림 21 장충단공원 / 파고다공원 / 남산 / 남산공원

제목은 '경성 백경'으로 위에서 시계 방향으로 장충단공원, 파고다공원, 남산, 남산공원이란 제목이 붙은 네 장의 흑백 사진이 실려 있다. 그리고 장충단공원 왼쪽 부분에 "그 신의 사연은 모르겠지만 칭찬하고 싶네 / 돌계단의 백옥초(白玉草)"라는 문구가 인쇄되어 있다.

그림 22 녹림이 울창한 장충단공원

그림 23 녹림이 울창한 장충단공원

그림 24 **아름다운 장충단공원과 박문사**

그림 25 **장충단공원**

좌측 상단의 내용은 "물은 푸르고 나무는 녹색, 작은 정자의 풍미 더할 나위 없고, 왕년의 한국 사졸(士卒)의 초혼장(招魂場)이었던 곳. 장충단공원.[반도의 수부(首府)=대경성]"이다.

그림 26 장충단공원의 일부

〈그림 30〉, 〈그림 31〉과 동일한 사진그림엽서이다. 제목은 '(경성) 장충단공원의 일부'이다. 장충단공원 개울 주변을 말을 끌고 가는 사람의 모습이 보이는 흑백 사진그림엽서이며, 공원 주변 여기저기에 다수의 한복을 입은 남자와 여자들이 찍혀 있는 사진이다.

그림 27 장충단공원의 일부

중절모를 쓴 인물이 양복을 입고 전경을 바라보고 있다.

그림 28 장충단공원

제목은 '(경성)장충단공원'이다. "명성황후의 사변 당시에 충사(忠死)한 충의공 홍계훈, 그 외의 사람들을 제사하기 위한 장소인데, 지금은 공원지(公園地)로서 봄가을로 풍물에 놀이나 산보를 즐기는 사람들이 끊이지 않고 시흥(詩興)이 저절로 넘쳐나는 재미의 가치가 있다."라는 문구가 인쇄되어 있다.

그림 29 장충단공원의 아름다운 경치

제목은 '(경성)장충단공원의 아름다운 경치'이다. 사진을 바탕으로 채색을 한 사진그림엽서로 보인다.

그림 30 장충단공원의 일부

그림 31 장충단공원의 일부

그림 32 한적하고 우아한 장충단공원

〈그림 33〉과 동일한 흑백 사진그림엽서이다. 제목은 '(경성)한적하고 우아한 장충단공원'이다. 배후에 박문사 건물이 보이는 장충단공원이다.

그림 33 한적하고 우아한 장충단공원

그림 34 풍치가 더할 나위 없는 장충단공원

사직단

社稷壇

Sajikdan Alter

사직단은 토지의 신과 곡식의 신에게 제사를 지내던 곳으로 국사단과 국직단, 신좌 등으로 구성되었다. 그러나 한일병합 이후 조선총독부에 의해 제사가 폐지되면서 부속 건물들이 철거되었다. 1922년 12월에는 경성부에 이관되면서 순환도로·정자·벤치·조명 등이 설치되었으며, 1924년 공원으로 개설되었다.

사직단은 토지의 신과 곡식의 신에게 제사를 지내던 곳이다. 조선을 세운 태조가 1395년(태조 4) 한양에 수도를 정하고, 가장 먼저 종묘를 지을 때 함께 만들었다. 가운데 2좌의 사직단을 두고 넓은 뜰을 가꾸어 토벽으로 둘러싸고 잡인이 침범하지 못하도록 1단 높은 장대석 기단長大石基壇 위에 정문을 세워 성지임을 표시하였다. 토지의 신에게 제사 지내는 국사단은 동쪽에, 곡식의 신에게 제사 지내는 국직단은 서쪽에 배치하였으며, 신좌는 각각 북쪽에 모셨다. 제사는 2월과 8월 그리고 동지와 섣달그믐에 지냈다. 나라에 큰일이 있을 때나 가뭄에 비를 기원하는 기우제 그리고 풍년을 비는 기곡제 등을 이곳에서 지냈다.

일제강점기에는 공원으로 이용되었다. 1922년 12월 경성부에 이관되어 이곳에 순환도로·정자·벤치·조명 등을 설치하였고 1924년 5월 공원으로 개설하였다. 사직공원은 면적은 16만 8,000m^{2}이다. 1940년 3월 조선총독부고시 제208호, 경성시가지 계획공원 제35호에 따라 정식으로 도시공원이 되었다. 이번에 수록된 사직단의 사진그림엽서는 모두 4장이다.

그림 1　사직단공원 / 파고다공원의 한수석 십층탑

제목은 '(경성)사직단공원 / 파고다공원의 한수석(寒水石)십층탑'이다. 우측 상단에 사직단공원, 하단에는 탑골공원의 사진이 각각 실린 경성 관광엽서이다. 파고다공원 사진은 원각사지 10층 석탑과 오른쪽에 음악당이 보이는 사진이며, 사직단공원의 사진은 공원으로 정비된 사직단에서 조선 어린아이 4명이 놀이하는 모습이 찍혀 있는 흑백 사진그림엽서이다. 사진그림엽서 뒷면에 "1억의 힘으로 만들자, 신체제[一億の力で築け新体制]"라는 구호가 인쇄되어 있는 점으로 보아 일본에서 신체제운동이 시작된 1938년경에 인쇄된 사진그림엽서로 보인다.

그림 2 경성·사직단공원

〈그림 3〉, 〈그림 4〉와 동일한 흑백 사진그림엽서이다. 사진그림엽서 제목은 '경성·사직단공원'이고 우측 상단의 '遊歩の雅園'이라는 문장은 사직단의 분위기를 설명한 표현으로 보인다. 산보[遊步]는 산책을 멋있게 표현한 단어이므로 해석은 '아름다운 공원에서의 산책'이 좋을 듯하다. 좌측 하단의 추가 설명은 "짙푸른 수목들이 둘러싸고 있는 청아한(깨끗한) 공원이다. 옛날 황제가 지신(地神)을 제사 지낸 성스러운 자리이다."라고 되어 있다. 〈그림 1〉과 같은 촬영 각도이지만 사진그림엽서 지면에 어린 아이들이 보이지 않도록 사진을 넣는 독특한 디자인을 시도했다. 중간에 어린아이 머리가 보인다. 그리고 경성 관광기념 스탬프가 압인되어 있다. 사진그림엽서 뒷면에 "1억 명의 힘으로 만들자, 신체제[一億の力で築け新体制]"라는 국책 표어가 인쇄되어 있다. 일본 정부는 중일전쟁부터 제2차 세계대전 시기에 국민들의 전의 고양, 생활 통제, 정신 동원과 같은 전시 선전과 사상 통제를 위해 국책 표어를 적극적으로 홍보했다. 1940년 "一億の力で築け新体制"라는 표어가 《東日大毎新聞》에 실렸다.

오늘날 〈그림 2〉와 같은 구도에서 바라본 사직단

그림 3 경성·사직단공원

그림 4 경성·사직단공원

도판목록

Plates List

015

분류 북촌과 청계천 – 탑골공원
번호 그림1
사진제목(한글) 고탑은 빛난다
사진제목(원문) 古塔は輝く 京城·パゴダ公園, 寒水石十層塔
봉투제목(원문) 京城を巡る

018

분류 북촌과 청계천 – 탑골공원
번호 그림4
사진제목(한글) 경성명소 파고다공원 납석탑
사진제목(원문) パゴダ公園蠟石塔/(京城名所)
봉투제목(원문) 京城名勝繪葉書(1)

016

분류 북촌과 청계천 – 탑골공원
번호 그림2
사진제목(한글) 경성 파고다공원 한수석 불탑
사진제목(원문) 京城パコタ公園寒水石佛塔/(京城名所)
봉투제목(원문) 京城名勝 繪葉書 The Views of Keijyo

019

분류 북촌과 청계천 – 탑골공원
번호 그림5
사진제목(한글) 경성 파고다공원(한수석 불탑)
사진제목(원문) 京城パゴダ公園/(朝鮮名所)
봉투제목(원문) 京城名勝繪葉書(2)

017

분류 북촌과 청계천 – 탑골공원
번호 그림3
사진제목(한글) 경성 파고다공원(한수석 불탑)
사진제목(원문) 京城パコタ公園(寒水石佛塔)/(朝鮮名所)
봉투제목(원문) 京城名勝繪葉書 三十二枚組

019

분류 북촌과 청계천 – 탑골공원
번호 그림6
사진제목(한글) 파고다공원 육각당에서 음악당을 바라보다
사진제목(원문) パゴダ公園六角堂より音樂堂を望む/(京城)
봉투제목(원문) 文化の淵叢 京城市街の壯麗

020

분류 북촌과 청계천 – 탑골공원
번호 그림7
사진제목(한글) 파고다공원의 한수석 10층 탑/사직단공원
사진제목(원문) パゴダ公園の寒水石十層塔, 社稷壇公園/(京城)
봉투제목(원문) 半島の首都 躍進の京城

020

분류 북촌과 청계천 – 탑골공원
번호 그림8
사진제목(한글) 경성 파고다공원 음악당과 불탑
사진제목(원문) 京城パコタ公園音樂堂ト佛塔/(朝鮮名所)
봉투제목(원문) 빈봉투

021

분류 북촌과 청계천 – 탑골공원
번호 그림9
사진제목(한글) 파고다공원 육각당에서 음악당을 바라보다
사진제목(원문) パコタ公園六角堂より音樂堂を望む/(京城)
봉투제목(원문) 朝鮮京城 繪葉書

022

분류 북촌과 청계천 – 탑골공원
번호 그림10
사진제목(한글) 경성 파고다공원 한수석 불탑
사진제목(원문) 京城パゴダ公園寒水石佛塔/(朝鮮名所)
봉투제목(원문) 朝鮮京城名所繪葉書/(京城 日之出發行)

023

분류 북촌과 청계천 – 탑골공원
번호 그림11
사진제목(한글) 파고다공원 한수석 불탑
사진제목(원문) 佛塔石水寒公園パゴダ/(京城)
봉투제목(원문) 朝鮮風景繪葉書

024

분류 북촌과 청계천 – 탑골공원
번호 그림12
사진제목(한글) 경성 파고다공원 한수석 불탑
사진제목(원문) 京城パゴダ公園寒水石佛塔/(朝鮮名所)
봉투제목(원문) 最新式二色版 朝鮮京城名所繪葉書

025

분류 북촌과 청계천 – 탑골공원
번호 그림13
사진제목(한글) 경성 파고다공원(한수석 불탑)
사진제목(원문) 京城パコダ公園(寒水石佛塔)/(朝鮮名所)
봉투제목(원문) 祝凱旋(京畿道 京城府)

025

분류 북촌과 청계천 – 탑골공원
번호 그림14
사진제목(한글) 고탑은 말한다
사진제목(원문) パコタ公園
봉투제목(원문) –

026

분류 북촌과 청계천 – 탑골공원
번호 그림15
사진제목(한글) 경성·파고다공원
사진제목(원문) 京城·パコダ公園/(京城)
봉투제목(원문) –

027

분류 북촌과 청계천 – 탑골공원
번호 그림16
사진제목(한글) 파고다공원·한수석 10층 탑
사진제목(원문) パコタ公園·寒水石十層塔/(京城)
봉투제목(원문) –

027

분류 북촌과 청계천 – 탑골공원
번호 그림17
사진제목(한글) 파고다공원·한수석 10층 탑
사진제목(원문) パゴダ公園·寒水石十層塔/(京城)
봉투제목(원문) –

028

분류 북촌과 청계천 – 탑골공원
번호 그림18
사진제목(한글) 파고다공원의 한수석 10층 탑
사진제목(원문) パコタ公園の寒水石十層塔/(京城)
봉투제목(원문) –

028

분류 북촌과 청계천 – 탑골공원
번호 그림19
사진제목(한글) 파고다공원의 한수석 10층 탑
사진제목(원문) パコタ公園の寒水石十層塔/(京城)
봉투제목(원문) –

029

분류 북촌과 청계천 – 탑골공원
번호 그림20
사진제목(한글) 파고다공원의 한수석 10층 탑
사진제목(원문) パゴダ公園の寒水石十層塔/(京城)
봉투제목(원문) –

030

분류 북촌과 청계천 – 탑골공원
번호 그림21
사진제목(한글) 파고다공원 안에 있는 유명한 한수석 불탑
사진제목(원문) バコタ公園内に建つ有名なる寒水石佛塔./[京城名所]
봉투제목(원문) –

031

분류 북촌과 청계천 – 탑골공원
번호 그림22
사진제목(한글) 파고다공원 납석탑
사진제목(원문) パコタ公園蠟石塔/(京城名所)
봉투제목(원문) –

032

분류 북촌과 청계천 – 탑골공원
번호 그림23
사진제목(한글) 파고다공원 납석탑
사진제목(원문) パコタ公園蠟石塔/[京城]
봉투제목(원문) –

032

분류 북촌과 청계천 – 탑골공원
번호 그림24
사진제목(한글) 파고다공원 육각당에서 음악당을 바라보다
사진제목(원문) パコタ公園六角堂より音樂堂を望む/(京城)
봉투제목(원문) –

033

분류 북촌과 청계천 – 탑골공원
번호 그림25
사진제목(한글) 파고다공원 육각당에서 음악당을 바라보다
사진제목(원문) パゴダ公園六角堂より音樂堂を望む/(京城)
봉투제목(원문) –

033

분류 북촌과 청계천 – 탑골공원
번호 그림26
사진제목(한글) 파고다공원 육각당에서 음악당을 바라보다
사진제목(원문) パゴダ公園六角堂より音樂堂を望む/(京城)
봉투제목(원문) –

034

분류 북촌과 청계천 – 탑골공원
번호 그림27
사진제목(한글) 파고다공원 한수석 불탑
사진제목(원문) パゴダ公園寒水石佛塔(京城)
봉투제목(원문) –

034

분류 북촌과 청계천 – 탑골공원
번호 그림28
사진제목(한글) 파고다공원·한수석 10층 탑
사진제목(원문) パゴダ公園寒水石十層塔/(京城)
봉투제목(원문) –

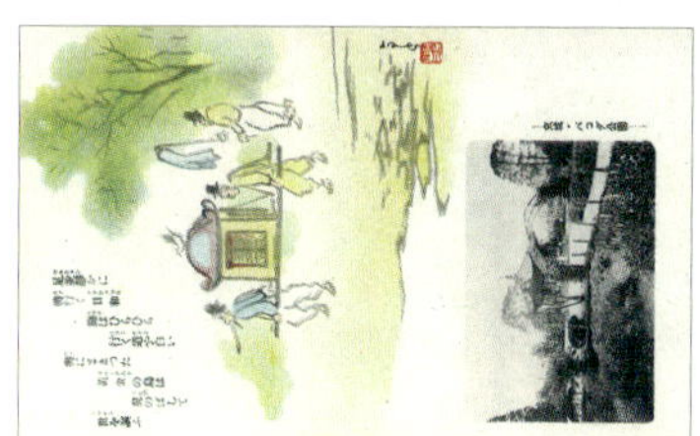

035

분류 북촌과 청계천 – 탑골공원
번호 그림29
사진제목(한글) 경성·파고다공원
사진제목(원문) 京城 パゴダ公園
봉투제목(원문) –

036

분류 북촌과 청계천 – 탑골공원
번호 그림30
사진제목(한글) 경성 파고다공원 한수석 불탑
사진제목(원문) 京城 パゴダ公園寒水石佛塔/[朝鮮名所]
봉투제목(원문) –

037

분류 북촌과 청계천 – 탑골공원
번호 그림31
사진제목(한글) 경성 파고다공원 한수석 불탑
사진제목(원문) 京城パコタ公園 寒水石佛塔/(朝鮮名所)
봉투제목(원문) –

038

분류 북촌과 청계천 – 탑골공원
번호 그림32
사진제목(한글) 경성 파고다공원 한수석 불탑
사진제목(원문) 京城パコタ公園 寒水石佛塔/(朝鮮名所)
봉투제목(원문) –

039

분류 북촌과 청계천 – 탑골공원
번호 그림33
사진제목(한글) 경성 파고다공원(한수석 불탑)
사진제목(원문) 京城パコタ公園(寒水石佛塔)/(朝鮮名所)
봉투제목(원문) –

039

분류 북촌과 청계천 – 탑골공원
번호 그림34
사진제목(한글) 경성 파고다공원(한수석 불탑)
사진제목(원문) 京城パコダ公園(寒水石佛塔)/(朝鮮名所)
봉투제목(원문) –

040

분류 북촌과 청계천 – 탑골공원
번호 그림35
사진제목(한글) 경성 파고다공원(한수석 불탑)
사진제목(원문) 京城パコダ公園(寒水石佛塔)/(朝鮮名所)/(朝鮮名所)
봉투제목(원문) –

040

분류 북촌과 청계천 – 탑골공원
번호 그림36
사진제목(한글) 경성 파고다공원 육각당
사진제목(원문) 京城パコタ公園六角堂/(朝鮮名所)
봉투제목(원문) –

041

분류 북촌과 청계천 – 탑골공원
번호 그림37
사진제목(한글) 경성 파고다공원 한수석의 불탑
사진제목(원문) 京城パコタ公園寒水石ノ佛塔/(朝鮮名所)
봉투제목(원문) –

042

분류 북촌과 청계천 – 탑골공원
번호 그림38
사진제목(한글) 경성 파고다공원 한수석의 불탑
사진제목(원문) 京城パゴダ公園寒水石ノ佛塔/(朝鮮名所)
봉투제목(원문) –

043

분류 북촌과 청계천 – 탑골공원
번호 그림39
사진제목(한글) 경성 파고다공원 한수석 불탑
사진제목(원문) 京城パコタ公園寒水石佛塔/(京城名所)
봉투제목(원문) –

044

분류 북촌과 청계천 – 탑골공원
번호 그림40
사진제목(한글) 경성 파고다공원 한수석 불탑
사진제목(원문) 京城パコタ公園寒水石佛塔/(朝鮮名所)
봉투제목(원문) –

045

분류 북촌과 청계천 – 탑골공원
번호 그림41
사진제목(한글) 경성 파고다공원 한수석 불탑
사진제목(원문) 京城パゴダ公園寒水石佛塔/(朝鮮名所)
봉투제목(원문) –

046

분류 북촌과 청계천 – 탑골공원
번호 그림42
사진제목(한글) 경성 파고다공원 한수석 불탑
사진제목(원문) 京城パゴダ公園寒水石佛塔/(朝鮮名所)
봉투제목(원문) –

047

분류 북촌과 청계천 – 탑골공원
번호 그림43
사진제목(한글) 경성 파고다공원 한수석 불탑
사진제목(원문) 京城パコタ公園寒水石佛塔/(朝鮮名所)
봉투제목(원문) –

047

분류 북촌과 청계천 – 탑골공원
번호 그림44
사진제목(한글) 향기로운 대기
사진제목(원문) 大氣薫りて(京城名所, パコタ公園)
봉투제목(원문) –

048

분류 북촌과 청계천 – 탑골공원
번호 그림45
사진제목(한글) 유객 번화한 파고다공원
사진제목(원문) 遊客繁きパコタ公園/(京城)
봉투제목(원문) –

051

분류 북촌과 청계천 – YMCA
번호 그림1
사진제목(한글) Y.M.C.A./프랑스교회당
사진제목(원문) Y.M.C.A./フランス教會堂/(京城百景)
봉투제목(원문) 京城大觀

052

분류 북촌과 청계천 – YMCA
번호 그림2
사진제목(한글) Y.M.C.A./프랑스교회당
사진제목(원문) Y.M.C.A./フランス教會堂/[京城百景]
봉투제목(원문) 京城百景

052

분류 북촌과 청계천 – YMCA
번호 그림3
사진제목(한글) Y.M.C.A./프랑스교회당
사진제목(원문) Y.M.C.A./フランス教會堂/[京城百景]
봉투제목(원문) 京城百景

053

분류 북촌과 청계천 – YMCA
번호 그림4
사진제목(한글) Y.M.C.A./프랑스교회당
사진제목(원문) Y.M.C.A./フランス教會堂/(京城百景)
봉투제목(원문) 京城百景

053

분류 북촌과 청계천 – YMCA
번호 그림5
사진제목(한글) Y.M.C.A./프랑스교회당/일본적십자사 조선본부
사진제목(원문) YMCA中央基督教青年會/フランス教會/日本赤十字社 朝鮮本部/(朝鮮京城)
봉투제목(원문) 京城百卄景

054

분류 북촌과 청계천 – YMCA
번호 그림6
사진제목(한글) Y.M.C.A./프랑스교회당
사진제목(원문) フランス教會堂, Y.M.C.A./[京城百景]
봉투제목(원문) 半島の首都 京城大觀

054

분류 북촌과 청계천 – YMCA
번호 그림7
사진제목(한글) Y.M.C.A./프랑스교회당
사진제목(원문) Y.M.C.A./フランス教會堂/(京城京城)
봉투제목(원문) –

055

분류 북촌과 청계천 – YMCA
번호 그림8
사진제목(한글) Y.M.C.A./프랑스교회당
사진제목(원문) Y.M.C.A./フランス教會堂/(京城百景)
봉투제목(원문) –

055

분류 북촌과 청계천 – YMCA
번호 그림9
사진제목(한글) Y.M.C.A./프랑스교회당
사진제목(원문) Y.M.C.A./フランス教會堂
봉투제목(원문) –

056

분류 북촌과 청계천 – YMCA
번호 그림10
사진제목(한글) 경성 종로통(왼쪽은 미국 청년회관)
사진제목(원문) 京城鐘路通(左は米國青年會館)/(京城)
봉투제목(원문) –

059

분류 북촌과 청계천 – 보신각
번호 그림1
사진제목(한글) 경성 종로가 보신각(대관의 가마)
사진제목(원문) 京城鐘路街普信閣(大官の轎)
봉투제목(원문) –

062

분류 북촌과 청계천 – 한성은행
번호 그림1
사진제목(한글) 한성은행
사진제목(원문) 漢城銀行
봉투제목(원문) –

063

분류 북촌과 청계천 – 한성은행
번호 그림2
사진제목(한글) 한성은행
사진제목(원문) 漢城銀行
봉투제목(원문) –

063

분류 북촌과 청계천 – 한성은행
번호 그림3
사진제목(한글) 한성은행
사진제목(원문) 漢城銀行
봉투제목(원문) –

066

분류 북촌과 청계천 – 조선상업은행
번호 그림1
사진제목(한글) 경성 남대문통 1정목
사진제목(원문) (朝鮮名所)京城南大門通一丁目
봉투제목(원문) –

075

분류 광화문통 – 조선총독부
번호 그림1
사진제목(한글) 조선총독부 신청사
사진제목(원문) 朝鮮總督府新廳舍
봉투제목(원문) 景福宮繪葉書

075

분류 광화문통 – 조선총독부
번호 그림2
사진제목(한글) 조선총독부 신청사
사진제목(원문) 朝鮮總督府新廳舍
봉투제목(원문) 景福宮繪葉書

076

분류 광화문통 – 조선총독부
번호 그림3
사진제목(한글) 조선총독부
사진제목(원문) 朝鮮總督府/(京城百景)
봉투제목(원문) 京城大觀

078

분류 광화문통 – 조선총독부
번호 그림7
사진제목(한글) 조선총독부
사진제목(원문) 朝鮮總督府/(京城百景)
봉투제목(원문) 京城百景

077

분류 광화문통 – 조선총독부
번호 그림4
사진제목(한글) 조선총독부
사진제목(원문) 朝鮮總督府/(京城名所)
봉투제목(원문) 京城命勝 繪葉書
The Views of Keijyo

079

분류 광화문통 – 조선총독부
번호 그림8
사진제목(한글) 조선총독부 홀의 일부
사진제목(원문) 總督府ホテルの一部/朝鮮總督府/(朝鮮京城)
봉투제목(원문) 京城百卄景

077

분류 광화문통 – 조선총독부
번호 그림5
사진제목(한글) 조선총독부
사진제목(원문) 朝鮮總督府/(京城名所)
봉투제목(원문) 京城名勝繪葉書(1)

079

분류 광화문통 – 조선총독부
번호 그림9
사진제목(한글) 광화문대로에서 총독부를 바라봄
사진제목(원문) 光化門大通リョリ總督府ヲ望ム/(朝鮮博覽會)
봉투제목(원문) 觀光の大京城(2)

078

분류 광화문통 – 조선총독부
번호 그림6
사진제목(한글) 조선총독부
사진제목(원문) 朝鮮總督府/(京城百景)
봉투제목(원문) 京城百景

080

분류 광화문통 – 조선총독부
번호 그림10
사진제목(한글) 태평통/총독부 첨탑/총독관저/관저 정문
사진제목(원문) 大平通/總督府尖塔/總督官邸/官邸正門/(京城百景)
봉투제목(원문) 半島の首都 京城大觀

081

분류 광화문통 – 조선총독부
번호 그림11
사진제목(한글) 조선총독부
사진제목(원문) 朝鮮總督府/(京城百景)
봉투제목(원문) 半島の首都 京城大觀

081

분류 광화문통 – 조선총독부
번호 그림12
사진제목(한글) 장대한 조선총독부 신청사
사진제목(원문) 壯大なる朝鮮總督府新廳舍/(京城, 景福宮)
봉투제목(원문) 朝鮮の誇る 景福宮の美景

082

분류 광화문통 – 조선총독부
번호 그림13
사진제목(한글) 장대한 조선총독부 신청사
사진제목(원문) 壯大なる朝鮮總督府新廳舍/(京城, 景福宮)
봉투제목(원문) 朝鮮の誇る景福宮の美景 八枚組 朝鮮總督府 協和會賣店發行

082

분류 광화문통 – 조선총독부
번호 그림14
사진제목(한글) 향기롭게 만개한 벚꽃
사진제목(원문) 香れく滿開の櫻花/(京城, 景福宮)
봉투제목(원문) 朝鮮の誇る景福宮の美景 八枚組 朝鮮總督府 協和會賣店發行

083

분류 광화문통 – 조선총독부
번호 그림15
사진제목(한글) 창경원/총독부/경회루
사진제목(원문) 昌慶苑, 總督府, 慶會樓
봉투제목(원문) 贈呈 繪はがき

083

분류 광화문통 – 조선총독부
번호 그림16
사진제목(한글) 조선총독부의 위용
사진제목(원문) 朝鮮總督府の偉容/(朝鮮名所)
봉투제목(원문) 祝凱旋(京畿道 京城府)

084

분류 광화문통 – 조선총독부
번호 그림17
사진제목(한글) 경성·조선총독부
사진제목(원문) 京城·朝鮮總督府
봉투제목(원문) –

085

분류 광화문통 – 조선총독부
번호 그림18
사진제목(한글) 경성·조선총독부
사진제목(원문) 京城 朝鮮總督府
봉투제목(원문) –

085

분류 광화문통 – 조선총독부
번호 그림19
사진제목(한글) 경성 조선총독부
사진제목(원문) 京城 朝鮮總督府 /(朝鮮名所)
봉투제목(원문) –

086

분류 광화문통 – 조선총독부
번호 그림20
사진제목(한글) 경성시가 전경의 일부
사진제목(원문) 京城市街全景の一部(山麓の白洋館は總督府の新廳舍)
봉투제목(원문) (景38)(複製不許)/(朝鮮名所)
–

086

분류 광화문통 – 조선총독부
번호 그림21
사진제목(한글) 경성시가 전경의 일부
사진제목(원문) 京城市街全景の一部(山麓の白洋館は總督府の新廳舍)/(朝鮮名所)
봉투제목(원문) –

087

분류 광화문통 – 조선총독부
번호 그림22
사진제목(한글) 경성 조선총독부
사진제목(원문) 京城朝鮮總督府
봉투제목(원문) –

087

분류 광화문통 – 조선총독부
번호 그림23
사진제목(한글) 경성 조선총독부
사진제목(원문) 京城朝鮮總督府
봉투제목(원문) –

088

분류 광화문통 – 조선총독부
번호 그림24
사진제목(한글) 경성 조선총독부
사진제목(원문) 京城朝鮮總督府 /(朝鮮名所)
봉투제목(원문) –

088

분류 광화문통 – 조선총독부
번호 그림25
사진제목(한글) 경성 조선총독부
사진제목(원문) 京城朝鮮總督府 /(朝鮮名所)
봉투제목(원문) –

089

분류 광화문통 – 조선총독부
번호 그림26
사진제목(한글) 경성 조선총독부
사진제목(원문) 京城朝鮮總督府 /(朝鮮名所)
봉투제목(원문) –

089

분류 광화문통 – 조선총독부
번호 그림27
사진제목(한글) 경성 조선총독부
사진제목(원문) 京城朝鮮總督府/(朝鮮名所)
봉투제목(원문) –

090

분류 광화문통 – 조선총독부
번호 그림28
사진제목(한글) 경성 조선총독부
사진제목(원문) 京城朝鮮總督府/(朝鮮名所)
봉투제목(원문) –

090

분류 광화문통 – 조선총독부
번호 그림29
사진제목(한글) 경성 조선총독부
사진제목(원문) 京城朝鮮總督府/(朝鮮名所)
봉투제목(원문) –

091

분류 광화문통 – 조선총독부
번호 그림30
사진제목(한글) 경성 조선총독부
사진제목(원문) 京城朝鮮總督府/(朝鮮名所)
봉투제목(원문) –

091

분류 광화문통 – 조선총독부
번호 그림31
사진제목(한글) 광화문대로에서 총독부를 바라봄
사진제목(원문) 光化門大通リヨリ總督府ヲ望ム/(朝鮮博覽會)
봉투제목(원문) –

092

분류 광화문통 – 조선총독부
번호 그림32
사진제목(한글) 당당하게
사진제목(원문) 堂堂と
봉투제목(원문) –

092

분류 광화문통 – 조선총독부
번호 그림33
사진제목(한글) 대지를 밟다
사진제목(원문) 大地をふみ(京城名所, 朝鮮總督府)
봉투제목(원문) –

093

분류 광화문통 – 조선총독부
번호 그림34
사진제목(한글) 반도행정의 중추 경성 조선총독부의 위용
사진제목(원문) 半島行政の中樞京城朝鮮總督府の偉容/(朝鮮大觀)
봉투제목(원문) –

093

분류 광화문통 – 조선총독부
번호 그림35
사진제목(한글) 웅장함이 나부끼는 총독부
사진제목(원문) 雄姿は戰ぐ總督府
봉투제목(원문) –

094

분류 광화문통 – 조선총독부
번호 그림36
사진제목(한글) 장대한 조선총독부 신청사
사진제목(원문) 壯大なる朝鮮總督府新廳舍/(京城·景福宮)
봉투제목(원문) –

094

분류 광화문통 – 조선총독부
번호 그림37
사진제목(한글) 장대한 조선총독부 신청사
사진제목(원문) 壯大なる朝鮮總督府新廳舍/(京城·景福宮)
봉투제목(원문) –

095

분류 광화문통 – 조선총독부
번호 그림38
사진제목(한글) 장대한 조선총독부 신청사
사진제목(원문) 壯大なる朝鮮總督府新廳舍/(京城·景福宮)
봉투제목(원문) –

095

분류 광화문통 – 조선총독부
번호 그림39
사진제목(한글) 장대한 조선총독부 신청사
사진제목(원문) 壯大なる朝鮮總督府新築廳舍/(京城)
봉투제목(원문) –

096

분류 광화문통 – 조선총독부
번호 그림40
사진제목(한글) 경성·조선총독부 신청사
사진제목(원문) 全景な銃べて 京城·朝鮮總督府
봉투제목(원문) –

096

분류 광화문통 – 조선총독부
번호 그림41
사진제목(한글) 조선총독부
사진제목(원문) 朝鮮總督府
봉투제목(원문) –

097

분류 광화문통 – 조선총독부
번호 그림42
사진제목(한글) 조선총독부
사진제목(원문) 朝鮮總督府
봉투제목(원문) –

097

분류 광화문통 – 조선총독부
번호 그림43
사진제목(한글) 조선총독부
사진제목(원문) 朝鮮總督府
봉투제목(원문) –

098

분류 광화문통 – 조선총독부
번호 그림44
사진제목(한글) 조선총독부
사진제목(원문) 朝鮮總督府
봉투제목(원문) –

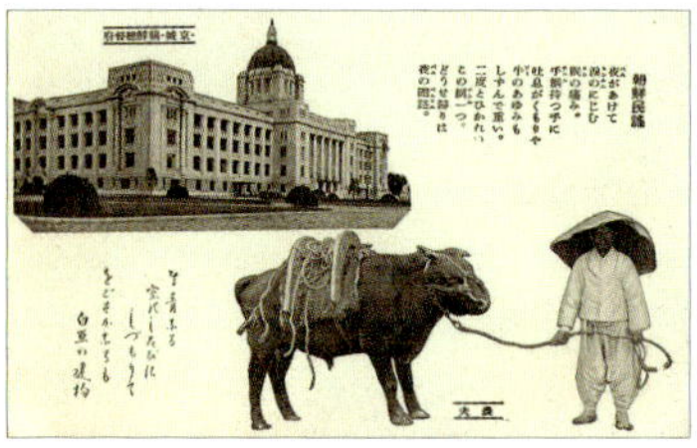

098

분류 광화문통 – 조선총독부
번호 그림45
사진제목(한글) 경성 조선총독부
사진제목(원문) 朝鮮總督府 農夫/(京城)
봉투제목(원문) –

099

분류 광화문통 – 조선총독부
번호 그림46
사진제목(한글) 조선총독부
사진제목(원문) 朝鮮總督府(京畿道)/(朝鮮名所)
봉투제목(원문) –

099

분류 광화문통 – 조선총독부
번호 그림47
사진제목(한글) 조선총독부
사진제목(원문) 朝鮮總督府/(京城百景)
봉투제목(원문) –

100

분류 광화문통 – 조선총독부
번호 그림48
사진제목(한글) 조선총독부
사진제목(원문) 朝鮮總督府/(京城百景)
봉투제목(원문) –

100

분류 광화문통 – 조선총독부
번호 그림49
사진제목(한글) 조선총독부
사진제목(원문) 朝鮮總督府/(京城百景)
봉투제목(원문) –

101

분류 광화문통 – 조선총독부
번호 그림50
사진제목(한글) 조선총독부
사진제목(원문) 朝鮮總督府/(京城百景)
봉투제목(원문) –

101

분류 광화문통 – 조선총독부
번호 그림51
사진제목(한글) 조선총독부
사진제목(원문) 朝鮮總督府 /(京城百景)
봉투제목(원문) –

102

분류 광화문통 – 조선총독부
번호 그림52
사진제목(한글) 조선총독부
사진제목(원문) 朝鮮總督府 /(朝鮮名所)
봉투제목(원문) –

102

분류 광화문통 – 조선총독부
번호 그림53
사진제목(한글) 조선총독부
사진제목(원문) 朝鮮總督府 /(朝鮮名所)
봉투제목(원문) –

103

분류 광화문통 – 조선총독부
번호 그림54
사진제목(한글) 조선총독부
사진제목(원문) 朝鮮總督府 /[京城名所]
봉투제목(원문) –

103

분류 광화문통 – 조선총독부
번호 그림55
사진제목(한글) 조선총독부
사진제목(원문) 朝鮮總督府 /[京城名所]
봉투제목(원문) –

104

분류 광화문통 – 조선총독부
번호 그림56
사진제목(한글) 조선총독부의 위용
사진제목(원문) 朝鮮總督府の偉容 /(京城)
봉투제목(원문) –

104

분류 광화문통 – 조선총독부
번호 그림57
사진제목(한글) 조선총독부의 위용
사진제목(원문) 朝鮮總督府の偉容 /(京城)
봉투제목(원문) –

105

분류 광화문통 – 조선총독부
번호 그림58
사진제목(한글) 조선총독부 신청사
사진제목(원문) 朝鮮總督府新廳舍
봉투제목(원문) –

105

분류 광화문통 – 조선총독부
번호 그림59
사진제목(한글) 조선총독부 신청사 / 경성시가
사진제목(원문) 朝鮮總督府朝新廳舍, 京城市街(鮮總督府始政十五周年記念)
봉투제목(원문) –

106

분류 광화문통 – 조선총독부
번호 그림60
사진제목(한글) 조선총독부 청사
사진제목(원문) 朝鮮總督府廳舍
봉투제목(원문) –

106

분류 광화문통 – 조선총독부
번호 그림61
사진제목(한글) 조선총독부 청사 입구 홀
사진제목(원문) 朝鮮總督府廳舍 大廣間
봉투제목(원문) –

107

분류 광화문통 – 조선총독부
번호 그림62
사진제목(한글) 조선총독부 청사 정면 전경
사진제목(원문) 朝鮮總督府廳舍 正面全景
봉투제목(원문) –

108

분류 광화문통 – 조선총독부
번호 그림63
사진제목(한글) 조선총독부 청사 회의실
사진제목(원문) 朝鮮總督府廳舍 會議室
봉투제목(원문) –

109

분류 광화문통 – 조선총독부
번호 그림64
사진제목(한글) 조선총독부 청사
사진제목(원문) 朝鮮總督府廳舍(京城)
봉투제목(원문) –

109

분류 광화문통 – 조선총독부
번호 그림65
사진제목(한글) 조선총독부 청사
사진제목(원문) 朝鮮總督府廳舍(京城)
봉투제목(원문) –

110

분류 광화문통 – 조선총독부
번호 그림66
사진제목(한글) 조선총독부 청사
사진제목(원문) 朝鮮總督府廳舍(京城)
봉투제목(원문) –

110

분류 광화문통 – 조선총독부
번호 그림67
사진제목(한글) 조선총독부 청사
사진제목(원문) 朝鮮總督府廳舍(京城)
봉투제목(원문) –

111

분류 광화문통 – 조선총독부
번호 그림68
사진제목(한글) 조선총독부 청사
사진제목(원문) 朝鮮總督府廳舍(京城)
봉투제목(원문) –

111

분류 광화문통 – 조선총독부
번호 그림69
사진제목(한글) 조선총독부 청사
사진제목(원문) 朝鮮總督府廳舍(京城)
봉투제목(원문) –

112

분류 광화문통 – 조선총독부
번호 그림70
사진제목(한글) 총독부
사진제목(원문) 總督府/『朝鮮·京城』
봉투제목(원문) –

112

분류 광화문통 – 조선총독부
번호 그림71
사진제목(한글) 향기롭게 만개한 벚꽃
사진제목(원문) 香しく滿開の櫻花/(京城·景福宮)
봉투제목(원문) –

113

분류 광화문통 – 조선총독부
번호 그림72
사진제목(한글) 향기롭게 만개한 벚꽃
사진제목(원문) 香しく滿開の櫻花/(京城·景福宮)
봉투제목(원문) –

116

분류 광화문통 – 경기도청
번호 그림1
사진제목(한글) 경성부청/경기도청/체신국 보험과/체신국
사진제목(원문) 京城府廳/京畿道廳/遞信局保險課/遞信局/(朝鮮京城)
봉투제목(원문) 京城百卄景

117

분류 광화문통 – 경기도청
번호 그림2
사진제목(한글) 경기도청
사진제목(원문) 京畿道廳/(朝鮮風景)
봉투제목(원문) –

120

분류 광화문통 – 체신국
번호 그림1
사진제목(한글) 경성부청/경기도청/체신국 보험과/체신국
사진제목(원문) 京城府廳/京畿道廳/遞信局保險課/遞信局/(朝鮮京城)
봉투제목(원문) 京城百卄景

121

분류 광화문통 – 체신국
번호 그림2
사진제목(한글) 조선총독부 체신국
사진제목(원문) 朝鮮總督府遞信局/(京城)
봉투제목(원문) 文化の淵叢 京城市街の壯麗

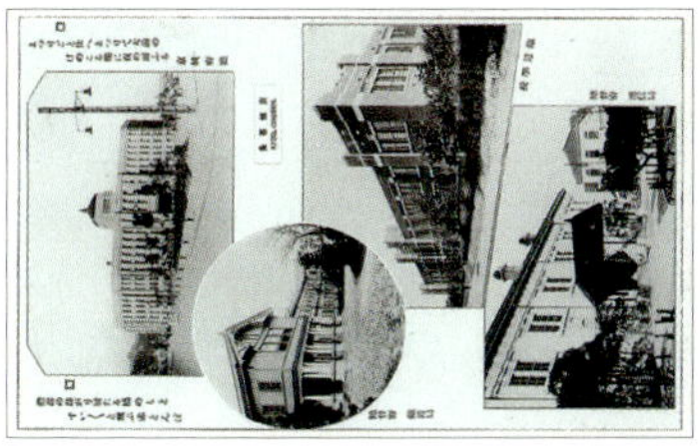
122

분류 광화문통 – 체신국
번호 그림3
사진제목(한글) 경성부청/총독부 철도국/철도학교/총독부 체신국
사진제목(원문) 京城府廳/總督府 鐵道局/鐵道學校/總督府 遞信局/[京城百景]
봉투제목(원문) 半島の首都 京城大觀

123

분류 광화문통 – 체신국
번호 그림4
사진제목(한글) 조선총독부 체신국
사진제목(원문) 朝鮮總督府遞信局/(京城)
봉투제목(원문) 朝鮮京城 繪葉書

123

분류 광화문통 – 체신국
번호 그림5
사진제목(한글) 조선총독부 체신국
사진제목(원문) 朝鮮總督府遞信局/(京城)
봉투제목(원문) –

131

분류 태평통 – 경성부청
번호 그림1
사진제목(한글) 경성부청 전경
사진제목(원문) 府廳全景/(京城名所)
봉투제목(원문) 京城命勝 繪葉書 The Views of Keijyo

131

분류 태평통 – 경성부청
번호 그림2
사진제목(한글) 일반 부정(府政)을 담당하는 경성부청
사진제목(원문) 一般府政を掌る京城府廳/(京城名所)
봉투제목(원문) 京城名勝繪葉書(1)

132

분류 태평통 – 경성부청
번호 그림3
사진제목(한글) 경성부청/경기도청/체신국 보험과/체신국
사진제목(원문) 京城府廳/京畿道廳/遞信局/遞信局保險課/(朝鮮京城)
봉투제목(원문) 京城百卄景

132

분류 태평통 – 경성부청
번호 그림4
사진제목(한글) 새로이 단장된 경성부청사
사진제목(원문) 新裝なれる京城府廳舍/(京城)
봉투제목(원문) 文化の淵叢 京城市街の壯麗

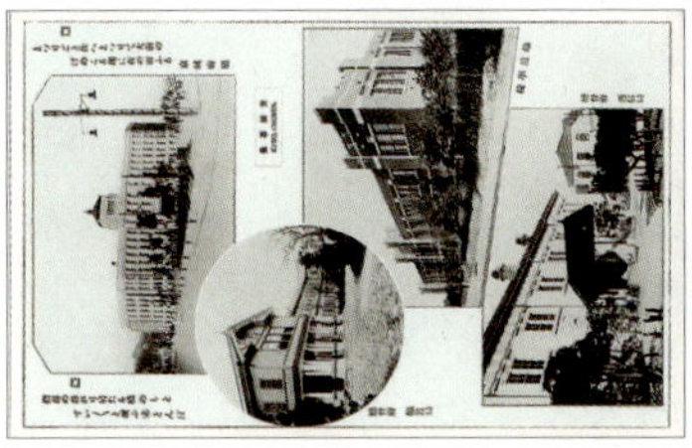

133

분류 태평통 – 경성부청
번호 그림5
사진제목(한글) 경성부청/총독부 철도국/철도학교/총독부 체신국
사진제목(원문) 京城府廳/總督府 鐵道局/鐵道學校/總督府 遞信局/[京城百景]
봉투제목(원문) 半島の首都 京城大觀

134

분류 태평통 – 경성부청
번호 그림6
사진제목(한글) 새로이 단장된 경성부청사
사진제목(원문) 新裝なれる京城府廳舍/(京城)
봉투제목(원문) 朝鮮京城 繪葉書

135

분류 태평통 – 경성부청
번호 그림7
사진제목(한글) 경성부청/남대문/경성역
사진제목(원문) 京城府廳/南大門/京城駅
봉투제목(원문) 朝鮮博覽會繪葉書(1)

135

분류 태평통 – 경성부청
번호 그림8
사진제목(한글) 경성부청/남대문/경성역
사진제목(원문) 京城府廳/南大門/京城駅
봉투제목(원문) 朝鮮博覽會繪葉書(2)

136

분류 태평통 – 경성부청
번호 그림9
사진제목(한글) 경성부청 앞에서 광화문통을 바라봄
사진제목(원문) 京城府廳前ヨリ光化門通ヲ望ム/(朝鮮名所)
봉투제목(원문) 祝凱旋(京繼道 京城府)

137

분류 태평통 – 경성부청
번호 그림10
사진제목(한글) 경성부청
사진제목(원문) 京城府廳/(朝鮮名所)
봉투제목(원문) –

137

분류 태평통 – 경성부청
번호 그림11
사진제목(한글) 경성부청
사진제목(원문) 京城府廳/(朝鮮名所)
봉투제목(원문) –

138

분류 태평통 – 경성부청
번호 그림12
사진제목(한글) 경성부청
사진제목(원문) 京城府廳/(朝鮮名所)
봉투제목(원문) –

138

분류 태평통 – 경성부청
번호 그림13
사진제목(한글) 경성부청 앞에서 광화문통을 바라봄
사진제목(원문) 京城府廳前ヨリ光化門通ヲ望ム/(朝鮮名所)
봉투제목(원문) –

139

분류 태평통 – 경성부청
번호 그림14
사진제목(한글) 경성부청 앞에서 광화문통을 바라봄
사진제목(원문) 京城府廳前ヨリ光化門通ヲ望ム/(朝鮮名所)
봉투제목(원문) –

139

분류 태평통 – 경성부청
번호 그림15
사진제목(한글) 경성부청/남대문/경성역
사진제목(원문) 京城府廳/京城驛/南大門
봉투제목(원문) –

140

분류 태평통 – 경성부청
번호 그림16
사진제목(한글) 굉장한 경성부청
사진제목(원문) 宏壮なる京城府廳/(京城)
봉투제목(원문) –

140

분류 태평통 – 경성부청
번호 그림17
사진제목(한글) 굉장한 경성부청
사진제목(원문) 宏壮なる京城府廳/(京城)
봉투제목(원문) –

141

분류 태평통 – 경성부청
번호 그림18
사진제목(한글) 근대 건축의 진수가 돋보이며 서 있는 경성부청
사진제목(원문) 近代建築の粹を■らして建つ. 京城府廳/[京城名所]
봉투제목(원문) –

141

분류 태평통 – 경성부청
번호 그림19
사진제목(한글) 경성부청/남대문/경성역
사진제목(원문) 京城府廳/南大門/京城駅
봉투제목(원문) –

142

분류 태평통 – 경성부청
번호 그림20
사진제목(한글) 경성부청/덕수궁
사진제목(원문) 麗はしの大都 京城·德壽宮、内殿と庭園, 京城·京城府廳
봉투제목(원문) –

142

분류 태평통 – 경성부청
번호 그림21
사진제목(한글) 새로이 단장된 경성부청사
사진제목(원문) 新裝なれる京城府廳舍/(京城)
봉투제목(원문) –

143

분류 태평통 – 경성부청
번호 그림22
사진제목(한글) 새로이 단장된 경성부청사
사진제목(원문) 新裝なれろ京城府廳舍/(京城)
봉투제목(원문) –

143

분류 태평통 – 경성부청
번호 그림23
사진제목(한글) 일반 부정(府政)을 담당하는 경성부청
사진제목(원문) 一般府政を掌る京城府廳/(京城名所)
봉투제목(원문) –

144

분류 태평통 – 경성부청
번호 그림24
사진제목(한글) 일반 부정(府政)을 담당하는 경성부청
사진제목(원문) 一般府政を掌る京城府廳/(朝鮮名所)
봉투제목(원문) –

144

분류 태평통 – 경성부청
번호 그림25
사진제목(한글) 경성부청
사진제목(원문) 朝風朗朗, 雄姿陽に映えて美しい京城府廳./[京城全集]
봉투제목(원문) –

145

분류 태평통 – 경성부청
번호 그림26
사진제목(한글) 경성부청
사진제목(원문) 朝風朗夕雄姿陽に/(京城全集)
봉투제목(원문) –

145

분류 태평통 – 경성부청
번호 그림27
사진제목(한글) 경성부청
사진제목(원문) 中心街に
봉투제목(원문) –

146

분류 태평통 – 경성부청
번호 그림28
사진제목(한글) 경성부청
사진제목(원문) 燦然と
봉투제목(원문) –

148

분류 태평통 – 부민관
번호 그림1
사진제목(한글) 부민관
사진제목(원문) 街頭高く建築美の映える府民館/[京城名所]
봉투제목(원문) –

148

분류 태평통 – 부민관
번호 그림2
사진제목(한글) 부민관/독립문
사진제목(원문) 府民館, 往時の獨立門/(京城)
봉투제목(원문) –

149

분류 태평통 – 부민관
번호 그림3
사진제목(한글) 부민관
사진제목(원문) 颯爽と
봉투제목(원문) –

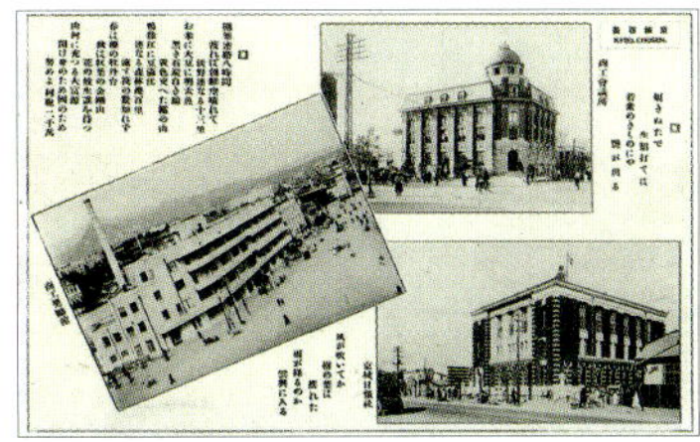

151

분류 태평통 – 경성일보사
번호 그림1
사진제목(한글) 상공회의소/상공장려관/경성일보사
사진제목(원문) 商工會議所/商工獎勵館/京城日報社/(京城百景)
봉투제목(원문) 京城大觀

152

분류 태평통 – 경성일보사
번호 그림2
사진제목(한글) 조선일보사/상공장려관/경성일보사/공회당/조선신문사
사진제목(원문) 朝鮮日報社/商工獎勵館/公會堂/京城日報社/
朝鮮新聞社/(朝鮮京城)
봉투제목(원문) 京城百卄景

153

분류 태평통 – 경성일보사
번호 그림3
사진제목(한글) 경성일보사
사진제목(원문) 京城日報社 (光化門通)/(京城)
봉투제목(원문) 文化の淵叢 京城市街の壯麗

154

분류 태평통 – 경성일보사
번호 그림4
사진제목(한글) 경성일보사
사진제목(원문) 京城日報社(光化門通)/(京城)
봉투제목(원문) 朝鮮京城 繪葉書

154

분류 태평통 – 경성일보사
번호 그림5
사진제목(한글) 우편국/조선은행/철도호텔/경성일보사
사진제목(원문) 京城市街の中央(大ナル洋館ハ郵便局, 朝鮮銀行, 鐵道ホテル, 京城日報社)(京111)/(朝鮮名所)
봉투제목(원문) 進呈

155

분류 태평통 – 경성일보사
번호 그림6
사진제목(한글) 경성일보사
사진제목(원문) 京城日報社 (光化門通)/(京城)
봉투제목(원문) –

155

분류 태평통 – 경성일보사
번호 그림7
사진제목(한글) 경성일보사
사진제목(원문) 京城日報社(光化門通)/(京城)
봉투제목(원문) –

158

분류 태평통 – 조선일보사
번호 그림1
사진제목(한글) 조선일보사/상공장려관/경성일보사/공회당/조선신문사
사진제목(원문) 朝鮮日報社/商工奬勵館/京城日報社/公會堂/朝鮮新聞社/(朝鮮京城)
봉투제목(원문) 京城百卄景

160

분류 태평통 – 조선신문사
번호 그림1
사진제목(한글) 조선일보사/상공장려관/경성일보사/공회당/조선신문사
사진제목(원문) 朝鮮日報社/商工奬勵館/京城日報社/公會堂/朝鮮新聞社/(朝鮮京城)
봉투제목(원문) 京城百卄景

169

분류 남대문통 – 숭례문
번호 그림1
사진제목(한글) 남대문
사진제목(원문) 昔をつかし 京城·南大門(崇禮門)
봉투제목(원문) 京城を巡る

170

분류 남대문통 – 숭례문
번호 그림2
사진제목(한글) 남대문의 웅장한 자태
사진제목(원문) 南大門の雄姿/(京城百景)
봉투제목(원문) 京城大觀

170

분류 남대문통 – 숭례문
번호 그림3
사진제목(한글) 남대문
사진제목(원문) 南大門/(京城名所)
봉투제목(원문) 京城命勝 繪葉書 The Views of Keijyo

171

분류 남대문통－숭례문
번호 그림4
사진제목(한글) 경성 남대문
사진제목(원문) 京城 南大門(崇禮門)/(朝鮮名所)
봉투제목(원문) 京城名勝繪葉書 三十二枚組

171

분류 남대문통－숭례문
번호 그림5
사진제목(한글) 남대문의 웅장한 자태
사진제목(원문) 朝鮮唯一京城南大門の雄姿/(京城名所)
봉투제목(원문) 京城名勝繪葉書(1)

172

분류 남대문통－숭례문
번호 그림6
사진제목(한글) 경성 남대문
사진제목(원문) 京城南大門/(朝鮮名所)
봉투제목(원문) 京城名勝繪葉書(2)

172

분류 남대문통－숭례문
번호 그림7
사진제목(한글) 남대문
사진제목(원문) 南大門/[京城百景]
봉투제목(원문) 京城百景

173

분류 남대문통－숭례문
번호 그림8
사진제목(한글) 남대문
사진제목(원문) 南大門/京城百景
봉투제목(원문) 京城百景

174

분류 남대문통－숭례문
번호 그림9
사진제목(한글) 조선 경성
사진제목(원문) 南大門/セブランス病院ヨリ南大門ヲ望ム/
南大門内ヨリ京城驛ヲ望ム/(朝鮮京城)
봉투제목(원문) 京城百卄景

174

분류 남대문통－숭례문
번호 그림10
사진제목(한글) 경성 남대문
사진제목(원문) 京城 南大門(崇禮門)/(朝鮮名所)
봉투제목(원문) 京城勝景 繪葉書 No.1 THE VIEWS OF KEIJO

175

분류 남대문통－숭례문
번호 그림11
사진제목(한글) 경성 남대문과 상품진열관
사진제목(원문) 京城南大門ト商品陳列館/(朝鮮博覽會)
봉투제목(원문) 觀光の大京城(2)

176

분류 남대문통 – 숭례문
번호 그림12
사진제목(한글) 관광의 대경성
사진제목(원문) 觀光の大京城
南大門 / 奬忠壇公園
봉투제목(원문) 觀光の大京城(2)

177

분류 남대문통 – 숭례문
번호 그림13
사진제목(한글) 남대문의 아름다운 자태
사진제목(원문) 南大門の麗姿, 南大門内より南大門通りを望む /
[京城百景]
봉투제목(원문) 半島の首都 京城大觀

178

분류 남대문통 – 숭례문
번호 그림14
사진제목(한글) 남대문의 웅장한 자태
사진제목(원문) 南大門の雄姿 / [京城百景]
봉투제목(원문) 半島の首都 京城大觀

178

분류 남대문통 – 숭례문
번호 그림15
사진제목(한글) 경성 남대문
사진제목(원문) 京城南大門(崇禮門) / (朝鮮名所)
봉투제목(원문) 빈봉투

179

분류 남대문통 – 숭례문
번호 그림16
사진제목(한글) 경성의 상징인 남대문의 웅장한 자태
사진제목(원문) 京城の象徵たる南大門(崇禮門)の雄姿 / (朝鮮大觀)
봉투제목(원문) 昭和四年十月二日 神宮式年遷宮記念繪葉書
(朝鮮總督府發行)

179

분류 남대문통 – 숭례문
번호 그림17
사진제목(한글) 경성의 상징인 남대문(숭례문)의 웅장한 자태
사진제목(원문) 京城の象徵南大門の雄姿 / (京城)
봉투제목(원문) 由緒ある 京城の名勝 第二集 二色刷

180

분류 남대문통 – 숭례문
번호 그림18
사진제목(한글) 경성 남대문(숭례문)
사진제목(원문) 京城南大門 / (朝鮮名所)
봉투제목(원문) 朝鮮京城名所繪葉書(京城 日之出發行)

180

분류 남대문통 – 숭례문
번호 그림19
사진제목(한글) 경성부청 / 경성역 / 남대문
사진제목(원문) 京城府廳 / 京城駅 / 南大門
봉투제목(원문) 朝鮮博覽會繪葉書(1)

181

분류 남대문통 – 숭례문
번호 그림20
사진제목(한글) 경성부청/경성역/남대문
사진제목(원문) 京城府廳/京城駅/南大門
봉투제목(원문) 朝鮮博覽會繪葉書(2)

181

분류 남대문통 – 숭례문
번호 그림21
사진제목(한글) 남대문(경성)
사진제목(원문) 南大門/(京城)
봉투제목(원문) 朝鮮風景繪葉書

182

분류 남대문통 – 숭례문
번호 그림22
사진제목(한글) 경성 정차장에서 남대문에 이르는 새로운 가로
사진제목(원문) 京城停車場ヨリ南大門ニ至ル新街路(京119)
봉투제목(원문) 進呈

182

분류 남대문통 – 숭례문
번호 그림23
사진제목(한글) 경성 남대문(숭례문)
사진제목(원문) 京城南大門(崇禮門)/(朝鮮名所)
봉투제목(원문) 最新式二色版 朝鮮京城名所繪葉書

183

분류 남대문통 – 숭례문
번호 그림24
사진제목(한글) 남대문의 웅장한 자태
사진제목(원문) 南大門の雄姿/(朝鮮名所)
봉투제목(원문) 祝凱旋(京畿道 京城府)

183

분류 남대문통 – 숭례문
번호 그림25
사진제목(한글) 경성 남대문
사진제목(원문) —日韓合邦紀念— 京城 南大門(國寶に編入さるる筈)
봉투제목(원문) –

184

분류 남대문통 – 숭례문
번호 그림26
사진제목(한글) 경성 남대문과 상품진열관
사진제목(원문) 京城 南大門ト商品陳列館/(朝鮮博覽會)
봉투제목(원문) –

184

분류 남대문통 – 숭례문
번호 그림27
사진제목(한글) 경성 남대문 앞 거리
사진제목(원문) 京城 南天門前街路/[朝鮮名所]
봉투제목(원문) –

185

분류 남대문통 – 숭례문
번호 그림28
사진제목(한글) 경성의 상징인 남대문의 웅장한 자태
사진제목(원문) 京城の象徵たる南大門(崇禮門)の雄姿/(朝鮮大觀)
봉투제목(원문) –

185

분류 남대문통 – 숭례문
번호 그림29
사진제목(한글) 경성의 상징 남대문의 웅장한 자태
사진제목(원문) 京城の象徵南大門の雄姿/(京城)
봉투제목(원문) –

186

분류 남대문통 – 숭례문
번호 그림30
사진제목(한글) 경성의 상징 남대문의 웅장한 자태
사진제목(원문) 京城の象徵南大門の雄姿/(京城)
봉투제목(원문) –

186

분류 남대문통 – 숭례문
번호 그림31
사진제목(한글) 경성 남대문/조선 기생
사진제목(원문) 京城南大門/(妓生)朝鮮歌妓
봉투제목(원문) –

187

분류 남대문통 – 숭례문
번호 그림32
사진제목(한글) 경성 남대문(숭례문)
사진제목(원문) 京城南大門(崇禮門)
봉투제목(원문) –

187

분류 남대문통 – 숭례문
번호 그림33
사진제목(한글) 경성 남대문(숭례문)
사진제목(원문) 京城南大門(崇禮門)/(朝鮮名所)
봉투제목(원문) –

188

분류 남대문통 – 숭례문
번호 그림34
사진제목(한글) 경성 남대문(숭례문)
사진제목(원문) 京城南大門(崇禮門)/(朝鮮名所)
봉투제목(원문) –

188

분류 남대문통 – 숭례문
번호 그림35
사진제목(한글) 경성 남대문(숭례문)
사진제목(원문) 京城南大門(崇禮門)/(朝鮮名所)
봉투제목(원문) –

189

분류 남대문통 – 숭례문
번호 그림36
사진제목(한글) 경성 남대문(숭례문)
사진제목(원문) 京城南大門(崇禮門)/(朝鮮名所)
봉투제목(원문) –

189

분류 남대문통 – 숭례문
번호 그림37
사진제목(한글) 경성 남대문(숭례문)
사진제목(원문) 京城南大門/(朝鮮名所)
봉투제목(원문) –

190

분류 남대문통 – 숭례문
번호 그림38
사진제목(한글) 경성 남대문(숭례문)
사진제목(원문) 京城南大門/(朝鮮名所)
봉투제목(원문) –

190

분류 남대문통 – 숭례문
번호 그림39
사진제목(한글) 경성 남대문
사진제목(원문) 京城南大門/[朝鮮博覽會]
봉투제목(원문) –

191

분류 남대문통 – 숭례문
번호 그림40
사진제목(한글) 경성 남대문과 봉영의 성황
사진제목(원문) 京城南大門ト奉迎ノ盛況
봉투제목(원문) –

191

분류 남대문통 – 숭례문
번호 그림41
사진제목(한글) 남대문
사진제목(원문) 京城名所 南大門
봉투제목(원문) –

192

분류 남대문통 – 숭례문
번호 그림42
사진제목(한글) 남대문
사진제목(원문) 京城百景 南大門
봉투제목(원문) –

192

분류 남대문통 – 숭례문
번호 그림43
사진제목(한글) 경성부청/경성역/남대문
사진제목(원문) 京城府廳/京城驛/南大門
봉투제목(원문) –

193

분류 남대문통 – 숭례문

번호 그림44

사진제목(한글) 경성역 앞에서 바라보다./경성의 8문 가운데 가장 빼어난 남대문

사진제목(원문) 京城驛前に望む京城八門中の隨一. 南大門/[京城全集]

봉투제목(원문) –

195

분류 남대문통 – 숭례문

번호 그림48

사진제목(한글) 남대문 일루미네이션

사진제목(원문) 南大門 イルミネーション/(朝鮮物産共進會)

봉투제목(원문) –

193

분류 남대문통 – 숭례문

번호 그림45

사진제목(한글) 경성 정차장 앞에서 남대문에 이르는 새로운 가로

사진제목(원문) 京城停車場前ヨリ南大門ニ至ル新街路/(朝鮮名所)

봉투제목(원문) –

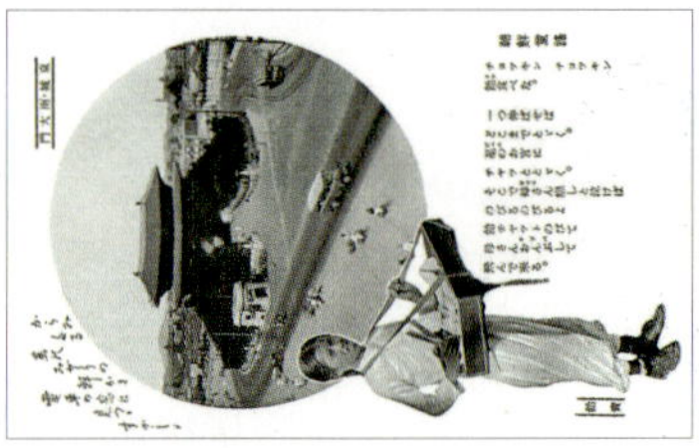

196

분류 남대문통 – 숭례문

번호 그림49

사진제목(한글) 경성 남대문

사진제목(원문) 南大門 飴賣/(京城)

봉투제목(원문) –

194

분류 남대문통 – 숭례문

번호 그림46

사진제목(한글) 남대문

사진제목(원문) 南大門

봉투제목(원문) –

197

분류 남대문통 – 숭례문

번호 그림50

사진제목(한글) 남대문/경성 부근 방공 연습 통감부/경성 요지 방위사령부

사진제목(원문) 南大門/京城附近防空演習統監部/京城要地防衛司令部

봉투제목(원문) –

194

분류 남대문통 – 숭례문

번호 그림47

사진제목(한글) 남대문

사진제목(원문) 南大門

봉투제목(원문) –

198

분류 남대문통 – 숭례문

번호 그림51

사진제목(한글) 남대문/동대문/서대문

사진제목(원문) 南大門/東大門/西大門

봉투제목(원문) –

199

분류 남대문통 – 숭례문
번호 그림52
사진제목(한글) 남대문
사진제목(원문) 南大門/(京城)
봉투제목(원문) –

200

분류 남대문통 – 숭례문
번호 그림53
사진제목(한글) 남대문
사진제목(원문) 南大門/(京城)
봉투제목(원문) –

200

분류 남대문통 – 숭례문
번호 그림54
사진제목(한글) 남대문
사진제목(원문) 南大門/(京城百景)
봉투제목(원문) –

201

분류 남대문통 – 숭례문
번호 그림55
사진제목(한글) 남대문
사진제목(원문) 南大門/(京城百景)
봉투제목(원문) –

201

분류 남대문통 – 숭례문
번호 그림56
사진제목(한글) 남대문
사진제목(원문) 南大門/[京城]
봉투제목(원문) –

202

분류 남대문통 – 숭례문
번호 그림57
사진제목(한글) 남대문
사진제목(원문) 南大門/[京城百景]
봉투제목(원문) –

202

분류 남대문통 – 숭례문
번호 그림58
사진제목(한글) 남대문
사진제목(원문) 南大門/『朝鮮·京城』
봉투제목(원문) –

203

분류 남대문통 – 숭례문
번호 그림59
사진제목(한글) 경성·남대문
사진제목(원문) 京城·南大門
봉투제목(원문) –

204

분류 남대문통 – 숭례문
번호 그림60
사진제목(한글) 남대문의 웅장한 자태
사진제목(원문) 南大門の雄姿
봉투제목(원문) –

204

분류 남대문통 – 숭례문
번호 그림61
사진제목(한글) 남대문의 웅장한 자태
사진제목(원문) 南大門の雄姿/(京城)
봉투제목(원문) –

205

분류 남대문통 – 숭례문
번호 그림62
사진제목(한글) 남대문의 웅장한 자태
사진제목(원문) 南大門の雄姿/(京城)
봉투제목(원문) –

205

분류 남대문통 – 숭례문
번호 그림63
사진제목(한글) 남대문의 웅장한 자태
사진제목(원문) 南大門の雄姿/(京城名所)
봉투제목(원문) –

206

분류 남대문통 – 숭례문
번호 그림64
사진제목(한글) 남대문 안에서
사진제목(원문) 南大門内より
봉투제목(원문) –

206

분류 남대문통 – 숭례문
번호 그림65
사진제목(한글) 남대문(숭례문)
사진제목(원문) 南大門(崇禮門)/(朝鮮名所)
봉투제목(원문) –

207

분류 남대문통 – 숭례문
번호 그림66
사진제목(한글) 동양 예술의 정화를 보이는 남대문
사진제목(원문) 東洋 藝術の精華を示す南大門/[京城名所]
봉투제목(원문) –

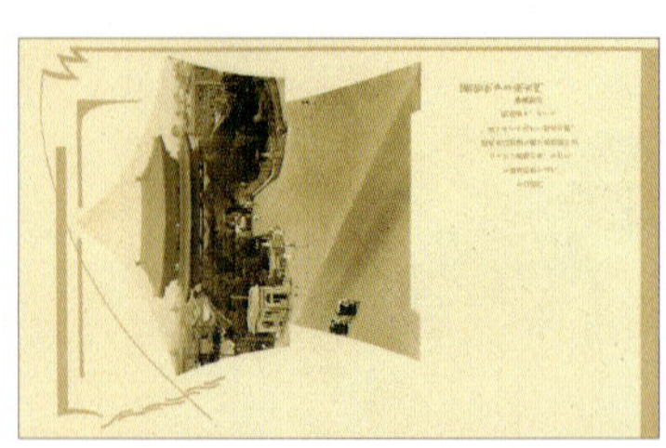

208

분류 남대문통 – 숭례문
번호 그림67
사진제목(한글) 아름다운 모습을 비추는 남대문
사진제목(원문) 麗容映ず る南大門
봉투제목(원문) –

209

분류 남대문통 – 숭례문
번호 그림68
사진제목(한글) 메이지신궁 외원 성덕기념회화관 벽화
사진제목(원문) 明治神宮外苑聖德記念繪畫館壁畫(77)日韓併合 朝鮮各道奉納 京城南大門 明治四十三年八月二十九日(1910)
봉투제목(원문) –

210

분류 남대문통 – 숭례문
번호 그림69
사진제목(한글) 엄숙한 모습으로 서서
사진제목(원문) 肅肅立ちて(京城名所, 南大門)
봉투제목(원문) –

210

분류 남대문통 – 숭례문
번호 그림70
사진제목(한글) 정화를 뽐내며
사진제목(원문) 精華を誇つて
봉투제목(원문) –

211

분류 남대문통 – 숭례문
번호 그림71
사진제목(한글) 조선 경성 남대문(숭례문)
사진제목(원문) 朝鮮京城南大門(崇禮門)
봉투제목(원문) –

212

분류 남대문통 – 숭례문
번호 그림72
사진제목(한글) 조선총독부 시정 2주년 기념
사진제목(원문) 朝鮮人市場, 京城南大門外ノ新道路(朝鮮總督府 始政 二周年 記念)
봉투제목(원문) –

212

분류 남대문통 – 숭례문
번호 그림73
사진제목(한글) 조선총독부 시정 2주년 기념
사진제목(원문) 朝鮮總督府施政二周年紀念
봉투제목(원문) –

213

분류 남대문통 – 숭례문
번호 그림74
사진제목(한글) 한국 한강철교/한국 개성부 남대문
사진제목(원문) 韓國漢江鐵橋/韓國開城府南大門
봉투제목(원문) –

216

분류 남대문통 – 경성역
번호 그림1
사진제목(한글) 경성역
사진제목(원문) 活氣橫溢する 京城·南大門通, 京城·京城驛
봉투제목(원문) 京城を巡る

216

분류 남대문통 – 경성역
번호 그림2
사진제목(한글) 경성역
사진제목(원문) 京城驛/(京城名所)
京城命勝 繪葉書
봉투제목(원문) The Views of Keijyo

218

분류 남대문통 – 경성역
번호 그림6
사진제목(한글) 용산역/경성역/경성역 구내
사진제목(원문) 龍山驛/京城驛/京城驛構内/(朝鮮名所)
봉투제목(원문) 京城百卄景

217

분류 남대문통 – 경성역
번호 그림3
사진제목(한글) 경성역
사진제목(원문) 京城驛/(朝鮮名所)
봉투제목(원문) 京城名勝繪葉書 三十二枚組

219

분류 남대문통 – 경성역
번호 그림7
사진제목(한글) 아름다운 경성 정차장
사진제목(원문) 美しき京城停車場/(京城)
봉투제목(원문) 文化の淵叢 京城市街の壯麗

217

분류 남대문통 – 경성역
번호 그림4
사진제목(한글) 경성 정차장
사진제목(원문) 京城停車場/(京城名所)
봉투제목(원문) 京城名勝繪葉書(1)

220

분류 남대문통 – 경성역
번호 그림8
사진제목(한글) 경성역
사진제목(원문) 京城驛/(朝鮮名所)
봉투제목(원문) 朝鮮京城名所繪葉書(京城 日之出發行)

218

분류 남대문통 – 경성역
번호 그림5
사진제목(한글) 경성역
사진제목(원문) 京城驛/(朝鮮名所)
봉투제목(원문) 京城名勝繪葉書(2)

220

분류 남대문통 – 경성역
번호 그림9
사진제목(한글) 경성부청/경성역/남대문
사진제목(원문) 京城府廳/京城駅/南大門
봉투제목(원문) 朝鮮博覽會繪葉書(1)

221

분류 남대문통 – 경성역
번호 그림10
사진제목(한글) 경성역
사진제목(원문) 京城驛
봉투제목(원문) 朝鮮神宮記念繪葉書 朝鮮寫眞工藝社發行

222

분류 남대문통 – 경성역
번호 그림11
사진제목(한글) 경성역
사진제목(원문) 京城驛
봉투제목(원문) 朝鮮風景繪葉書

222

분류 남대문통 – 경성역
번호 그림12
사진제목(한글) 경성역/군사령부/제국대학
사진제목(원문) 京城驛/軍司令部/帝國大學
봉투제목(원문) 贈呈 繪はがき

223

분류 남대문통 – 경성역
번호 그림13
사진제목(한글) 경성역
사진제목(원문) 京城驛/(朝鮮名所)
봉투제목(원문) 最新式二色版 朝鮮京城名所繪葉書

223

분류 남대문통 – 경성역
번호 그림14
사진제목(한글) 르네상스식 건축의 아름다운 경성역
사진제목(원문) ルネッサンス式建築の美麗なる京城驛/(京城名所)
봉투제목(원문) –

224

분류 남대문통 – 경성역
번호 그림15
사진제목(한글) 경성 경성역
사진제목(원문) 京城 京城驛
봉투제목(원문) –

224

분류 남대문통 – 경성역
번호 그림16
사진제목(한글) 경성 남대문통 5정목에서 경성역을 바라보다
사진제목(원문) 京城南大門通五丁目ヨリ京城驛ヲ望ム
봉투제목(원문) –

225

분류 남대문통 – 경성역
번호 그림17
사진제목(한글) 경성 남대문통 5정목에서 경성역을 바라보다
사진제목(원문) 京城南大門通五丁目ヨリ京城驛ヲ望ム/(朝鮮名所)
봉투제목(원문) –

225

분류 남대문통 – 경성역
번호 그림18
사진제목(한글) 경성 남대문통 5정목에서 경성역을 바라보다
사진제목(원문) 京城南大門通五丁目ヨリ京城驛ヲ望ム/(朝鮮名所)
봉투제목(원문) –

226

분류 남대문통 – 경성역
번호 그림19
사진제목(한글) 경성 봉래교에서 경성역을 바라보다
사진제목(원문) 京城蓬莱橋ヨリ京城驛ヲ望ム/(朝鮮名所)
봉투제목(원문) –

226

분류 남대문통 – 경성역
번호 그림20
사진제목(한글) 경성역
사진제목(원문) 京城驛
봉투제목(원문) –

227

분류 남대문통 – 경성역
번호 그림21
사진제목(한글) 경성역
사진제목(원문) 京城驛
봉투제목(원문) –

227

분류 남대문통 – 경성역
번호 그림22
사진제목(한글) 경성역
사진제목(원문) 京城驛
봉투제목(원문) –

228

분류 남대문통 – 경성역
번호 그림23
사진제목(한글) 경성역
사진제목(원문) 京城驛/(京城名所)
봉투제목(원문) –

228

분류 남대문통 – 경성역
번호 그림24
사진제목(한글) 경성역
사진제목(원문) 京城驛/(京城名所)
봉투제목(원문) –

229

분류 남대문통 – 경성역
번호 그림25
사진제목(한글) 경성역
사진제목(원문) 京城驛/(朝鮮名所)
봉투제목(원문) –

229

분류 남대문통 – 경성역
번호 그림26
사진제목(한글) 경성역
사진제목(원문) 京城驛/(朝鮮名所)
봉투제목(원문) –

230

분류 남대문통 – 경성역
번호 그림27
사진제목(한글) 경성역
사진제목(원문) 京城驛/(朝鮮名所)
봉투제목(원문) –

230

분류 남대문통 – 경성역
번호 그림28
사진제목(한글) 경성역
사진제목(원문) 京城驛/(朝鮮名所)
봉투제목(원문) –

231

분류 남대문통 – 경성역
번호 그림29
사진제목(한글) 경성역
사진제목(원문) 京城驛/(朝鮮名所)
봉투제목(원문) –

231

분류 남대문통 – 경성역
번호 그림30
사진제목(한글) 경성역
사진제목(원문) 京城驛/(朝鮮名所)
봉투제목(원문) –

232

분류 남대문통 – 경성역
번호 그림31
사진제목(한글) 경성역
사진제목(원문) 京城驛/(朝鮮名所)
봉투제목(원문) –

232

분류 남대문통 – 경성역
번호 그림32
사진제목(한글) 경성역
사진제목(원문) 京城驛/(朝鮮名所)
봉투제목(원문) –

233

분류 남대문통 – 경성역
번호 그림33
사진제목(한글) 경성 정차장
사진제목(원문) 京城停車場
봉투제목(원문) –

233

분류 남대문통 – 경성역
번호 그림34
사진제목(한글) 아름다운 경성 정차장
사진제목(원문) 美しき京城停車場/(京城)
봉투제목(원문) –

235

분류 남대문통 – 경성역
번호 그림38
사진제목(한글) 약동하는 경성역
사진제목(원문) 躍動を見る京城驛
봉투제목(원문) –

234

분류 남대문통 – 경성역
번호 그림35
사진제목(한글) 아름다운 경성 정차장
사진제목(원문) 美れき京城停車場/(京城)
봉투제목(원문) –

238

분류 남대문통 – 상업회의소
번호 그림1
사진제목(한글) 상업회의소
사진제목(원문) (京城) 商業會議所
봉투제목(원문) –

234

분류 남대문통 – 경성역
번호 그림36
사진제목(한글) 봉래교에서 경성역을 바라보다
사진제목(원문) 蓬萊橋ヨリ京城驛ヲ望ム
봉투제목(원문) –

239

분류 남대문통 – 상업회의소
번호 그림2
사진제목(한글) 상업회의소
사진제목(원문) (京城)商業會議所
봉투제목(원문) –

235

분류 남대문통 – 경성역
번호 그림37
사진제목(한글) 봉래교에서 경성역을 바라보다
사진제목(원문) 蓬萊橋ヨリ京城驛ヲ望ム/(朝鮮名所)
봉투제목(원문) –

248

분류 동숭동 – 경성제국대학
번호 그림1
사진제목(한글) 경성제국대학 전경/경성제국대학 예과
사진제목(원문) 京城帝國大學全景, 京城帝國大學豫科/(京城百景)
봉투제목(원문) 京城百景

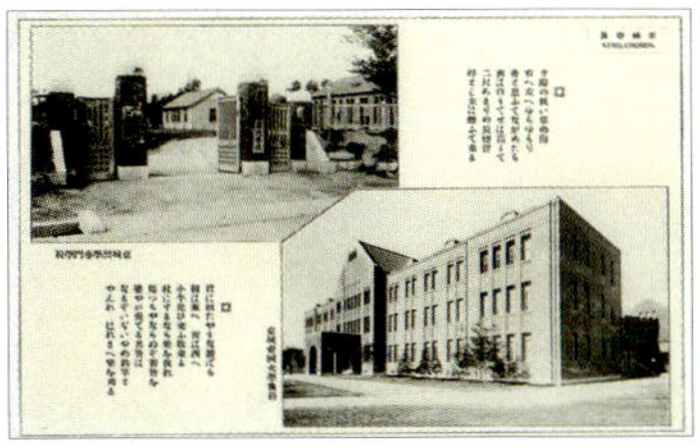

248

분류 동숭동 – 경성제국대학
번호 그림2
사진제목(한글) 경성의학전문학교 / 경성제국대학 예과
사진제목(원문) 京城醫學專門學校 / 京城帝國大學豫科 / (京城百景)
봉투제목(원문) 京城大觀

249

분류 동숭동 – 경성제국대학
번호 그림3
사진제목(한글) 경성제국대학 전경 / 경성제국대학 예과
사진제목(원문) 京城帝國大學全景, 京城帝國大學豫科 / (京城百景)
봉투제목(원문) 京城百景

249

분류 동숭동 – 경성제국대학
번호 그림4
사진제목(한글) 철도학교 / 경성제국대학 예과 / 경성제국대학 / 고등공업학교 중앙시험장
사진제목(원문) 鐵道學校 / 高等工業學校 中央試驗場 / 大學豫科 / 京城帝國大學 / (朝鮮京城)
봉투제목(원문) 京城百卄景

250

분류 동숭동 – 경성제국대학
번호 그림5
사진제목(한글) 경성의학전문학교 / 경성제국대학 예과
사진제목(원문) 京城醫學專門學校, 京城帝國大學豫科 / (京城百景)
봉투제목(원문) 半島の首都 京城大觀

250

분류 동숭동 – 경성제국대학
번호 그림6
사진제목(한글) 경성제국대학 대강당
사진제목(원문) 京城帝國大學 大講堂
봉투제목(원문) 第一輯 京城帝國大學 正門, 京城帝國大學本部, 京城帝國大學 大講堂, 京城帝國大學 法文學部本館, 京城帝國大學圖書館, 京城帝國大學 豫科

251

분류 동숭동 – 경성제국대학
번호 그림7
사진제목(한글) 경성제국대학 법문학부 본관
사진제목(원문) 京城帝國大學 法文學部本館
봉투제목(원문) 第一輯 京城帝國大學 正門, 京城帝國大學本部, 京城帝國大學 大講堂, 京城帝國大學 法文學部本館, 京城帝國大學圖書館, 京城帝國大學 豫科

251

분류 동숭동 – 경성제국대학
번호 그림8
사진제목(한글) 경성제국대학 예과
사진제목(원문) 京城帝國大學 豫科
봉투제목(원문) 第一輯 京城帝國大學 正門, 京城帝國大學本部, 京城帝國大學 大講堂, 京城帝國大學 法文學部本館, 京城帝國大學圖書館, 京城帝國大學 豫科

252

분류 동숭동 – 경성제국대학
번호 그림9
사진제목(한글) 경성제국대학 정문
사진제목(원문) 京城帝國大學 正門
봉투제목(원문) 第一輯 京城帝國大學 正門, 京城帝國大學本部, 京城帝國大學 大講堂, 京城帝國大學 法文學部本館, 京城帝國大學圖書館, 京城帝國大學 豫科

252

분류 동숭동 – 경성제국대학
번호 그림10
사진제목(한글) 경성제국대학 도서관
사진제목(원문) 京城帝國大學圖書館
봉투제목(원문) 第一輯 京城帝國大學 正門, 京城帝國大學本部, 京城帝國大學 大講堂, 京城帝國大學 法文學部本館, 京城帝國大學圖書館, 京城帝國大學 豫科

253

분류 동숭동 – 경성제국대학
번호 그림11
사진제목(한글) 경성제국대학 본부
사진제목(원문) 京城帝國大學本部
봉투제목(원문) 第一輯 京城帝國大學 正門, 京城帝國大學本部, 京城帝國大學 大講堂, 京城帝國大學 法文學部本館, 京城帝國大學圖書館, 京城帝國大學 豫科

254

분류 동숭동 – 경성제국대학
번호 그림12
사진제목(한글) 경성제국대학 예과
사진제목(원문) 朝鮮帝國大學 豫科
봉투제목(원문) 繪葉書 朝鮮總督府

254

분류 동숭동 – 경성제국대학
번호 그림13
사진제목(한글) 경성의학전문학교/경성제국대학 예과
사진제목(원문) 京城醫學專門學校/京城帝國大學豫科/(京城百景)
봉투제목(원문) –

255

분류 동숭동 – 경성제국대학
번호 그림14
사진제목(한글) 녹색의 언덕에 경성제국대학
사진제목(원문) 京城帝國大學/(京城)
봉투제목(원문) –

256

분류 동숭동 – 경성제국대학
번호 그림15
사진제목(한글) 경성제국대학
사진제목(원문) 京城帝國大學/(朝鮮名所)
봉투제목(원문) –

256

분류 동숭동 – 경성제국대학
번호 그림16
사진제목(한글) 경성제국대학 예과
사진제목(원문) 京城帝國大學豫科
봉투제목(원문) –

257

분류 동숭동 – 경성제국대학
번호 그림17
사진제목(한글) 경성제국대학 예과
사진제목(원문) 京城帝國大學豫科/(京城)
봉투제목(원문) –

257

분류 동숭동 – 경성제국대학
번호 그림18
사진제목(한글) 경성제국대학 전경/경성제국대학 예과
사진제목(원문) 京城帝國大學全景/京城帝國大學豫科/(京城百景)
봉투제목(원문) –

258

분류 동숭동 – 경성제국대학
번호 그림19
사진제목(한글) 경성제국대학 전경/경성제국대학 예과
사진제목(원문) 京城帝國大學全景, 京城帝國大學豫科/(京城百景)
봉투제목(원문) –

258

분류 동숭동 – 경성제국대학
번호 그림20
사진제목(한글) 경성제국대학 전경/경성제국대학 예과
사진제목(원문) 城帝國大學全景/京城帝國大學豫科/(京城百景)
봉투제목(원문) –

259

분류 동숭동 – 경성제국대학
번호 그림21
사진제목(한글) 최고 학부가 세워지다
사진제목(원문) 最高學府が建つ
봉투제목(원문) –

262

분류 동숭동 – 경성의학전문학교
번호 그림1
사진제목(한글) 경성의학전문학교/경성제국대학 예과
사진제목(원문) 京城醫學專門學校/京城帝國大學豫科/(京城百景)
봉투제목(원문) –

264

분류 동숭동 – 경성의학전문학교
번호 그림2
사진제목(한글) 경성의학전문학교/경성제국대학 예과
사진제목(원문) 京城醫學專門學校/京城帝國大學豫科/(京城百景)
봉투제목(원문) 半島の首都 京城大觀

264

분류 동숭동 – 경성의학전문학교
번호 그림3
사진제목(한글) 경성의학전문학교/경성제국대학 예과
사진제목(원문) 京城醫學專門學校/京城帝國大學豫科/(京城百景)
봉투제목(원문) 京城大觀

267

분류 동숭동 – 경성고등공업학교
번호 그림1
사진제목(한글) 교사(상)/화학실험실(하)
사진제목(원문) 京城高等工業學校 校舍(上) 化學實驗室(下)
봉투제목(원문) –

267

분류 동숭동 – 경성고등공업학교
번호 그림2
사진제목(한글) 교사(상)/화학실험실(하)
사진제목(원문) 京城高等工業學校
봉투제목(원문) 繪葉書 朝鮮總督府

268

분류 동숭동 – 경성고등공업학교
번호 그림3
사진제목(한글) 철도학교/경성제국대학 예과/경성제국대학/고등공업학교 중앙시험장
사진제목(원문) (朝鮮京城)鐵道學校/大學豫科/京城帝國大學/高等工業學校 中央試驗場
봉투제목(원문) 京城百卄景

271

분류 동숭동 – 경성제국대학 부속의원
번호 그림1
사진제목(한글) 경성제국대학 의학부 부속의원
사진제목(원문) 京城帝國大學醫學部附屬醫院
봉투제목(원문) –

271

분류 동숭동 – 경성제국대학 부속의원
번호 그림2
사진제목(한글) 경성제국대학 의학부 부속의원
사진제목(원문) 京城帝國大學醫學部附屬醫院/(朝鮮名所)
봉투제목(원문) –

272

분류 동숭동 – 경성제국대학 부속의원
번호 그림3
사진제목(한글) 경성제국대학 의학부 부속의원
사진제목(원문) 京城帝國大學醫學部附屬醫院/(朝鮮名所)
봉투제목(원문) –

273

분류 동숭동 – 경성제국대학 부속의원
번호 그림4
사진제목(한글) 경성제국대학 의학부 부속의원
사진제목(원문) 京城帝國大學醫學部附屬醫院/(朝鮮名所)
봉투제목(원문) –

273

분류 동숭동 – 경성제국대학 부속의원
번호 그림5
사진제목(한글) 경성제국대학 의학부 부속의원
사진제목(원문) 京城帝國大學醫學部附屬醫院/(朝鮮名所)
봉투제목(원문) –

274

분류 동숭동 – 경성제국대학 부속의원
번호 그림6
사진제목(한글) 경성제국대학 의학부 부속의원
사진제목(원문) 京城帝國大學醫學部 附屬病院/(朝鮮名所)
봉투제목(원문) 京城名勝繪葉書 三十二枚組

274

분류 동숭동 – 경성제국대학 부속의원
번호 그림7
사진제목(한글) 경성제국대학 의학부 부속의원
사진제목(원문) 京城帝國大學醫學部附屬醫院/(朝鮮名所)
봉투제목(원문) –

275

분류 동숭동 – 경성제국대학 부속의원
번호 그림8
사진제목(한글) 경성제국대학병원
사진제목(원문) 京城帝國大學病院/(京城名所)
봉투제목(원문) (1)京城名勝繪葉書

275

분류 동숭동 – 경성제국대학 부속의원
번호 그림9
사진제목(한글) 경성제국대학 의학부 부속의원
사진제목(원문) 京城帝國大學醫學部附屬醫院/(朝鮮名所)
봉투제목(원문) (2)京城名勝繪葉書

284

분류 성곽일대 – 한양도성
번호 그림1
사진제목(한글) 경성시외 성벽
사진제목(원문) 京城市外城壁/(朝鮮名所)
봉투제목(원문) 京城名勝繪葉書 三十二枚組

284

분류 성곽일대 – 한양도성
번호 그림2
사진제목(한글) 경성을 방어했던 성벽의 전경
사진제목(원문) 京城を守つた城壁の全景/(京城名所)
봉투제목(원문) 京城名勝繪葉書(1)

285

분류 성곽일대 – 한양도성
번호 그림3
사진제목(한글) 장대한 돌을 쌓아 만든 성벽의 일부
사진제목(원문) 壯大なる石を組合せたる城壁の一部/(京城名所)
봉투제목(원문) 京城名勝繪葉書(1)

285

분류 성곽일대 – 한양도성
번호 그림4
사진제목(한글) 경성시외 성벽
사진제목(원문) 京城市外城壁/(朝鮮名所)
봉투제목(원문) 京城名勝繪葉書(2)

286

분류 성곽일대 – 한양도성
번호 그림5
사진제목(한글) 시외의 성벽/남산기념비/선인정(조선인 마을)/독립문
사진제목(원문) 市外の城壁/南山記念碑/鮮人町/獨立門/(朝鮮京城)
봉투제목(원문) 京城百廿景

286

분류 성곽일대 – 한양도성
번호 그림6
사진제목(한글) 경성시외 성벽
사진제목(원문) 京城市外城壁 /(朝鮮名所)
봉투제목(원문) 祝凱旋(京畿道 京城府)

287

분류 성곽일대 – 한양도성
번호 그림7
사진제목(한글) 경성시외 성벽
사진제목(원문) 京城市外城壁 /(朝鮮名所)
봉투제목(원문) –

287

분류 성곽일대 – 한양도성
번호 그림8
사진제목(한글) 경성을 방어했던 성벽의 전경
사진제목(원문) 京城を守つ城壁の全景 /(京城名所)
봉투제목(원문) –

288

분류 성곽일대 – 한양도성
번호 그림9
사진제목(한글) 경성시외 성벽
사진제목(원문) 京城市外城壁 /(朝鮮名所)
봉투제목(원문) –

288

분류 성곽일대 – 한양도성
번호 그림10
사진제목(한글) 경성시외 성벽
사진제목(원문) 京城市外城壁 /(朝鮮名所)
봉투제목(원문) –

289

분류 성곽일대 – 한양도성
번호 그림11
사진제목(한글) 경성시외 성벽
사진제목(원문) 京城市外城壁 /(朝鮮名所)
봉투제목(원문) –

289

분류 성곽일대 – 한양도성
번호 그림12
사진제목(한글) 경성 성벽
사진제목(원문) 城壁 /(京城)
봉투제목(원문) –

290

분류 성곽일대 – 한양도성
번호 그림13
사진제목(한글) 삼엄하게 지켜왔던 경성의 성벽의 잔루
사진제목(원문) 守り嚴めかりれ京城城壁の殘壘 /(京城)
봉투제목(원문) –

291

분류 성곽일대 – 한양도성
번호 그림14
사진제목(한글) 삼엄하게 지켜온 경성의 성벽
사진제목(원문) 守り嚴めしさ京城々壁/(京城)
봉투제목(원문) –

294

분류 성곽일대 – 북한산
번호 그림1
사진제목(한글) 경성시가 전경의 일부
사진제목(원문) 京城市街全景の一部(山麓の白洋館は總督府の新廳舍)/(朝鮮名所)
봉투제목(원문) –

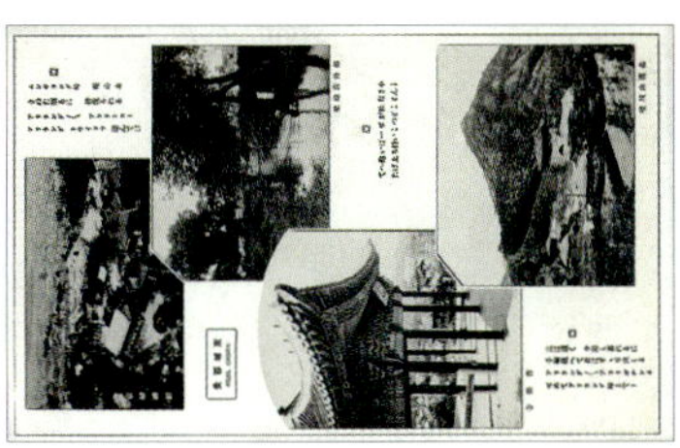

295

분류 성곽일대 – 북한산
번호 그림2
사진제목(한글) 경성신사/교외의 청량리/조계사/북한산 성벽
사진제목(원문) 京城神社/郊外清凉里/曹谿寺/北漢山城壁/[京城百景]
봉투제목(원문) –

296

분류 성곽일대 – 북한산
번호 그림3
사진제목(한글) 남산공원에서 경성시가지 및 북한산을 바라보다
사진제목(원문) 南山公園より京城市街及北漢山を望む/(京城)
봉투제목(원문) –

296

분류 성곽일대 – 북한산
번호 그림4
사진제목(한글) 남산공원에서 경성시가지 및 북한산을 바라보다
사진제목(원문) 南山公園より京城市街及北漢山を望む/(京城)
봉투제목(원문) –

298

분류 성곽일대 – 흥인지문
번호 그림1
사진제목(한글) 예전부터 유명한 동대문
사진제목(원문) 昔より高名い東大門/(京城名所)
봉투제목(원문) 京城名勝繪葉書(1)

299

분류 성곽일대 – 흥인지문
번호 그림2
사진제목(한글) 경성 동대문(흥인지문)
사진제목(원문) 京城東大門/(朝鮮名所)
봉투제목(원문) 京城名勝繪葉書(2)

300

분류 성곽일대 – 흥인지문
번호 그림3
사진제목(한글) 광희문/독립문/거리의 일부/동대문
사진제목(원문) 光熙門/獨立門/街の一部/東大門/[京城百景]
봉투제목(원문) 京城百景

300

분류 성곽일대 – 흥인지문
번호 그림4
사진제목(한글) 대한문 / 돈화문 / 광화문 / 동대문
사진제목(원문) 大漢門 / 敦化門 / 光化門 / 東大門 / (朝鮮京城)
봉투제목(원문) 京城百卄景

301

분류 성곽일대 – 흥인지문
번호 그림5
사진제목(한글) 경성 동대문
사진제목(원문) 京城東大門 / (朝鮮名所)
봉투제목(원문) 京城勝景 繪葉書 No.1 THE VIEWS OF KEIJO

301

분류 성곽일대 – 흥인지문
번호 그림6
사진제목(한글) 경성 동대문(흥인지문)
사진제목(원문) 京城東大門(興仁之門) / (朝鮮名所)
봉투제목(원문) 朝鮮京城名所繪葉書(京城 日之出發行)

302

분류 성곽일대 – 흥인지문
번호 그림7
사진제목(한글) 경성 동대문(흥인지문)
사진제목(원문) 京城東大門(興仁之門) / (朝鮮名所)
봉투제목(원문) 最新式二色版 朝鮮京城名所繪葉書

302

분류 성곽일대 – 흥인지문
번호 그림8
사진제목(한글) 경성 동대문(흥인지문)
사진제목(원문) 京城東大門(興仁之門) / (朝鮮名所)
봉투제목(원문) 祝凱旋(京畿道 京城府)

303

분류 성곽일대 – 흥인지문
번호 그림9
사진제목(한글) 경성 동대문
사진제목(원문) 京城 東大門
봉투제목(원문) –

303

분류 성곽일대 – 흥인지문
번호 그림10
사진제목(한글) 경성 동대문(흥인지문)
사진제목(원문) 京城 東大門(興仁之門) / (朝鮮名所)
봉투제목(원문) –

304

분류 성곽일대 – 흥인지문
번호 그림11
사진제목(한글) 경성 동대문(흥인지문)
사진제목(원문) 京城 東大門(興仁之門) / [朝鮮名所]
봉투제목(원문) –

304

분류 성곽일대 – 흥인지문
번호 그림12
사진제목(한글) 경성 동대문(흥인지문)
사진제목(원문) 京城 東大門(興仁之門)/[朝鮮名所]
봉투제목(원문) –

305

분류 성곽일대 – 흥인지문
번호 그림13
사진제목(한글) 경성 동대문(흥인지문)
사진제목(원문) 京城東大門(興仁之門)/(朝鮮名所)
봉투제목(원문) –

305

분류 성곽일대 – 흥인지문
번호 그림14
사진제목(한글) 경성 동대문(흥인지문)
사진제목(원문) 京城東大門(興仁之門)/(朝鮮名所)
봉투제목(원문) –

306

분류 성곽일대 – 흥인지문
번호 그림15
사진제목(한글) 경성 동대문(흥인지문)
사진제목(원문) 京城東大門(興仁之門)/(朝鮮名所)
봉투제목(원문) –

306

분류 성곽일대 – 흥인지문
번호 그림16
사진제목(한글) 경성 동대문(흥인지문)
사진제목(원문) 京城東大門/(朝鮮名所)
봉투제목(원문) –

307

분류 성곽일대 – 흥인지문
번호 그림17
사진제목(한글) 남대문/동대문/서대문
사진제목(원문) 南大門/東大門/西大門
봉투제목(원문) –

307

분류 성곽일대 – 흥인지문
번호 그림18
사진제목(한글) 예전부터 유명한 동대문
사진제목(원문) 昔より名高い東大門/(京城名所)
봉투제목(원문) –

308

분류 성곽일대 – 흥인지문
번호 그림19
사진제목(한글) 예전부터 유명한 동대문
사진제목(원문) 昔より名高い東大門/(京城名所)
봉투제목(원문) –

308

분류 성곽일대 – 흥인지문
번호 그림20
사진제목(한글) 경성·동대문
사진제목(원문) 昔より名高い東大門/(朝鮮名所)
봉투제목(원문) –

309

분류 성곽일대 – 흥인지문
번호 그림21
사진제목(한글) 옛날부터 전해오는 동대문
사진제목(원문) 昔より傳ふる東大門/(京城)
봉투제목(원문) –

309

분류 성곽일대 – 흥인지문
번호 그림22
사진제목(한글) 옛날부터 전해오는 동대문
사진제목(원문) 昔より傳ふる東大門/(京城)
봉투제목(원문) –

317

분류 왕조의 흔적들 – 성균관
번호 그림1
사진제목(한글) 공자 제사
사진제목(원문) 公子祭/(朝鮮風俗)
봉투제목(원문) 最新式二色版 朝鮮京城名所繪(이하 훼손)

317

분류 왕조의 흔적들 – 성균관
번호 그림2
사진제목(한글) 공자 제사
사진제목(원문) 孔子祭/(朝鮮風俗)
봉투제목(원문) 最新式二色版 朝鮮京城名所繪葉書 京城 日之出發行

318

분류 왕조의 흔적들 – 성균관
번호 그림3
사진제목(한글) 찬란한 학부, 경학원 명륜당
사진제목(원문) 燦く學府, 經學院明倫堂/(京城)
봉투제목(원문) –

318

분류 왕조의 흔적들 – 성균관
번호 그림4
사진제목(한글) 경성 경학원의 명륜당
사진제목(원문) 京城 經學院の明倫堂
봉투제목(원문) –

319

분류 왕조의 흔적들 – 성균관
번호 그림5
사진제목(한글) 경성 경학원 문묘 대성전
사진제목(원문) 京城 經學院文廟 大成殿
봉투제목(원문) –

320

분류 왕조의 흔적들 – 성균관
번호 그림6
사진제목(한글) 경성 경학원 문묘 동무
사진제목(원문) 京城 經學院文廟 東廡
봉투제목(원문) –

320

분류 왕조의 흔적들 – 성균관
번호 그림7
사진제목(한글) 경성 경학원 문묘 신문 내 악기 일부 진열
사진제목(원문) 京城 經學院文廟神門內樂器一部陳列
봉투제목(원문) –

321

분류 왕조의 흔적들 – 성균관
번호 그림8
사진제목(한글) 경성 명륜당 경학원 사무실 및 교실
사진제목(원문) 京城 明倫學院事務室及教室
봉투제목(원문) –

322

분류 왕조의 흔적들 – 성균관
번호 그림9
사진제목(한글) 조선 경성 경학원 명륜당(유자와 어린이)
사진제목(원문) 朝鮮京城經學院明倫堂(儒者と子供)
봉투제목(원문) –

323

분류 왕조의 흔적들 – 성균관
번호 그림10
사진제목(한글) 조선 경성 경학원 명륜당(유자와 어린이)
사진제목(원문) 朝鮮京城經學院明倫堂(儒者と子供)
봉투제목(원문) –

326

분류 왕조의 흔적들 – 장충단
번호 그림1
사진제목(한글) 장충단공원
사진제목(원문) 奬忠壇公園/(京城名所)
봉투제목(원문) 京城命勝 繪葉書 The Views of Keijyo

327

분류 왕조의 흔적들 – 장충단
번호 그림2
사진제목(한글) 경성 장충단공원
사진제목(원문) 京城奬忠壇公園/(朝鮮名所)
봉투제목(원문) 京城名勝繪葉書 三十二枚組

327

분류 왕조의 흔적들 – 장충단
번호 그림3
사진제목(한글) 경성 장충단공원
사진제목(원문) 京城奬忠壇公園/(朝鮮名所)
봉투제목(원문) 京城名勝繪葉書(2)

328

분류 왕조의 흔적들 – 장충단
번호 그림4
사진제목(한글) 장충단공원/남산공원/남산약수/청량리
사진제목(원문) 奬忠壇公園/南山公園/南山藥水/淸凉里/(朝鮮京城)
봉투제목(원문) 京城百卄景

328

분류 왕조의 흔적들 – 장충단
번호 그림5
사진제목(한글) 관광의 대경성
사진제목(원문) 觀光の大京城
南大門/奬忠壇公園
봉투제목(원문) 觀光の大京城(2)

329

분류 왕조의 흔적들 – 장충단
번호 그림6
사진제목(한글) 아름다운 장충단공원과 박문사
사진제목(원문) 美しき奬忠壇公園と博文寺/(京城)
봉투제목(원문) 半島の首都 躍進の京城

329

분류 왕조의 흔적들 – 장충단
번호 그림7
사진제목(한글) 녹림이 울창한 장충단공원
사진제목(원문) 綠樹鬱蒼たる奬忠壇公園/(京城)
봉투제목(원문) 朝鮮京城 繪葉書

330

분류 왕조의 흔적들 – 장충단
번호 그림8
사진제목(한글) 경성 장충단공원
사진제목(원문) 京城奬忠壇公園/(朝鮮名所)
봉투제목(원문) 朝鮮京城名所繪葉書(京城 日之出發行)

330

분류 왕조의 흔적들 – 장충단
번호 그림9
사진제목(한글) 경성 장충단공원
사진제목(원문) 京城奬忠壇公園/(朝鮮名所)
봉투제목(원문) 最新式二色版 朝鮮京城名所繪葉書

331

분류 왕조의 흔적들 – 장충단
번호 그림10
사진제목(한글) 경성 장충단공원
사진제목(원문) 京城奬忠壇公園/(朝鮮名所)
봉투제목(원문) 祝凱旋(京畿道 京城府)

331

분류 왕조의 흔적들 – 장충단
번호 그림11
사진제목(한글) 경성 장충단공원/박문사
사진제목(원문) 京城, 奬忠壇公園 博文寺
봉투제목(원문) –

332

분류 왕조의 흔적들 – 장충단
번호 그림12
사진제목(한글) 경성 장충단공원
사진제목(원문) 京城奬忠壇公園/(朝鮮名所)
봉투제목(원문) –

332

분류 왕조의 흔적들 – 장충단
번호 그림13
사진제목(한글) 경성 장충단공원
사진제목(원문) 京城奬忠壇公園/(朝鮮名所)
봉투제목(원문) –

333

분류 왕조의 흔적들 – 장충단
번호 그림14
사진제목(한글) 경성 장충단공원
사진제목(원문) 京城奬忠壇公園/(朝鮮名所)
봉투제목(원문) –

333

분류 왕조의 흔적들 – 장충단
번호 그림15
사진제목(한글) 경성 장충단공원
사진제목(원문) 京城奬忠壇公園/(朝鮮名所)
봉투제목(원문) –

334

분류 왕조의 흔적들 – 장충단
번호 그림16
사진제목(한글) 경성 장충단공원의 벚꽃
사진제목(원문) 京城奬忠壇公園の櫻花
봉투제목(원문) –

334

분류 왕조의 흔적들 – 장충단
번호 그림17
사진제목(한글) 경성 장충단공원의 벚꽃
사진제목(원문) 京城奬忠壇公園の櫻花
봉투제목(원문) –

335

분류 왕조의 흔적들 – 장충단
번호 그림18
사진제목(한글) 경성 장충단공원의 벚꽃
사진제목(원문) 京城奬忠壇公園の櫻花
봉투제목(원문) –

335

분류 왕조의 흔적들 – 장충단
번호 그림19
사진제목(한글) 장충단공원
사진제목(원문) 溪流あり, 丘岡あり風趣またない奬忠壇公園/[京城全集]
봉투제목(원문) –

336

분류 왕조의 흔적들 – 장충단

번호 그림20

사진제목(한글) 장충단공원

사진제목(원문) 溪流あり. 丘岡あり風趣またない奬忠壇公園/[京城全集]

봉투제목(원문) –

336

분류 왕조의 흔적들 – 장충단

번호 그림21

사진제목(한글) 장충단공원/파고다공원/남산/남산공원

사진제목(원문) 奬忠壇公園/パゴダ公園/南山/南山公園/(京城百景)

봉투제목(원문) –

337

분류 왕조의 흔적들 – 장충단

번호 그림22

사진제목(한글) 녹림이 울창한 장충단공원

사진제목(원문) 綠樹鬱蒼たる奬忠壇公園/(京城)

봉투제목(원문) –

337

분류 왕조의 흔적들 – 장충단

번호 그림23

사진제목(한글) 녹림이 울창한 장충단공원

사진제목(원문) 綠樹鬱蒼たる奬忠壇公園/(京城)

봉투제목(원문) –

338

분류 왕조의 흔적들 – 장충단

번호 그림24

사진제목(한글) 아름다운 장충단공원과 박문사

사진제목(원문) 美れき奬忠壇公園と博文寺/(京城)

봉투제목(원문) –

338

분류 왕조의 흔적들 – 장충단

번호 그림25

사진제목(한글) 장충단공원

사진제목(원문) 水は青く

봉투제목(원문) –

339

분류 왕조의 흔적들 – 장충단

번호 그림26

사진제목(한글) 장충단공원의 일부

사진제목(원문) 奬忠壇公園 の一部/(京城)

봉투제목(원문) –

339

분류 왕조의 흔적들 – 장충단

번호 그림27

사진제목(한글) 장충단공원의 일부

사진제목(원문) 奬忠壇公園 の一部/(京城)

봉투제목(원문) –

340

분류 왕조의 흔적들 – 장충단
번호 그림28
사진제목(한글) 장충단공원
사진제목(원문) 奬忠壇公園/[京城]
봉투제목(원문) –

340

분류 왕조의 흔적들 – 장충단
번호 그림29
사진제목(한글) 장충단공원의 아름다운 경치
사진제목(원문) 奬忠壇公園の麗色/(京城)
봉투제목(원문) –

341

분류 왕조의 흔적들 – 장충단
번호 그림30
사진제목(한글) 장충단공원의 일부
사진제목(원문) 奬忠壇公園の一部/(京城)
봉투제목(원문) –

341

분류 왕조의 흔적들 – 장충단
번호 그림31
사진제목(한글) 장충단공원의 일부
사진제목(원문) 奬忠壇公園の一部/(京城)
봉투제목(원문) –

342

분류 왕조의 흔적들 – 장충단
번호 그림32
사진제목(한글) 한적하고 우아한 장충단공원
사진제목(원문) 閑雅なる奬忠壇公園/(京城)
봉투제목(원문) –

342

분류 왕조의 흔적들 – 장충단
번호 그림33
사진제목(한글) 한적하고 우아한 장충단공원
사진제목(원문) 閑雅なる奬忠壇公園/(京城)
봉투제목(원문) –

343

분류 왕조의 흔적들 – 장충단
번호 그림34
사진제목(한글) 풍치가 더할 나위 없는 장충단공원
사진제목(원문) 風致この上もない奬忠壇公園/[京城名所]
봉투제목(원문) –

345

분류 왕조의 흔적들 – 사직단
번호 그림1
사진제목(한글) 사직단공원/파고다공원의 한수석 십층탑
사진제목(원문) 社稷壇公園/パゴダ公園の寒水石十層塔/(京城)
봉투제목(원문) 半島の首都 躍進の京城

346

분류 왕조의 흔적들 – 사직단
번호 그림2
사진제목(한글) 경성·사직단공원
사진제목(원문) 京城社稷壇公園
봉투제목(원문) –

347

분류 왕조의 흔적들 – 사직단
번호 그림3
사진제목(한글) 경성·사직단공원
사진제목(원문) 京城社稷壇公園/(京城)
봉투제목(원문) –

347

분류 왕조의 흔적들 – 사직단
번호 그림4
사진제목(한글) 경성·사직단공원
사진제목(원문) 京城社稷壇公園/(京城)
봉투제목(원문) –

참고문헌

조선왕조실록

《改造》

京城醫學專門學校,《朝鮮總督府京城醫學專門學校一覧》, 1940.

京城商工會議所,《京城商工會議所二十五年史》, 1941.

건설교통부 국토지리정보원,《한국의 山誌》, 2007.

고승제,《한국금융사연구》, 일조각, 1970.

권창규,《상품의 시대》, 민음사, 2014.

김도형,《순성의 즐거움》, 효형출판, 2010.

김용복,《한국민중과 기독교》, 형성사, 1984.

김홍운,《한국관광지리》, 형설출판사, 1985.

대한상공회의소,《상공회의소 90년사》 상, 1976.

조기준,《한국기업가사》, 박영사, 1973.

문영빈,《창경궁》, 대원사, 1991.

서울특별시 시사편찬위원회,《서울육백년사 문화사적편》, 1987.

서울특별시 시사편찬위원회,《서울의 문화재》 1, 2011.

손인수,《한국근대교육사: 1885-1945》, 연세대학교출판부, 1971.

윤석범 외,《한국근대금융사연구》, 세경사, 1996.

윤장섭,《한국건축사》, 동명사, 1973.

이각규,《한국의 근대박람회》, 커뮤니케이션북스, 2010.

이충우,《경성제국대학》, 다락원, 1980.

조흥은행,《조흥은행백년사》, 1997.

김경재, 〈문화이념사에서 본 한국 YMCA의 회고와 과제〉,《한국 YMCA 이념추구 VII 열린교회로서의 YMCA》(제8회 한국 YMCA목적과 사업연구회 보고서), 1982.

김나라, 〈1929년 조선박람회 경성협찬회 연구〉, 연세대학교 석사학위논문, 2016.

김명수, 〈1920년대 한성은행의 정리와 조선인 CEO 한상용의 몰락〉,《역사문제연구》 16-1, 2012.

김명수, 〈대한제국기 일본의 금융장악 기도와 일본 제일은행〉,《일본문화연구》 47, 2013.

김윤곤, 〈이조 후기에 있어서의 성균관의 변천과 개혁〉,《대동문화연구》 6·7, 1970.

나각순, 〈서울 한양도성의 기능과 방위체제〉, 《향토서울》 80, 2012.

민병하, 〈고려시대에 있어서의 성균관의 성립과 변천〉, 《대동문화연구》 6·7, 1970.

신석호, 〈이조 초기의 성균관의 정비와 그 실태〉, 《대동문화연구》 6·7, 1970.

이성무, 〈선초의 성균관연구〉, 《역사학보》 35·36, 1967.

정소영, 〈1923년 조선부업품공진회의 개최와 영향〉, 《숭실사학》 38, 2017.

通堂あゆみ, 〈京城帝国大学の基礎的研究:日本統治下朝鮮における帝国大学の制度・組織とその展開〉, 東京大学 博士論文, 2017.

李泰文, 〈1915年「朝鮮物産共進会」の構成と内容〉, 《日吉紀要言語·文化·コミュニケーション》 30, 2003.

국가기록원 일제시기 학교건축도면 콘텐츠(theme.archives.go.kr)

국가기록원 고적 관사 사법 행형 등 일제시기 건축도면 콘텐츠(theme.archives.go.kr)

문화재청 국가문화유산포털(heritage.go.kr)

서울대학교 의학박물관 홈페이지(medicalmuseum.org)

서울시청 홈페이지(seoul.go.kr)

서울역사박물관 홈페이지(museum.seoul.go.kr)

국제일본문화연구센터 조선사진그림엽서 데이터베이스(kutsukake.nichibun.ac.jp)

집필자 및 감수자 소개

집필자

전우용 (전)한국학중앙연구원 객원교수

〈저자로 나온 궁중-한국 요정의 표상 명월관〉, 〈국가 표상으로서의 국기를 대하는 자세와 태도의 변화과정〉, 〈종로와 본정: 식민도시 경성의 두 얼굴〉, 〈식민지 도시 이미지와 문화현상〉 등의 논문이 있으며, 저서로는 《민족의 영웅 안중근》, 《한양도성》, 《서울은 깊다》, 《우리 역사는 깊다》, 《한국 회사의 탄생》 등이 있다.
※ 집필내역 : 제1~7장 개설

최인택 동아대학교 교수

〈일제시기 부산지역 일본인사회의 생활사〉, 〈일제침략기 사진그림엽서를 통해서 본 기생기억〉 등의 논문이 있으며, 저서로는 《일본은 우리에게 무엇인가》, 《오키나와 깊이 읽기》, 《일제침략기 사진그림엽서로 본 제국주의의 프로파간다와 식민지 표상》(공저) 등이 있다.
※ 집필내역 : 제2~3장

박진우 전 숙명여자대학교 교수

〈현대일본사회와 상징천황제〉, 〈천황제이데올로기와 식민지조선〉, 〈야스쿠니문제와 일본의 보수정치〉 등의 논문이 있으며, 저서로는 《근대일본형성기의 국가와 민중》, 《천황의 전쟁 책임》, 《메이지천황》 등이 있다.
※ 집필내역 : 제1장, 제4장

서민교 동국대학교 대외교류연구원 책임연구원

〈청일전쟁기 이토 히로부미 내각의 조선에 대한 군사 외교정책〉, 〈일본의 침략전쟁에 대한 기억을 어떻게 볼 것인가〉, 〈일제강점기 용산기지의 군사전략적 기능에 대하여〉 등의 논문이 있으며, 저서로는 《1910년대 일제의 무단통치》, 《용과 사무라이의 결투》(공저) 등이 있다.
※ 집필내역 : 제5~7장

감 수 자

김경리 건국대학교 조교수

아시아콘텐츠연구소 부소장이며 19세기 말부터 20세기 중반까지의 대중미디어 매체인 판화, 기념 그림엽서, 기념 스탬프를 통해 동북아시아의 전쟁, 도시, 제국과 식민의 표상을 연구하고 있다. 일제강점기 관광을 표방한 한국의 도시와 철도를 연구한 논문이 다수 있으며 최근 연구로는 《스탬프의 식민정치학 – 식민지 조선의 명소기념스탬프의 장소성》(2019), 《경성의 시대가 만든 사진그림엽서 경회루의 서사와 표상》(2021), 《제국 일본의 이미지 네트워크 – 시정 스탬프를 중심으로》(2022)가 있다. 《황후의 초상》(2008, 공역), 《'조선' 표상의 문화지》(2011, 공역), 《1929년, 조선을 박람하다 – 조선박람회기념사진첩 I》(2019, 공역), 《재봉틀과 일본의 근대 – 근대 소비자의 창출》(2019, 단독) 등의 역서가 있고 《한국인, 근대적 건강을 상상하다 – 근대적 과학지식과 해피 드러그》(2019, 공저)의 저서가 있다. 현재 《1929년, 조선을 박람하다 – 조선박람회기념사진첩 II》와 《20세기 제국의 흔적과 스탬프의 문화사》를 준비하고 있다.

이미지로 읽는 근대 서울 2

사대문 안 한국인들의 공간과 일제의 침투

발행인	서울역사편찬원장 이상배
발행처	서울역사편찬원(history.seoul.go.kr)
	서울특별시 송파구 올림픽로 424 올림픽공원 내(전화 02-413-9622)
기획 · 편집	박명호(시사편찬과장), 김동하
발행일	2023년 8월 31일
판매가	20,000원
편집 · 인쇄	역사공간(전화 02-725-8806)

발간등록번호	51-6113542-000093-01
ISBN	979-11-6071-163-9 (04910)
	979-11-6071-145-5 (세트)